Despindo corpos

CONSELHO EDITORIAL
Ana Paula Torres Megiani
Eunice Ostrensky
Haroldo Ceravolo Sereza
Joana Monteleone
Maria Luiza Ferreira de Oliveira
Ruy Braga

Gisele Bischoff Gellacic

Despindo corpos

Uma história da liberação sexual feminina no Brasil
1961-1985

Copyright © 2018 Gisele Bischoff Gellacic

Grafia atualizada segundo o Acordo Ortográfico da Língua Portuguesa de 1990, que entrou em vigor no Brasil em 2009.

Edição: Haroldo Ceravolo Sereza
Editora assistente: Danielly de Jesus Teles
Projeto gráfico, diagramação e capa: Mari Ra Chacon Massler
Revisão: Juarez Antunes
Assistente acadêmica: Bruna Marques
Imagem da capa: Toni Frissell [Public domain], via *Wikimedia Commons*
Imagem da contracapa: Pixabay

Esta obra foi publicada com apoio da Fapesp, nº do processo 2016/01774-8.

CIP-BRASIL. CATALOGAÇÃO NA PUBLICAÇÃO
SINDICATO NACIONAL DOS EDITORES DE LIVROS, RJ

G282d

Gellacic, Gisele Bischoff
DESPINDO CORPOS : UMA HISTÓRIA DA LIBERAÇÃO SEXUAL
FEMININA NO BRASIL 1961 – 1985
Gisele Bischoff Gellacic. - 1. ed.
São Paulo : Alameda, 2018
260 p. : il. ; 21 cm

Inclui bibliografia
ISBN: 978-85-7939-458-4

1. Sexo. 2. Sexo - Aspectos sexuais. 3. Comportamento sexual. I. Título.

17-42331   CDD: 306.7
                            CDU: 392.6

ALAMEDA CASA EDITORIAL
Rua Treze de Maio, 353 – Bela Vista
CEP 01327-000 – São Paulo – SP
Tel. (11) 3012-2403
www.alamedaeditorial.com.br

Com amor, para Margarete, Wilson e Ricardo.
E para sempre no meu coração, para L. e S.

Sumário

Prefácio 9

As preliminares 11

Capítulo 1 – Revistas que envolvem e conquistam 37
As revistas como uma amiga ideal 42
A tarefa de conscientizar a mulher 58

Capítulo 2 – Dispensando regras e instigando condutas 81
As liberações segundo as revistas 88
Liberação: dificuldades e expectativas 108

Capítulo 3 – Seduzindo olhares, desnudando corpos 133
Corpos sensuais 137
Corpos sexuais 163

Capítulo 4 – Provocando emoções e sensações 181
Aprendendo a amar e a se relacionar com os "novos homens" 185
Orgasmo: a nova sensação feminina 205

Foi bom pra você? 225

Lista de imagens 239

Fontes 241

Bibliografia 243

Agradecimentos 257

Prefácio

Resultado de um doutorado defendido no Programa de Estudos Pós-Graduados da PUC-SP, este livro trata da intimidade do corpo feminino transformada em espetáculo publicitário no Brasil. Intimidade que foi progressivamente construída em forma de imagens, adquirindo, especialmente após 1960, um inestimável valor de mercado. Em meio ao desnudamento progressivo de mulheres em anúncios impressos, afirmou-se uma sociedade de consumo para a qual o corpo feminino deveria cobrir-se cada vez mais intensamente de apelos sexualizados, confirmando antigos estereótipos mas, igualmente, inovando em descontração e autonomia.

A autora não deixou escapar as ambivalências presentes nessa tendência, cada vez mais libertadora e promotora de imagens nas quais as mulheres parecem sempre prontas e dispostas para o prazer. A historiadora Gisele Bischoff Gellacic colocou a nu alguns dos valores caros à propaganda de lingerie, assim como os seus comprometimentos com os novos ventos da história: emancipação feminina, importância crescente das emoções de ambos os sexos, modernização da vida conjugal, banalização de uma "nova moral da sedução", tão atraente quanto exigente.

Fruto de uma pesquisa junto às revistas Claudia e Nova, este livro também mostra detalhes de uma historicidade ainda pouco conhecida: entre as décadas de 1960 e 1980, houve a invenção de uma nova ambiguidade dentro da sensualidade feminina e junto ao seu "capital erótico". Houve principalmente um interesse insistente em problematizar a necessidade de seguir normas herdadas das gerações passadas, tais como aquela que considera o casamento um destino e não necessariamente uma escolha. A autora analisou as cartas das leitoras enviadas às revistas, os anúncios de lingerie, vários conselhos e artigos dirigidos às mulheres, mostrando o quanto o ato de despir os corpos femininos é revelador de mudanças no comportamento de ambos os sexos, mas também da permanência de receios há muito arraigados na história nacional.

Ao longo dos capítulos, o leitor percebe a diferença entre os pudores que resistem à passagem dos anos e as exigências da moda. Desde a banalização do uso da Lycra, até a adoção de uma linguagem publicitária carinhosa e informal, Gisele mostra o quanto os ideais de beleza divulgados nas revistas femininas foram atravessados por expectativas de mudança na vida conjugal e amorosa.

Por isso, Gisele convida o leitor a perceber a provocação dos corpos que se despem como um tema histórico, essencial para o entendimento dos significados da condição corporal contemporânea, seus apelos sedutores, mas também seus limites e desafios.

Denise Bernuzzi de Sant'Anna
Professora livre docente de História da PUC-SP

As preliminares

Ao longo da história, os seres humanos copularam, fornicaram, transaram, conheceram-se no sentido bíblico, tiveram relações sexuais e também fizeram amor. Aparentemente considerada uma necessidade física e instintiva, a prática sexual sempre esteve presente, garantindo a sobrevivência da espécie humana. Observa-se, porém, que as formas de envolvimento sexual sofreram imensas alterações ao longo do tempo e do espaço. Além das formas de se relacionarem, os significados de tais encontros sexuais também sofreram fortes transformações.

> A atividade sexual de reprodução é comum aos animais sexuados e aos homens, mas, aparentemente, apenas os homens fizeram de sua atividade sexual uma atividade erótica... (BATAILLE, 2013, p. 35.)

Segundo Georges Bataille, as relações sexuais são práticas comuns em diversas espécies animais, porém apenas os seres humanos deram significados e formas que foram muito além do instinto de sobrevivência. Apesar de sermos animais sexuados, não saberíamos, se questionados, nos comportar sexualmente somente segundo nossos instintos (MONZON, 2009). Ao ultrapassar aquilo que o ser humano tinha de natural, passou a se inscrever a cultura, o que problematizou tais práticas sexuais.

A sexualidade entre os seres humanos estabeleceu-se, e ainda se estabelece, como uma forma de socialização. Muito além do estritamente biológico, as variações, ao se chamar as partes do corpo relacionadas ao sexo, foram definidas historicamente junto com as cargas simbólicas e pressupostos morais

12 | *Gisele Bischoff Gellacic*

referentes às posições sexuais permitidas, ou não. Além disso, foi ao longo do tempo que se estabeleceu a ideia de um casal, ou seja, dos atores dentro das práticas sexuais. Com a constituição deste casal típico da família nuclear (SHORTER, 1975), também se formou o contrário, ou seja, aqueles personagens que não corresponderiam ao ideal de casal legítimo.

Ao longo da história, as concepções sobre o sexo sofreram inúmeras transformações, o que demonstra que, além de se constituir na natureza, o sexo foi se inserindo também na cultura. Sem dúvida, a contribuição para o estabelecimento de regras e coerções para o sexo seguiu os pressupostos de grandes instituições como a Igreja e o Estado.

> ...a instauração de um conjunto de regras e de normas, em parte tradicionais, e em parte novas, e que se apóiam em instituições religiosas, judiciárias, pedagógicas e médicas; como também as mudanças no modo pelo qual os indivíduos são levados a dar sentido e valor à sua conduta, seus deveres, prazeres, sentimentos, sensações e sonhos. (FOUCAULT, 1977, p. 9.)

Cada vez mais afastado dos instintos da natureza, constituía-se o homem como sujeito do desejo, assim como as identidades sexuais, o corpo erótico e desejado, o parceiro legítimo, e inúmeras finalidades para o ato sexual.[1] Porém, através de uma análise histórica, a dualidade física e orgânica, muitas vezes, não foi suficiente para compreender todas as nuances entre os sujeitos do desejo. Por isso, tornou-se comum a utilização da denominação *gênero* para se distinguir tais sujeitos, estabelecidos então, pela psicologia e pela cultura.[2] Por exemplo, no trabalho de Thomas Laqueur, *Inventando o sexo* (2001), o autor demonstra como se constituíram os sexos, desde a ideia

---

1   Essas ideias foram desenvolvidas por Michel Foucault em seus três volumes do livro *História da sexualidade.* Como o próprio filósofo chama a atenção, a sexualidade não é uma invariante, mas uma manifestação histórica, e por isso, exposta a uma série de mecanismos de repressão.

2   O sociólogo Éric Fassin em seu livro *Le sexe politique: genre et sexualité au miroir transatlantique,* e a filósofa Judith Butler em seu trabalho *Trouble dans le genre,* são

Despindo corpos | 13

de um único sexo entre os gregos e os grandes pensadores dos séculos XV e XVI, até a ideia de sexo oposto, a partir do século XVIII.

As regras e coerções diante da sexualidade,[3] além de afastarem-na dos instintos da natureza, a envolveram em uma grande rede de interditos e transgressões. Afinal, em relação à sexualidade, aquilo que não era moral, ou mesmo permitido pelas grandes instituições, não significa que não era, de alguma maneira, praticado. *O interdito não significa necessariamente a abstenção, mas a prática em forma de transgressão* (BATAILLE, *op. cit.*, p. 98.). Muitas vezes, a prática dos interditos foi atribuída a outras forças, a exemplo do cristianismo, quando o diabo, *deus das transgressões*, era responsabilizado pelos atos sexuais profanos. Ou mesmo durante o século XIX, com toda a medicalização da sexualidade e da sociedade em geral, quando se responsabilizavam indivíduos amorais e até enfermos devido à prática de condutas consideradas transgressoras.[4]

Houve, entretanto, um momento em que as práticas sexuais foram severamente afastadas de seus interditos e transgressões – uma época em que a regra era ultrapassar as antigas normas. Esse período teve início nos anos 1960, perdurando, de alguma maneira, até os dias de hoje, e tendo um profundo alcance em toda a sociedade ocidental.[5] É claro que cada lugar manifestou tais transformações de formas distintas, acompanhando suas próprias características e

---

dois bons exemplos de estudiosos das humanidades que teorizam a respeito da questão de gênero.

3   A própria palavra *sexualidade* foi inventada recentemente durante século XIX, como Michel Foucault trabalha em seus três volumes de *História da sexualidade*.

4   Sobre as práticas sexuais ao longo da História, sugerimos o trabalho organizado por Phillippe Ariés e André Béjin, *Sexualidades ocidentais*, e o livro de Peter N. Stearns *História da sexualidade*.

5   Apesar da sexualidade ter se tornado mais livre a partir dos anos 50, deve-se lembrar que para alguns grupos já era tratada de forma liberada desde outros tempos. Como alguns grupos intelectuais do século XIX que já exerciam sua sexualidade livremente. O quarto volume da coletânea *História das mulheres no Ocidente – século XIX,* organizado por George Duby e Michelle Perrot traz importantes dados sobre esse tipo de sexualidade liberada entre os intelectuais.

14 | Gisele Bischoff Gellacic

nuances. Mesmo assim, são indiscutíveis as transformações sociais e culturais que as sociedades ocidentais tiveram a partir dos anos 1960.

Ainda nos anos 1950, marcados pelo final da Segunda Guerra Mundial, grande parte dos países buscava se restabelecer frente às destruições. Foi nesse contexto que uma parte significativa da sociedade - em sua maioria formada por jovens, muitos deles órfãos devido à guerra - começou a entender que as regras sociais, até então estabelecidas, não seriam mais suficientes. A partir desse momento, então, progressivamente, iniciou-se uma erosão nas antigas formalidades das relações humanas.

> A antiga organização da vida pública atribuía a cada indivíduo uma posição e uma série de funções que, por sua vez, comandavam os papéis a ser desempenhados. Os comportamentos das pessoas se tornavam previsíveis, mas os contatos e as relações se restringiam, e a espontaneidade ficava reprimida. A atual evolução dos costumes tende a apagar as diferenças de posição [...] Ela leva à diluição dos papéis sociais. (PROST, 2009, p. 136.)

Ao longo da década de 1950, impunha-se uma busca por uma sociedade mais descontraída e mais espontânea, sobretudo quando a juventude propôs novas formas de vestimenta e de relacionamento com o próprio corpo, a partir dos movimentos sinuosos, rápidos e frenéticos do *rock'n roll*.[6] Os códigos morais ligados ao corpo e à sexualidade passaram por uma erosão progressiva do pudor (SOHN, 2008), levando a uma maior busca pelo prazer, uma libertação do desejo e das práticas sexuais. O direito ao corpo ocuparia um lugar de destaque nas mídias e também nos discursos científicos. Apesar de essas novas posturas serem criticadas pelos membros mais conservadores da sociedade, cada vez mais elas eram aceitas e incorporadas. Essa revolução nos costumes levou a uma espécie de migração de códigos de conduta e de

---

6 Para detalhes e aprofundamentos acerca das transições sociais e culturais das décadas de 1950 e 1960, sugerimos a leitura do quinto volume da coleção *História da vida privada*, organizada por Antoine Prost e Gérard Vincent.

Despindo corpos | 15

comportamento, que antes eram confinados apenas à vida privada, para a vida pública.

O cinema *hollywoodiano* também teve grande contribuição para as mudanças de comportamento ocorridas a partir da década de 1950.[7] além de sua popularização, tornou-se uma das principais mídias de massa.[8] Várias atrizes eram tidas como verdadeiras divas – e, é claro, serviam de modelos e inspiravam as mulheres em sua vida cotidiana. É possível identificar, pelo menos, três tipos distintos de atrizes, cujos papéis nos filmes misturavam-se a suas vidas reais: um deles é o de boa moça, ingênua e chique, a exemplo de Audrey Hepburn; outro, o de *femme fatale*, linda e misteriosa, como Rita Hayworth; e, por último, o da *pin-up,* encarnada por Marilyn Monroe. Essas possibilidades de exercer a feminilidade propostas nos filmes seriam um reflexo de uma sociedade em transição, que também propunham às mulheres novos espaços sociais. Além das atrizes, os atores também refletiam os novos tempos, a exemplo do ator James Dean, que imortalizou com seus filmes o estereótipo de rebeldia da época, com sua jaqueta de couro e calça *jeans*.

Toda essa mudança alcançou a década de 1960 com grande intensidade. Nessa mesma época, o contexto da Guerra Fria incitava a disputa entre os dois blocos de países capitalistas e socialistas nas mais diversas naturezas (JUDT, 2007). E em meados de 1960, a Guerra Fria passou por um de seus momentos mais tensos, com guerras em vários países, como por exemplo, no Vietnã. A lembrança da Segunda Guerra Mundial e o medo de que os con-

---

7   Deve-se lembrar também que, nessa mesma época, as imagens femininas chamadas de *pin-ups* foram fortemente divulgadas. Desde a Segunda Guerra Mundial, esses desenhos de mulheres, em poses provocantes e excitantes, exaltavam a jovialidade e a descontração, tornando-se um símbolo de feminilidade e sedução. Gilles Lipovetsky em seu livro *A terceira mulher*, afirma que as *pin-ups* trouxeram pela primeira vez a relação direta entre a sensualidade feminina e o humor alegre, diferente das imagens animalescas e diabólicas de anteriormente.

8   Sobre o cinema da década de 1950 e a cultura de massa, sugerimos *Poeira de estrelas – o cinema hollywoodiano na mídia brasileira das décadas de 40 e 50*, de Cristina Meneghello e *Cultura de massas no século XX* de Edgar Morin.

16 | Gisele Bischoff Gellacic

flitos entre Estados Unidos e URSS levassem a um novo conflito mundial incentivaram novas manifestações contra os antigos formalismos.

Assim, todo o período de transição, que já havia sido iniciado na década anterior sofreria novos incrementos, chegando ao final dos anos 1960 em uma imensa efervescência cultural. Em vários países, sobretudo na França e nos Estados Unidos, grupos de estudantes de universidades renomadas incitaram a sociedade a pensar diferente. Na primavera de 1968,[9] tais grupos propunham mudanças e, apoiados em uma forte perspectiva marxista, eram contrários a qualquer tipo de autoritarismo. Para implodir os antigos padrões sociais e culturais que já estavam sendo questionados desde a década anterior, os movimentos de *maio de 1968* viriam propor, definitivamente, novos tempos.

Por meio dessa efervescência cultural, a sexualidade ganhou destaque – não apenas incitada pelas propostas da década de 1950, mas devido às inovações científicas, como a pílula anticoncepcional, e à publicação de inúmeros relatórios médicos e psicológicos que propunham novos paradigmas à sexualidade. Assim, as mudanças alcançavam a intimidade do quarto, propondo novas formas de amar e de os corpos se enlaçarem, trazendo uma *naturalização* de práticas que antes eram tidas como transgressoras. As regras em relação à sexualidade seriam aos poucos questionadas, criticadas e algumas delas extintas. Nota-se que, além das novas formas de se lidar com a sexualidade, haveria também modificações de caráter corporal. Isso significa que seriam alteradas as formas de tratar e de cuidar do corpo, além dos novos significados dados à aparência, às emoções, aos gestos etc. Assim, o corpo ocuparia, de maneira diferente, o espaço público. A partir desse momento,

---

9 Muitos trabalhos abordam as propostas e as transformações do maio de 1968, como exemplo: *Paris 1968 – as barricadas do desejo* de Olgaria C. F. Matos, *Simulacro e simulações* de Jean Baudrillard, e o artigo *O fantasma da Revolução* no livro *Pós--guerra – uma história da Europa desde 1945* de Tony Judt. Sobre as repercussões de maio de 1968 no Brasil, sugerimos *Rebeldes e contestadores 1968: Brasil, França, Alemanha* de Maria Alice Vieira e Marco Antonio A. Garcia.

Despindo corpos | 17

influenciados por toda a erosão dos formalismos já citada, os corpos seriam, pouco a pouco, sexualizados e erotizados.

É claro que os corpos, e principalmente os órgãos sexuais receberam ao longo da história conotações sexuais e eróticas, porém, durante a década de 1960 devido a todas as transformações que a sociedade estava passando, o corpo seria gradativamente o agente dessa liberação, de uma sexualidade que se libertava dos antigos interditos. Tais modificações seriam chamadas de liberação sexual, ou até de revolução sexual.

O cinema, citado anteriormente, seria um dos grandes responsáveis por veicular na grande tela corpos erotizados. *O pudor oficial obedece a regras estritas até os anos 1950* (SOHN, 2008, p. 113.), porém, seguindo as novas tendências de liberação corporal, o cinema passaria, paulatinamente, de uma sexualidade sugerida para aquela apresentada em cena – e não seriam apenas as cenas de sexo que ganhariam espaço nas telas, mas também todas as suas insinuações, como beijos apaixonados e amantes desfalecidos sobre a cama. Nota-se a presença de inúmeras atrizes, usando apenas combinações, ligas e espartilhos sedutores, que até então eram exclusivos de ambientes de prostituição ou de filmes pornográficos. O uso de *lingeries* nos filmes pode ser compreendido como mais um exemplo de tornar público aquilo que antes era restrito ao espaço, ou ao corpo privado. Sobre as *lingeries* e o cinema, Farid Chenoune (2005) comenta como a época dos anos 1950 seria contraditória, ao possuir *anos frios*, fazendo referência à Guerra Fria, mas *lingeries quentes*, como as utilizadas pelos corpos erotizados das atrizes:

> Em renda negra, muitas vezes possuindo uma cinta-liga, ou uma pequena anágua, ela torna-se o enfeite obrigatório, quase oficial, das divas do sex-appeal, de Rita Hayworth à Ava Gardner, de Jane Russell à Marilyn Monroe e à Brigitte Bardot.[10] (CHENOUNE, 2005, p. 100.)

---

10 *En dentelle noire, dotée souvent d'un porte-jarretelle, parfois d'un petit jupon, elle devient la parure de pose obligée, presque la tenue oficielle, des stars du sex-appeal, de Rita Hayworth à Ava Gardner, de Jane Russel à Marilyn Monroe et à Brigitte Bardot .* (Tradução da autora)

18 | Gisele Bischoff Gellacic

O cinema, um importante precursor de normas sociais, seria um dos responsáveis em tornar a *lingerie* um dos símbolos do corpo erotizado, segundo as tendências de liberação corporal. A *lingerie*, apesar de ter sido comumente associada ao erótico, principalmente por constituir a última barreira antes do órgão sexual feminino, saiu do ambiente privado do *boudoir*, ou mesmo das zonas de meretrício, para alcançar o espaço público considerado normal, somente a partir dos anos de 1950.

As aparições públicas de mulheres trajando apenas *lingeries* não ficariam restritas apenas às telas de cinema, mas atravessavam a mídia impressa. Em 1953, o jornalista norte-americano Hugh Hefner lançou uma revista totalmente voltada à exposição de corpos nus ou seminus femininos, apontada como uma *revista masculina*, a *Playboy*. Em seu primeiro número, a atriz Marilyn Monroe estampava a capa em uma pose insinuante de seu corpo nu, através de uma foto colorida. A revista *Playboy* tornou-se um fenômeno de vendas e de severas críticas dos mais conservadores, sobretudo, por redefinir o conceito de pornografia. O leitor, o *playboy*, como um *voyeur*, via sem ser visto, e ainda, poderia trazer para o espaço privado de sua casa a "sala de festas", o espaço da libertinagem que há muito era possível apenas em ambientes fechados, como bairros boêmios e casas de meretrício.

> ...Playboy torna-se um laboratório crítico, permitindo a exploração, em plena Guerra Fria, de um novo discurso de gênero, da sexualidade, da pornografia, do regime doméstico e do espaço público.[11] (PRECIADO, 2010, p. 10.)

Assim, o cinema e a revista *Playboy* expunham traços da intimidade sexual que antes eram restritos a espaços determinados. Tanto a sexualidade mais libertária dos espaços de prostituição, quanto à sexualidade regrada do casal convencional seriam expostas, trazidas ao espaço público. Nota-se que, nesse contexto de liberação dos costumes, seriam os corpos femininos

---

11   ...*Playboy est devenu un laboratoire critique permettant d'explorer l'émergence, en pleine guerre froide, d'un nouveau discours sur le genre, la sexualité, la pornographie, le régime domestique et l'espace public.* (Tradução da autora)

Despindo corpos | 19

que passavam por uma maior exposição. A sexualidade e os corpos não só eram expostos nas mídias, como também seriam amplamente discutidos nos meios científicos, levando novamente a sexualidade a um novo patamar.

A invenção da pílula anticoncepcional e as pesquisas científicas[12] a respeito da sexualidade humana, ambas ocorridas durante a década de 1960, foram alguns dos responsáveis pelos novos rumos dados à discussão sobre a identidade sexual humana. Todos esses relatórios, sobretudo a invenção da pílula contraceptiva, seriam importantes e, em grande parte, responsáveis pela transição do significado da sexualidade humana. Nessas discussões, entretanto, a sexualidade feminina foi a que sofreu as maiores modificações.

> A invenção da pílula, senão mudou um desejo antigo de dominar a fecundidade, levantou a hipoteca de um eventual acidente [...] Ela beneficiou em primeiro lugar às mulheres. Permitiu-lhes viver a sua sexualidade sem medo e de maneira mais gratificante. (SOHN, *op.cit.*, p.139.)

Essa nova forma mais *livre* de lidar com a sexualidade feminina não era o objetivo inicial das pesquisas científicas citadas anteriormente, nem da criação da pílula anticoncepcional. Ao contrário do que se pensa, a pílula foi criada por acidente, ironicamente, como um filho imprevisto por seus pais cientistas. Ela foi inventada, a princípio, para o controle de natalidade,[13] com funções sociais e políticas para o bom planejamento familiar.

---

12 Fazemos referências a pesquisas como as do médico Alfred Kinsey, iniciada ainda nos anos de 1940, e a dos estudiosos William Masters e Virginia Johnson, respectivamente médico e psicóloga, ocorrida durante os anos de 1960.

13 A expressão *controle de natalidade* foi inventada pela enfermeira Margaret Sanger, que já nos anos de 1916 havia criado uma clínica que dava conselhos de como e por que utilizar métodos contraceptivos, em regiões pobres dos Estados Unidos. Porém foi nos anos 1950 que Sanger juntaria forças com o médico-cientista Gregory Pincus ao propor a invenção de um método "contraceptivo perfeito", ou seja, eficaz e sem efeitos colaterais.

> A contracepção incentivou a revolução libertadora das mulheres, prometendo-lhes entrar no mundo – até então reservado aos homens – da determinação individual da identidade sexual. (MUCHEMBLED, 2007, p. 47.)

A importância da invenção e da manipulação da pílula anticoncepcional é inegável, uma vez que seu uso levou os seres humanos, e em especial, as mulheres ao controle de seus corpos. A partir da manipulação científica, modificamos por nossa própria vontade, o funcionamento de nosso próprio sistema reprodutor. Esse medicamento foi (e ainda é) tão importante que, em qualquer farmácia – vendedora de centenas de remédios, e sobretudo, de diversas pílulas –, ao se antepor o artigo *a* à palavra pílula, todos sabem a que tipo de medicamento se refere. Em outras palavras, *A* pílula é o único medicamento que, ao ser definido por meio do uso do artigo definido, se coloca em um patamar diferenciado em relação aos demais medicamentos (ASBELL, 1996).

Além da pílula, outros fatores contribuíram para a constituição de um corpo onde a sexualidade seria afastada de seus antigos interditos. Desde o século XIX, muitos cientistas[14] passaram a pesquisar e estudar a sexualidade humana. Por volta da década de 1960, tais estudos alcançaram certa maturidade, acompanhando as mudanças estruturais da própria sociedade, já citadas anteriormente.

Ainda em 1940, o médico Alfred C. Kinsey entrevistou diversas pessoas e constatou que existia uma imensa lacuna entre as normas sexuais da época e a realidade vivida pelos casais. De tais entrevistas, surgiria o Relatório Kinsey, em 1948. No final da década de 1950, o médico William Masters e a psicóloga Viriginia Johnson, ambos dos Estados Unidos, iniciaram uma vasta pesquisa sobre a sexualidade humana. Através de entrevistas e até de obser-

---

14 Como exemplo desses cientistas precursores dos estudos acerca da sexualidade humana, citamos Henry Havellock Ellis que, em 1896, publicou *Estudos de psicologia sexual;* Sigmund Freud, que publicou nos primeiros anos do século XX seu trabalho *Três ensaios sobre a teoria da sexualidade*; e, ainda, Wilhem Reich, que publicou *A função do orgasmo*, em 1927.

Despindo corpos | 21

vações laboratoriais de estímulos ou atos sexuais, publicaram, em 1966, seu primeiro livro, *A resposta sexual humana*. Em seguida, vieram muitos outros livros, todos acerca da sexualidade dos seres humanos.

Alguns anos mais tarde, já na década de 1970, a historiadora norte--americana Shere Hite revelou, em seu relatório, que a sexualidade feminina não era problemática como vista anteriormente, mas era a sociedade que a tratava de forma conflituosa, e isso alterava, consideravelmente, tudo aquilo o que se referia não apenas à sexualidade das mulheres, mas à própria função social feminina.

Todos esses relatórios tiveram grande repercussão, tanto positiva quanto negativa no meio científico, apesar de não ficarem restritos apenas ao aval acadêmico. Pelo contrário, esses relatórios vieram à tona ao grande público, como forma de autorizar condutas sexuais mais liberais, como um sinal dos novos tempos.[15]

Dessas condutas sexuais mais liberais em relação aos antigos interditos, a questão da sexualidade feminina assumiu, novamente, um lugar de destaque. Assim como a pílula anticoncepcional, que trouxe novas discussões sobre a sexualidade e o corpo feminino, os relatórios supracitados também tiveram o mesmo destino.

> A liberdade feminina, em matéria de erotismo, mas também de acesso ao trabalho, chacoalhava vigorosamente a árvore das tradições matrimoniais. A separação entre o princípio procriador e o do prazer abre um espaço totalmente novo. (MUCHEMBLED, *op. cit.*, p. 331.)

A transição da mulher procriadora/maternal, como antes era compreendida, para a agente de seu próprio prazer foi crucial para trazer às mulheres novas possibilidades de atuação no espaço público. Ainda nesse mesmo período, houve a inserção das mulheres no mercado de trabalho. Do confi-

---

15 Informações sobre o desenvolvimento das pesquisas científicas sobre a sexualidade humana retiradas de Phillippe Brenot, *Histoire de la sexologie* e de Sylvie Chaperon, *Les origines de la sexologie*.

namento dos lares à exposição de corpos fortemente erotizados, as mulheres foram convidadas a adotar novas posturas corporais perante a sociedade, a partir da segunda metade do século XX, sobretudo no Ocidente.

No Brasil, não seria diferente. O resultado da disseminação de tais pesquisas, mídias e medicamentos levou as mulheres a adotarem uma postura mais *livre* em relação a seus corpos. Porém, essa transição não foi rápida, nem homogênea: houve diferentes nuances entre os vários grupos sociais, e as localidades no Brasil. A inserção dos novos valores, entretanto, teve um caminho diferenciado em relação aos demais países, uma vez que o contexto político brasileiro, a partir de 1964, era de uma ditadura civil-militar fortemente repressora. Se, do lado político, havia uma crescente onda de sanções, de restrições e de censuras aos direitos civis, do lado das relações humanas, havia o incentivo à adoção de novos comportamentos e de liberdades corporais, principalmente para as mulheres. Tais comportamentos foram incentivados pelos meios de comunicação, sobretudo, da imprensa voltada para o público feminino.

Tendo em vista todo o movimento de liberação corporal, a partir da década de 1960, chegamos ao principal objetivo deste livro: analisar alguns aspectos históricos da construção do corpo das mulheres, ocorridos em meio aos movimentos de liberação sexual entre 1961 e 1985, no Brasil. Pretende-se perceber os novos espaços que a sexualidade ocupou no universo feminino. Além disso, pretende-se identificar os novos significados que o corpo feminino passou a ter após essa tendência de liberação sexual: formas de se conhecer, de se cuidar e de se mostrar, além dos novos sentimentos relacionados à virgindade, ao prazer, à sedução, ao amor e ao casamento.

Para se alcançarem tais objetivos, utilizou-se como fonte principal a imprensa feminina produzida entre 1961 e 1985, sobretudo duas publicações com grande repercussão no período: a revista *Claudia* e a revista *Nova*. Por fim, busca-se analisar se tais mudanças, nas posturas corporais femininas, trouxeram, de fato, novas liberdades às mulheres.

A utilização da imprensa feminina como fonte histórica possui seus próprios desafios. Além de apresentar um texto informativo, as revistas fe-

Despindo corpos | 23

mininas são extremamente interpretativas e, muitas vezes, funcionam como manuais e referências de boa conduta para as mulheres.

> A imprensa feminina sempre vai procurar dirigir à leitora como se estivesse conversando com ela – intimidade amiga – faz com que as idéias parecessem simples, cotidianas, frutos do bom senso, ajuda a passar conceitos, cristalizar opiniões, tudo de um modo tão natural que praticamente não há defesa. A razão não se arma para uma conversa de amiga. Nem é preciso raciocinar argumentos complicados: as coisas parecem que sempre foram assim. (BUITONI, 1980, p. 125.)

Os artigos e as publicidades abordadas nas revistas para mulheres são impregnados por modelos a serem seguidos. É claro que as normas de conduta veiculadas pelos artigos das revistas estão, na maior parte das vezes, de acordo com aquilo que é considerado *certo*, segundo os bons costumes de cada época. Nas revistas analisadas, os artigos e as publicidades (seus dizeres e fotos) consistem na grande matéria-prima para o desenvolvimento desta pesquisa, uma vez que, quando analisados e comparados, podem fornecer um grande panorama das mudanças e permanências, nos significados mantidos e renovados e nas novas representações que o corpo feminino teve, a partir do início da década de 1960, no Brasil, influenciadas pela tendência de liberação sexual e dos costumes.

Os periódicos, *Claudia* e *Nova*, ambos da editora Abril,[16] tiveram grande importância ao disseminar os novos comportamentos previstos para as mulheres. A revista *Claudia*, que entrou em circulação, a partir dos últimos meses do ano de 1961, presenciou, em suas páginas, todo o processo de liberação corporal. Apesar de se manter grande parte do tempo entre as an-

---

16 A Editora Abril foi fundada pelo italiano residente no Brasil, Victor Civita. Em 1950, quando teve início a editora, começou com publicações de quadrinhos infantis. Foi apenas a partir de 1960, influenciada pelas grandes mudanças econômicas e políticas do período, que a editora passou a se consolidar no mercado, principalmente através de publicações de revistas, como *Claudia, Quatro Rodas e Veja*. Informações no livro *O leitor e a banca de revistas* de Maria Celeste Mira.

tigas e as novas formas de conduta, a revista fornecia às suas leitoras todos os métodos para bem exercer sua feminilidade. As leitoras de *Claudia* eram mulheres das mais variadas idades, casadas, ou em busca do casamento. A revista *Nova*, por sua vez, editada a partir de 1973, vendia, em suas páginas, a proposta de igualdade entre os sexos, dando ênfase à sexualidade feminina, independente de esta mulher ser, ou não, casada.

> Enquanto o casamento era o centro das preocupações de Claudia, em Nova a ênfase recaía sobre outros tipos de relacionamento que sua leitora provavelmente já estava experimentando. Nova se dirige também à mulher casada, mas prioritariamente à não-casada [...] Nova se dirige a uma mulher cujo centro de preocupações não é mais o lar, mesmo quando ela é casada. (MIRA, 2003, p. 128.)

Ambas as revistas valorizavam o relacionamento heterossexual e tratavam a questão da homossexualidade com grande cuidado. A revista *Claudia* abordou o tema, na maior parte das vezes, como uma doença ou um desvio de conduta. Por exemplo, o artigo de setembro de 1978 intitulado *Meu filho, um homossexual: tratamento com a ciência*, trouxe uma foto da silhueta de um rapaz. Mesmo a foto não estando nítida, a revista afirmaria que o modelo nada tinha a ver com o assunto abordado no artigo. Já a revista *Nova*, tratou o tema da homossexualidade com menos recato, porém, mesmo assim, sem cogitar um tipo de relacionamento entre pessoas do mesmo sexo.

O período delimitado para a pesquisa, entre os anos de 1961 e 1985, leva em consideração o início das fortes tendências de mudança com relação à sexualidade e à maior liberdade dada ao corpo feminino. O ano de 1961 é um marco na grande imprensa feminina por duas grandes razões: pelo início da publicação da revista *Claudia* que, em seus primeiros números, anunciara o advento da pílula anticoncepcional, e ainda, por esta ser diferente das outras revistas voltadas ao público feminino da década de 1960 – como *Querida, Capricho e Jornal das Moças*.

A *Claudia* pretendia explicar, em longas matérias, como a mulher podia se tornar mais autônoma do que era. Prestes a completar seu primeiro ano de existência, na edição de novembro de 1962, a capa de *Claudia* trouxe o desenho de um rosto feminino jovem e alegre, com algumas borboletas ao seu redor, e estes dizeres: *As pílulas mágicas – controle de natalidade*. A historiadora Carla Bassanezzi, em seu trabalho sobre a imprensa feminina das décadas de 1940 a 1960, considerou a revista *Claudia como um marco na história da imprensa por ter introduzido o estilo 'magazine moderno' feminino* (BASSANEZI, 1996, p. 37.), e ela, de fato, o foi.

A revista era um reflexo de um período de crescente urbanização, industrialização e expansão da classe média, principalmente de seu poder de compra, fruto do período do governo de Juscelino Kubitschek. Além disso, *Claudia* presenciou, em suas páginas, grande parte das mudanças ocorridas durante as décadas de 1960 e 1980 acerca da liberação corporal feminina, por ter sido a única revista feminina brasileira a ter um alcance de tempo durante todo o período.

A revista *Nova* parecia estar voltada para mulheres que buscavam lidar com o corpo de forma mais liberal, e mais autônoma sexualmente. Tendo seu início em 1973, e sendo da mesma editora, o periódico representou uma forte tendência, na época, de conquistar leitoras que já buscavam adotar posturas mais liberais comm relação aos seus corpos e sua sexualidade. Suas leitoras já estariam inseridas no mercado de trabalho, eram independentes financeiramente e não eram, necessariamente, casadas ou em busca de um casamento, mas queriam exercer sua sexualidade ativamente e alcançar o prazer.

Além dos artigos veiculados pelas revistas, analisar-se-ão também algumas publicidades, sobretudo os anúncios de *lingeries* e de absorventes. Nesses anúncios, serão analisadas suas imagens e dizeres que demonstram todo o caráter erótico-sedutor de tais peças fortemente associados à exposição do corpo feminino. As imagens femininas construídas na publicidade incorporam modelos que devem se tornar os desejáveis pelas leitoras – como se as imagens falassem por si, e ainda, dissessem como as leitoras deveriam se portar.

> ... uma das primeiras dificuldades relativas ao estudo das imagens está em perceber em cada uma delas não apenas sua capacidade de criar zonas de luz, mas também de inventar regiões sombrias, ou-

26 | *Gisele Bischoff Gellacic*

trora impensadas. Cada imagem funciona expondo e também silenciando, construindo e, igualmente, destruindo: espaços, temporalidades, corpos, objetos e práticas são incessantemente desenhados, fotografados, filmados, e, ao mesmo tempo, vendidos, impostos, comprados ou conquistados. (SANT'ANNA, 1997, p. 98.)

Após uma análise comparativa das propagandas veiculadas pelas revistas, durante o período proposto, foram selecionadas propagandas de absorventes e *lingerie* que melhor expressassem as conclusões desta pesquisa.

O marco temporal, 1985, foi delimitado, com base em alguns fatos relevantes. O primeiro deles refere-se a um importante marco histórico do contexto sócio-político brasileiro: foi, em 1985, por meio de eleições indiretas, que Tancredo Neves elegera-se presidente do Brasil, o que marcaria, oficialmente, a finalização da ditadura civil-militar. O novo governo possuía uma proposta de redemocratização e o retorno progressivo dos direitos civis aos cidadãos. Esse fato também alteraria a veiculação dos meios de comunicação, como a mídia impressa, uma vez que as antigas restrições da censura seriam extintas.

Outro fator relevante, mais especificamente, à temática da história do feminismo, foi a morte de Carmen da Silva, colunista da revista *Claudia* por mais de vinte anos, ocorrida no mesmo ano, e com isso, a finalização de sua coluna mensal *Arte de ser mulher*. Ao longo de suas páginas, procurava difundir informações sobre as novas formas de relação com o homem, além de discutir a respeito da entrada das mulheres no mercado de trabalho e das possibilidades e espaços femininos desde meados dos anos 1960 no Brasil. Sem dúvida, a presença da coluna *A Arte de Ser Mulher,* com todo seu caráter inovador e questionador das relações femininas, foi de extrema importância para a escolha da revista *Claudia* como principal fonte para esta pesquisa. Muitos de seus artigos abordavam a sexualidade e as transformações femininas ao longo das décadas, assim como a condição emocional da mulher doravante convidada a ser mais ousada amorosamente. É importante ressaltar que, apesar de Carmen da Silva ter sido de grande importância para a revista

Claudia, durante grande parte do período estudado, suas opiniões sobre os temas objetivados por esta pesquisa não consistem em nosso tema principal.

Além disso, na metade da década de 1980, houve uma nova ruptura em relação ao caráter histórico da sexualidade e das relações homem-mulher, uma vez que a proliferação do vírus HIV afastaria a própria sexualidade de seu patamar de saúde, relacionando-a a uma doença. Em 1981, os rumores acerca do *câncer gay* começaram – ainda se acreditava que essa doença do sistema imunológico afetava apenas minorias, como homossexuais e usuários de drogas. No Brasil, foi por volta da segunda metade da década de 1980 que a imprensa passou a divulgar os perigos dessa doença.[17]

Nas revistas analisadas, a partir da metade da década de 1980, o sexo não foi interpretado da mesma forma dos anos anteriores. Antes, a sexualidade ligada ao prazer, à felicidade, ao sinal de novos tempos e dos novos espaços ocupados pela mulher; agora, a sexualidade estava ligada à desconfiança em relação ao parceiro, à doença, e até a morte.[18]

Como base teórico-metodológica para a análise das revistas citadas, buscou-se compreender a feminilidade como uma construção histórica. Desde que Simone de Beauvoir escreveu, em seu livro *O segundo sexo,* de 1949, a máxima *Não nascemos mulher, mas nos tornamos mulher*, começou a ser discutida. A questão da feminilidade passou a ser percebida mais amplamente como algo historicamente construído, e não natural como muito se pensava. Em outras palavras, para ser mulher não bastava ter órgãos sexuais femininos, mas sim todo um trabalho cultural.

---

17 Um dos primeiros veículos da imprensa a relatar em sua capa e de forma aberta a respeito da AIDS foi a revista *Veja* em agosto de 1985. A morte das primeiras figuras públicas, em decorrência de complicações do vírus HIV, ocorreu por volta de 1989, como o ator Lauro Corona e o cantor e compositor Cazuza, que trouxe, no mesmo ano, a público sua doença, vindo a falecer pouco tempo depois.

18 Entre as duas revistas analisadas, a *Nova* é a primeira a anunciar às leitoras o risco de se contrair doenças através do ato sexual, e inclusive o risco de se contrair o vírus da AIDS, em um artigo de setembro de 1985, chamado *Doenças contagiosas – como não ser 'assaltada' por uma delas.*

28 | Gisele Bischoff Gellacic

A partir dessa premissa, iniciou-se uma dualidade nas análises da questão feminina, o *sexo* e o *gênero*. O *sexo* passou a ser definido como algo posto pela natureza, e o *gênero* como a influência cultural, ou seja, que o *ser mulher* iria além das imposições naturais do sexo, aproximando-se de um aprendizado cultural. Tal ideia foi amplamente questionada pela historiadora Joan Scott, que trouxe, a partir do final da década de 1970, uma grande contribuição para a análise histórica da feminilidade.

Segundo Scott, a categoria *gênero*[19] deveria ser analisada a partir das relações de poder. As diferenças entre os corpos sexuados eram dotadas de símbolos e de valores, constituídos historicamente e altamente hierarquizados. Assim, os gêneros *masculino* e *feminino,* não eram categorias fixas ou estáveis, mas sim plurais. E ainda, que todas as relações sociais marcadas pelos gêneros eram atravessadas pelas relações de poder.

Hoje, mais de sessenta anos passados, desde o início das discussões acerca da dualidade *sexo* e *gênero*, pode-se ir além nesses debates teóricos. Segundo a filósofa norte-americana Judith Butler, em seu livro *Problemas de gênero* de 1990, torna-se mulher por meio de uma espécie de atuação, de *performances*, de códigos sociais e culturais os quais são identificados pela sociedade como *performances de mulher*. A chamada *teoria da performance*[20] levou a compreensão da categoria *mulheres,* além do gênero e da natureza. Não seria nem a cultura, nem a natureza um destino para definir o que é ser mulher, mas um trabalho sócio-cultural em que se identificavam características como femini-

---

19 Esta análise da categoria *gênero*, Joan Scott a utiliza, sobretudo, no artigo *Gênero: uma categoria útil de análise histórica*, publicado, inicialmente, nos Estados Unidos, em 1986, e, no Brasil, em 1995.

20 A expressão *teoria das performances* utilizada por Judith Butler foi inicialmente utilizada por um grupo interdisciplinar da antropologia social, do drama e da filosofia no início de 1970. Os estudos da *performance* foram iniciados na Universidade de Nova York com o diretor de teatro e antropólogo Richard Schechner e o antropólogo Victor Turner. Apesar das diferentes perspectivas que os estudos da *performance* tiveram, a partir de sua criação, utilizamos neste trabalho apenas em seu sentido ligado à questão de gênero proposto por Judith Butler, a partir de seu livro *Gender trouble: feminism and the subversion of identity* de 1990.

Despindo corpos | 29

nas – ou seja, a própria feminilidade seria um conjunto de códigos, sobretudo corporais, que, ao serem atuados, determinariam o ser mulher.

Dessa forma, toca-se em um ponto muito além da definição do ser mulher por meio de um órgão sexual, como aparece para muitos. Sem dúvida, as revistas femininas são fortes manuais, produtoras e reprodutoras dessas *performances,* decodificadas socialmente como *femininas.* As categorias de análise da dualidade *sexo* e *gênero* são utilizadas, neste trabalho, como grandes norteadoras, uma vez que são compreendidos os movimentos de liberação corporal e sexual, ocorridos, a partir do início dos anos 1960, como grandes redefinidores do que seria a feminilidade. Inaugurou-se, nesse período, a possibilidade de uma postura mais liberal às mulheres, sobretudo em relação às tradicionais interdições, como o corpo e a sexualidade.

Outro importante eixo teórico-metodológico desta pesquisa é a questão corporal. Ao analisar as mudanças ocorridas, a partir da liberação sexual, no Brasil, entre 1961 e 1985, nota-se que o corpo estaria no centro de tais discussões. Afinal, quando se inicia a possibilidade de uma sexualidade mais liberal, pressupõe-se um corpo mais liberal. Propor uma análise das mudanças em relação ao corpo através das tendências de liberação sexual e das erosões de antigos costumes, seria compreender este período de mudanças, a partir dos anos de 1960, como um momento não apenas de transformações políticas, econômicas e sociais, mas de transformações que alcançaram a parte material dos seres humanos, seus corpos, suas vísceras, e suas emoções.

A proposta de uma análise da questão corporal busca dar corpo à história e aos sujeitos históricos, assim como Lucien Febvre analisa o ser humano concreto, *o homem vivo, o homem de carne e osso,*[21] ou ainda Marcel Mauss, ao demonstrar que os gestos tidos como *naturais* são, na verdade, fabricados a partir de normas sociais,[22] e assim, construídas historicamente.

---

21 Ideias trabalhadas por Lucien Febvre, em seu livro de 1962, *Pour une histoire à part entière.*

22 Marcel Mauss analisa tais ideias em seu artigo *As técnicas corporais,* publicado, primeiramente, na França, em 1960.

Entende-se o corpo, em sua porção além da carne, de seus órgãos e de seus fluidos, não apenas como algo natural, mas recriado e moldado através dos tempos. Busca-se compreender o corpo por meio de seus significados e de suas representações, que são imbuídas de uma forte carga histórica.

> ...é precisamente a experiência mais material que resistiu uma história do corpo, sua densidade, sua ressonância imaginária. A originalidade última desta experiência é estar no cruzamento do invólucro individualizado com a experiência social, da referência subjetiva com a norma coletiva. É exatamente porque ele é o "ponto-fronteira" que o corpo está no centro da dinâmica cultural. (CORBIN; COURTINE; VIGARELLO, 2008, p.11.)

Ao utilizar a história do corpo como um dos eixos teóricos desta pesquisa, busca-se aquilo que era considerado importante na época analisada. Para isso, diversos objetos tornaram-se possíveis, como a busca de determinada aparência, os significados que tinham as emoções, os gestos corporais valorizados, ou não valorizados, e até as vestimentas utilizadas. Ao compreender que tais posturas corporais são datadas e explicitam o pertencimento a um gênero, um grupo social, ou até a uma etnia, a análise histórica tornou-se possível.

> Qualquer questionamento sobre o corpo requer antes a construção de seu objeto, a elucidação daquilo que subentende. O próprio corpo não estaria envolvido no véu das representações? O corpo não é uma natureza. Ele nem sequer existe. Nunca se viu um corpo: o que se vê são homens e mulheres. Não se veem corpos. (BRETON, 2006, p. 24.)

A história do corpo implica percebê-lo como sujeito e objeto, lugar de mediação entre a natureza e a cultura, espaço polissêmico de trabalhos e temporalidades distintas. Ao utilizar esse tipo de análise, o corpo é visto como um lugar de batalhas e posturas políticas. Michel Foucault (2012) lembra: *o poder não está localizado no aparelho do Estado*, e o corpo é um dos espaços de manifestação do poder e de seus embates, exprimidos por meio dos gestos, das aparências e das emoções. As relações de poder atravessam os diferentes universos sociais, do micro ao macro.

Assim, as mudanças corporais e os novos significados acerca da sexualidade, ocorridos a partir de 1960, são um momento de transição, de manifestação de novos espaços de poder, e novas formas de interpretá-los. Uma vez que, ao assumir determinadas posturas corporais, seria possível ocupar certos lugares sociais, principalmente as mulheres, que tiveram em suas novas liberdades corporais, tanto na exposição do corpo como na busca por formas mais livres de lidar com a sexualidade, puderam manipular estes novos espaços.

Além do corpo como um lugar de embates e de manifestações do poder, pode-se entendê-lo através de seu poder simbólico.

> O poder simbólico é um poder de construção da realidade que tende a estabelecer uma ordem gnoseológica: o sentido imediato do mundo (e, em particular, do mundo social)... (BOURDIEU, 2012, p.9.)

Nessa análise, além do caráter biológico e imediato do corpo, atribui-se sua dimensão de poder, seu caráter como um capital simbólico e social. Ao investir em determinadas aparências, nas manifestações de determinadas posturas, ou até de sentimentos, valoriza-se aquilo que é considerado aceito socialmente – esta atitude daria certa vantagem social frente àqueles que não adotam tais posturas.

No caso das mulheres, isso se torna um pouco mais complicado. *A história do corpo feminino é também a história de uma dominação na qual os simples critérios da estética já são reveladores* (CORBIN, COURTINE, VIGARELLO, *op. cit.*, p. 13.). A antropóloga Paola Tablet (2009) afirma que o sexo, e assim o seu próprio corpo, são como um capital para as mulheres, como sua terra e, por isso, deve ser bem utilizado. Ao longo da história, as mulheres, através da manipulação de seus corpos, e, sobretudo de sua sexualidade, como sua virgindade, ou da venda de seu corpo na prostituição, ocuparam determinados espaços, ou grupos dentro das sociedades. Isso significa que o trabalho corporal feminino circunscreve-se à manipulação de sua aparência ou de seus gestos, permitindo-lhes a sua inserção na sociedade. Os corpos femininos constituídos de grande *capital simbólico* (BOURDIEU, 2012), quando trabalhados *corretamente*, dentro de padrões estabelecidos, tornar-se-iam um meio de adquirir certo *status* perante a sociedade. Se, durante grande parte da história, as mulheres foram afastadas das decisões políticas e da ação no espaço público, o trabalho corporal pôde inseri-las socialmente, por exemplo, através do casamento e da gravidez.

Esse trabalho corporal demandava tempo e saberes específicos, porém, mesmo com tais movimentos, as mulheres esperavam passivamente a escolha masculina. Apesar da postura ativa da mulher frente ao seu corpo, quando este se encontrava *pronto*, segundo os cânones de beleza e elegância de cada época, cabia à mulher esperar, passivamente, ser escolhida pelo homem. Essa postura paradoxal colocava o homem como um *voyeur* frente aos corpos femininos, que se estabeleciam como um espetáculo, um deleite aos olhos masculinos. Essa postura passiva e a escolha de se envolver com este ou aquele corpo foi, na maior parte da história, exclusivamente dele. E assim, o corpo feminino foi adquirindo um *status* bem diferente do corpo masculino, o que denota outra face desse paradoxo, em que o corpo feminino parece mais ativo que o masculino em relação aos tratamentos e cuidados, além de normalmente aparecerem mais expostos e em maior evidência no espaço público.

> A diferença biológica entre os sexos, entre o corpo masculino e feminino, e, sobretudo, a diferença anatômica entre os órgãos sexuais, pode parecer como uma justificativa natural da diferença socialmente construída entre os gêneros, e em particular a divisão sexual do trabalho.[23] (BOURDIEU, 1998, p. 25.)

---

23 La différence biologique entre les sexes, c'est-à-dire entre les corps masculin et féminin, et, tout particulièrement, la différence entre les organes sexuels, peut ainsi apparaître comme la justification naturelle de la différence socialment contruite entre les genre, et en particulier la division sexuelle du travail. (Tradução da autora)

Ao longo da história, seria comum uma interpretação diferente para os corpos masculino e feminino, e por meio desta distinção na forma de ver os corpos, também se distinguem os gêneros. Cada característica, tida e interpretada como natural, foi imbuída de significados, e tais características foram determinantes para a constituição dos gêneros.

> De fato, quanto mais examino os registros históricos, menos clara se torna a divisão sexual; quanto mais o corpo existia como fundamento do sexo, menos sólidas se tornava as fronteiras. (LAQUEUR, 2001, p. 8.)

Constituídas historicamente, as diferenças entre os gêneros são, *a priori*, sexuais e ganharam imaginários específicos. E o corpo feminino foi, muitas vezes, compreendido através de certa submissão ao masculino. Essa dominação foi legitimada de formas diversas, pelos relatos científicos e até pelos dogmas da Igreja. Podem-se apontar algumas razões para esse confinamento das mulheres e de seus corpos, afinal o corpo feminino foi, por muito tempo, identificado como um espaço de mistérios, devido a sua capacidade de gerar uma vida, amamentar e menstruar. O corpo feminino foi, por muitas vezes, associado a um espaço que poderia levar o homem a sua ruína. Talvez, motivados pelo desejo de possuir esse corpo – e este ato o faria tomar atitudes não convencionais –, os homens sentiam-se, de certa forma, ameaçados. E, assim, motivados pelo medo, e até pela desconfiança, teriam atribuído características negativas ao corpo feminino.

Outra característica que teria levado o corpo feminino a assumir um espaço de mistérios, e com isso uma necessidade de controle, seria sua capacidade reprodutora. Isso significaria que, em uma sociedade que se constitui através da lógica patriarcal, onde a sucessão através da herança é muito importante, manter corpos femininos controlados torna-se crucial para se ter a certeza de que se está passando os bens para um filho legítimo, e não um bastardo.

> Pode-se notar, então, que o princípio que liga o homem a obrigação de não ter parceiro fora do casal que ele forma é de uma outra natureza do que aquele que liga a mulher a uma obrigação análoga. No

caso da mulher, é por estar sob o poder de seu marido que essa obrigação lhe é imposta. No caso dele, é porque exerce o poder e porque deve dar provas de domínio de si na prática desse poder, que deve restringir as escolhas sexuais. (FOUCAULT, 1977, p. 135.)

Por meio de tais problemáticas relacionadas aos corpos femininos e à sexualidade feminina, este livro busca compreender quais as novas demandas corporais foram expressas por uma parte da imprensa feminina com relação às mulheres. Entre 1961 e 1985, momento de grande efervescência cultural trouxe muitas mudanças no tocante aos antigos interditos sexuais, e à emergência de novas formas de se cuidar, de sentir, e de mostrar os corpos femininos. As revistas femininas foram grandes manuais de feminilidade e, por isso, importantes difusoras dos novos saberes, - e a *Claudia* e a *Nova* nossos principais objetos de estudo.

O livro foi dividido em quatro capítulos que acompanham as novas propostas corporais da liberação, a partir de 1960, pois, através da valorização que a sexualidade passou a ter, houve um estímulo às mulheres para que adotassem uma postura mais erotizada e até sensual – como se a possibilidade de corpos e de sexualidades mais livres e expostos permitissem as mulheres se emanciparem.

Essa proposta de emancipação vinda a partir da liberação sexual, em muito lembra um *strip tease*, quando a mulher, ao se despir, sensualmente, sob os olhares masculinos, demonstra ter grande poder e autoridade sobre o seu corpo. A mulher, através da sensualidade e exposição do corpo, coloca-se frente ao homem-*voyeur*, mas a forma como se despe implica o contrário, afinal todo o processo não é feito estritamente para ela, mas para ter a atenção dele. No final, quem fornece as regras de sedução e de exposição é o olhar masculino. Dessa forma, os capítulos foram pensados, despindo e revelando os mecanismos que influenciariam as mulheres a adotarem novas posturas corporais.

O primeiro capítulo, intitulado *Revistas que envolvem e conquistam*, está dividido em duas partes, e seu principal objetivo é discutir a influência que a imprensa feminina, sobretudo a revista *Claudia* e a revista *Nova,* teve no processo de liberação sexual no Brasil. Na primeira parte, *As revistas como uma amiga ideal*, discute-se a formação e a estruturação dos referidos periódicos, e ainda, em como se estabeleceram como grandes manuais de feminilidade para a mulher brasileira. Na segunda parte, *A tarefa de conscientizar a mulher*, será visto como as revistas analisadas, assumindo um papel importante de informar e formar esta mulher liberada, forneceram, através de seus artigos e de suas publicidades, um novo roteiro sexual e sensual. Trar-se-á, também, uma proposta de periodização da liberação sexual feminina no Brasil.

O segundo capítulo *Dispensando regras e instigando condutas* discute as propostas de liberação presentes nas revistas, através dos anos pesquisados. Na primeira parte, *As liberações segundo as revistas*, analisa-se, ao longo dos anos 1961 e 1985, o que as revistas entendiam por liberação, demonstrando que muitas foram as formas de se compreender e de se divulgar condutas mais liberais. Na segunda parte, *Liberação: dificuldades e expectativas*, são discutidos os pontos de tensão nas revistas, através de uma análise de quais são as grandes rupturas e permanências nos antigos interditos com relação à sexualidade e ao corpo.

O terceiro capítulo chama-se *Seduzindo olhares, desnudando corpos*, e também está dividido em duas partes. Nele, discutiremos os novos espaços corporais ocupados pelas mulheres, a partir da liberação sexual. Esses novos espaços estavam fortemente relacionados ao estabelecimento de um roteiro para se amar. Isso significa que as revistas codificavam um roteiro prévio as suas leitoras, de como serem mais sensuais frente a seus maridos e companheiros. Assim, serão decodificados tais roteiros que implicavam novas formas de lidar com o corpo, e também, a necessidade de novos saberes relacionados ao mesmo. Na primeira parte, *Corpos sensuais*, discutiremos a "fabricação" de corpos erotizados, e como a sedução passou a ser uma forma de poder e uma característica do corpo liberado. Na segunda parte, *Corpos sexuais*, será analisado o roteiro sexual proposto pelas revistas. Por meio de artigos e da publicidade, são analisados como os periódicos ensinavam suas leitoras a agirem no momento do ato sexual.

O quarto capítulo, *Provocando emoções e sensações,* discutirá a questão das novas possibilidades de sentimentos e emoções de mulheres liberadas, como o amor e o prazer. Na parte primeira, *Aprendendo a amar: como lidar com os novos homens*, discutir-se-ão as relações homem-mulher, e de como foram alteradas com a postura mais autônoma das mulheres. Se a feminilidade será redefinida, a partir da liberação sexual, a masculinidade também o será. Então, além de discutir as novas relações homem-mulher, os novos papéis sociais propostos aos homens e às mulheres também serão analisados. Na segunda parte, *Orgasmo: a nova sensação feminina,* finalizaremos com uma análise histórica de como o prazer feminino foi, aos poucos, ganhando destaque nas revistas, tornando-se um dos símbolos de uma mulher "liberada". Será analisado como as revistas abordam, a princípio com cautela, a busca pelo prazer, até passar a discutir esse prazer mais abertamente.

Ao propor uma discussão histórica sobre a liberação sexual feminina, no Brasil, sabíamos que seria um grande desafio e, ao mesmo tempo, envolvente. Afinal, muitas análises aqui feitas permitem avaliar questões contemporâneas a nós. Assim, esse estudo adquire uma grande importância histórica e social, uma vez que, nos dias de hoje, passadas algumas décadas da dita revolução sexual, vivemos e nos relacionamos amorosamente através de seus resultados. Goze de uma boa leitura!

Capítulo 1
Revistas que envolvem e conquistam

A imprensa constitui uma rica fonte de estudo para compreender como as mulheres foram, ou não foram, consideradas sujeitos sociais. A existência de uma imprensa, especificamente, feminina fornece fortes indícios destes espaços por elas ocupados. Sem dúvida, os artigos e as publicidades, veiculados nas revistas, revelam uma parte das experiências no cotidiano. Entretanto,

> as leitoras não são fantoches sem vontade, manipuladas pela monstruosa indústria cultural. Pode-se manipular, sugerir e estimular, mas em última instância ninguém pode obrigar uma mulher a comprar uma revista. (MORAES; SARTI, 1980, p. 20.)

Assim, a imprensa feminina expressa uma parte da realidade social, mas não a reflete automaticamente. Além disso, a imprensa feminina dialoga com suas leitoras de maneiras diversas, que nem sempre são possíveis de se relatar historicamente. Alguns fatos apontam para o tamanho desse diálogo, como a quantidade de exemplares publicados pela editora, ou ainda, a participação das leitoras através de cartas, em seções especializadas da revista. Porém, esses mesmos fatos denotam problemas, como as cartas às leitoras que, muitas vezes, eram ficcionais, ou seja, escritas por pessoas da própria redação. A quantidade de exemplares veiculados pode ser mais relevante, uma vez que tais revistas seguem uma intensa lógica capitalista, e as respectivas editoras não aceitariam continuar publicando um mesmo periódico se não estivesse dando lucro. Outro fator importante seria a quantidade de publicidade nas revistas, que também seguiam a lógica do mercado, e não busca-

38 | *Gisele Bischoff Gellacic*

riam um espaço em uma revista se ela não fornecesse um lucrativo retorno. Apesar de todos esses fatores, seria impreciso dizer que as mulheres relatadas nas revistas sejam retratos fiéis da mulher real. Mas, sem dúvida, os relatos dos artigos e da publicidade dos periódicos relatam uma imagem, ou um reflexo do cotidiano das mulheres.

Ao caracterizar uma determinada publicação como parte da imprensa feminina, num primeiro momento, poderia ser interpretada como uma revista escrita por mulheres, e que fale às mulheres (BUITONI, 1980). Porém, nem sempre tais determinações podem ser levadas em consideração. Por exemplo, sabe-se que, em algumas revistas, a utilização de pseudônimos foi corrente, tanto de mulheres assinando como homens, mas principalmente de homens assinando artigos com nomes femininos. Além disso, seria impossível determinar o gênero dos/as leitores/as, uma vez que as revistas podem ter muitos interlocutores. Devido a tais problemáticas, utiliza-se a seguinte determinação para se designar uma revista feminina: a veiculação de assuntos que corroboram a visão de feminilidade de um determinado período, ou ainda, que a própria revista anuncie que seu público alvo seria o feminino.

Outra problemática que aparece, ao estudar a imprensa feminina, seria a natureza de seus assuntos. Diferente da imprensa convencional, esse tipo de publicação coloca-se em um limiar entre a informação e a comunicação.

> A imprensa deixa de ser de 'informação' para ser de 'comunicação', ela não fornece apenas as notícias, ela não passa apenas as mensagens; ela é um instrumento de expressão – patológico e terapêutico, ao mesmo tempo (SULLEROT, 1978, p. 58).[1]

As revistas femininas não passam informações do dia-a-dia ou do fato cotidiano - esse tipo de imprensa caracteriza-se por passar assuntos relativos ao "universo feminino": moda, beleza, cuidado com a casa, com os filhos, culinária, relação homem-mulher, etc. Os artigos veiculados nessas revistas

---

1 *La presse cesse d'être une 'information' pour être une 'communication', elle ne donne plus seulement des nouvelles ; elle ne délive plus seulement de messages ; elle devient instrument d'expression – pathologique et thérapeutique tout ensemble.* (Tradução da autora)

utilizam um linguajar próprio e personalizado, que busca levar à leitora uma sensação de proximidade amiga. Além disso, utilizam-se autoridades para legitimar seus assuntos, principalmente seus pontos de vista.

> Médicos, psicólogos, advogados, pedagogos e especialistas das mais diversas áreas ocupam com frequência as páginas dessas publicações e colaboram para legitimar seus conteúdos, não raros também endossados por alguma celebridade do momento (LUCA, 2012, p. 448).

Esse tipo de imprensa pode ser considerado como um grande exemplo de futilidade, na qual os assuntos veiculados seriam frívolos e com pouca, ou nenhuma, preocupação política. Essa forma de pensar deve ser revista. Na aparente frivolidade, tais periódicos são proselitistas e, com isso, capazes de provocar alterações no comportamento de suas leitoras. Mais do que isto: a imprensa feminina revela uma parte dos valores, sonhos e receios de cada época. Vistas dessa forma, as revistas seriam grandes manuais de como exercer bem a feminilidade. Através de páginas coloridas, fotos atraentes e desenhos estimulantes, as revistas femininas propunham modelos culturais e sociais. Nessa lógica, alguns modelos são reforçados, outros atualizados, e alguns até propostos pela primeira vez.

Através da *teoria das performances,* compreender as revistas femininas como um manual de feminilidade traz novas possibilidades.

> O gênero não deve ser meramente concebido como a inscrição cultural de significado num sexo previamente dado [...] tem de designar também o aparato mesmo de produção mediante o qual os próprios sexos são estabelecidos (BUTLER, 2015, p. 25).

Se os gêneros são constituídos culturalmente e manifestados através de *performances* que são aprendidas, executadas e identificadas como sendo *de homem,* ou *de mulher,* as revistas femininas teriam, assim, um papel importante como um grande manual das performances consideradas femininas. Os assuntos tratados pelas revistas, considerados assuntos *de mulher,* serviriam então, para legitimar um papel social às leitoras. Se a feminilidade

40 | Gisele Bischoff Gellacic

não é posta biologicamente, as revistas teriam um papel fundamental para passar às suas leitoras, o que é *ser mulher*. Os assuntos, como culinária, cuidado com o filho, beleza, moda, e a importância dada ao seu relacionamento amoroso, seriam então, *performances* do que se estabeleceu como sendo *feminino*. Assim, as revistas funcionariam como uma espécie de "espelho de Narciso", prendendo as mulheres ou limitando suas *performances* àquilo que a sociedade espera delas. Dessa forma, as revistas poderiam ser identificadas como políticas, não através de seu significado imediato, como por exemplo, a política partidária posta pelas revistas econômicas: o caráter político das revistas femininas é menos imediato, sugerindo, através de uma conversa entre amigas, performances de feminilidade e modelos culturais de comportamento. Através dessa intimidade posta entre a revista e suas leitoras, pouco se poderia fazer ou se criticar. Pode-se identificar a ausência de textos políticos, principalmente em seu sentido imediato, como a relação com o Estado. As revistas femininas estão fortemente identificadas com a emotividade, entendida como uma característica feminina, sendo assim, a dureza esperada da vida política opor-se-ia ao *universo feminino*. Porém, isso não diminuiria a imprensa feminina de uma proposta política.

Além das questões teórico-metodológicas sobre a imprensa feminina, a publicidade também surge como um relevante meio de diálogo entre a revista e suas leitoras, posto que muitas das imagens seriam consideradas desejáveis a elas.

> As imagens assim como os discursos, testemunham as sensibilidades de uma época e evocam maneiras pelas quais o corpo é construído e organizado no interior de um sistema que não para de se dividir em aparência e essência, separando as atitudes ideais das consideradas inadequadas e desprezíveis. Da diversidade de imagens femininas, a fotografia (publicitária ou não) aparece como uma fonte estimulante da pesquisa histórica (SANT'ANNA, 1994, p. 58-59).[2]

---

2 *Les images autant que les discours, témoignent des sensibilités d'une époque et évoquent les manières dont le corps est constuit et organisé à l'intérieur d'un système qui ne cesse*

Despindo corpos | 41

A análise histórica das imagens publicitárias leva em consideração uma série de fatores - desde a análise da técnica utilizada, o desenvolvimento da fotografia, até uma análise das imagens e dos discursos. Para a realização desta análise, pode-se utilizar diversas linhas metodológicas, como a semiótica e a linguística. No presente trabalho, utilizamos uma comparação histórica. Esta comparação é feita por meio das imagens e dos discursos, que exprimem um imaginário referente a cada época analisada.

> A representação comporta uma interpretação de uma época e sociedade na qual ela foi fabricada. Ela testemunha o imaginário coletivo a cada etapa histórica, e os valores do universo econômico, político e social de seus produtores (*Ibidem,* p. 52).[3]

Assim, analisamos as representações, as imagens e os discursos apresentados nas propagandas, os quais expressam um imaginário analisado como representações do corpo feminino liberado. Através das propagandas de *lingerie* entre os anos de 1961 e 1985, são demonstradas não apenas as alterações na moda íntima, mas todas as demandas culturais que a liberação sexual e corporal construía ao longo dos anos.

---

pas de le diviser en apparence et essence, en séparant les attitudes idéales de celles jugées inadéquatites et méprisables. De l'ensemble diverifié des images de la femme, la photographie (publicitaire ou non) est devenue une source stimulante pour la recherche historique. (Tradução da autora)

3 *La représentation comporte donc toujours une interprétation de l'époque et de la société dans laquelle elle a été fabriquée. Elle témoigne de l'imaginaire collectif à chaque étape de l'histoire, et des valeurs en jeu dans l'univers économique, politique et social de ses producteurs.* (Tradução da autora)

As revistas como uma amiga ideal

Desde o surgimento da imprensa feminina no Brasil, por volta do final do século XIX,[4] os principais modelos valorizados e estimulados às leitoras eram aqueles ligados às funções de mãe, esposa e dona de casa. Assim, nota-se que os principais assuntos contidos nas revistas deste período compunham o repertório da mãe, da esposa e da dona de casa. Essas funções estariam de acordo com aquilo que se esperava de uma mulher e do bom exercício de sua feminilidade. Dessa forma, foi apenas por volta dos anos 1960 que novas possibilidades surgiriam às mulheres, como por exemplo, sua inserção no mercado de trabalho. Logo, as revistas femininas dessa época começariam, gradativamente, a abordar assuntos que mesclavam suas antigas funções sociais, com as novas. Um bom exemplo desse tipo de artigo são aqueles que mostram a moda nos escritórios, ou ainda, em como uma secretária deveria se vestir. Nota-se, através desses exemplos, como há uma mistura entre os antigos e novos temas, porém sempre analisados e trabalhados dentro da lógica das revistas femininas.

Se, de um lado, vemos a confluência de novos assuntos abordados através das antigas fórmulas utilizadas pela imprensa feminina, pode-se identificar o mesmo com os assuntos ligados à sexualidade, que também são inaugurados a partir de meados dos anos 1960. O convite a uma vida sexualmente mais ativa estamparia, gradativamente, as revistas femininas. Influenciadas pela tendência de liberação sexual citada anteriormente, a imprensa feminina passou a utilizar, em seus artigos e em sua publicidade, argumentos discutindo e estimulando a adoção de posturas mais liberais por parte de suas leitoras - ora como um convite, ora como uma discussão entre prós e contras, ora como uma imposição. Apesar das formas variadas, a discussão acerca da sexualidade feminina apareceria nas revistas femininas analisadas a partir de

---

4   Mais informações sobre o início da imprensa feminina no Brasil, sugerimos de Dulcília S. Buitoni, *Imprensa feminina* e de Marina Maluf e Maria Luiza Mott, o artigo *Recônditos do mundo feminino*.

1961. A revista *Claudia* e a revista *Nova*, por exemplo, foram cruciais para a manifestação e discussão dos novos padrões.

Em outubro de 1961, foi publicada pela primeira vez a revista *Claudia*. A editora Abril, que publicou (e ainda publica) a revista, soube aproveitar o período de grande urbanização, aumento da industrialização, e ascensão da classe média brasileira, para lançar-se no mercado editorial. Seu fundador, Victor Civita, percebeu este grande desenvolvimento econômico que o Brasil vivia, e fundou três revistas, que se tornariam suas principais publicações durante muitos anos. Essas revistas, a *Claudia*, a *Veja*, e a *Quatro Rodas*, representavam três dos principais setores que cresciam no Brasil: a economia convencional, a indústria automobilística e o mercado voltado às mulheres.

> Ao chegar nos anos 1960, a imprensa feminina já é mais que milionária. Toda essa experiência era conhecida do casal Civita, que havia morado na Itália e nos EUA, e seria seu ponto de partida para ingressar no mercado de publicações femininas. A esposa, Sylvana Alcorso 'com sua larga experiência internacional', colabora nesse setor até o início dos anos 70 (MIRA, *op. cit.*, p. 50).

Além das crescentes mudanças no contexto sócio-econômico brasileiro, as revistas também divulgavam, sobretudo *Claudia,* as alterações de comportamento, em decorrência às efervescências culturais do período em questão.

Claudia, assim como as outras revistas citadas, foi fortemente influenciada por publicações de sucesso dos Estados Unidos e da Europa. Podem-se citar, como forte influência para *Claudia,* as europeias *Marie Claire* e *Arianna,* e as norte-americanas *Mc Call's, Ladies Home Journal,* e ainda, *Good Housekeeping.* Interessante que suas congêneres europeias também utilizavam nomes próprios femininos como títulos, isto certamente teria influenciado a escolha de seu próprio título. Porém, em muitos momentos, Victor Civita se referiu à revista *Claudia* como sua *filha de papel*.

> Formou-se então um núcleo inicial de jovens jornalistas que – junto com Sylvana – dedicaram-se à tarefa de criar a nossa Claudia... Claudia veio ao mundo em outubro de 1961, em plena primavera...[5]

O casal, Victor Civita e Sylvana Alcorso, nunca teve filhos e, por isso, diziam que a revista adquiriu o nome que seria dado, caso tivessem uma filha, *Claudia*. Logo em seu início em 1961, essa revista já se destacava das demais da mesma época, pois veiculava, em seu conteúdo, diversas mudanças nas relações homem-mulher, como a discussão sobre o planejamento familiar através do uso de pílula anticoncepcional. Apesar de seu caráter inovador, deve-se observar que a revista *Claudia* mantinha-se fortemente atrelada ao discurso referente às funções de mãe, esposa e dona de casa, apesar de paralelamente convidar as leitoras a tomarem posturas mais autônomas.

O periódico tinha, como público alvo, mulheres da classe média em ascensão, que poderiam consumir os produtos anunciados pela publicidade. Seus artigos abordavam os considerados *assuntos de mulher*, tais como moda, beleza, decoração, culinária, saúde, economia doméstica, cuidados com os filhos, comportamento e atualidades. Assuntos relacionados à política convencional raramente apareciam entre seus artigos.[6] Isso significa que a liberação corporal proposta nas décadas analisadas nem sempre era acompanhada por uma politização feminina. Todos os artigos tratavam as leitoras com grande intimidade, chamando-as, muitas vezes, de *amigas*. Além disso, a utilização de um nome feminino como título da revista já demonstrava a intenção de aproximar a leitora dos textos divulgados, como se *Claudia* fosse, de fato, uma pessoa, uma amiga, uma confidente, uma conselheira.

---

5 Depoimento de Victor Civita no artigo comemorativo aos 25 anos da publicação do primeiro número do periódico, revista *Claudia,* outubro de 1986.

6 Apesar de nenhuma referência explicita à conjuntura política entre as décadas analisadas, no número de janeiro de 1965, foi encontrada uma propaganda do livro *Comunismo – de Karl Marx ao Muro de Berlim*, sem autor. A propaganda tinha um caráter sensacionalista dizendo que se a leitora não soubesse o que era comunismo, estava sendo uma *inocente útil*. Apesar da revista *Claudia* não possuir artigos claramente políticos, deixava passar sua postura tal como neste caso.

Algumas pesquisas feitas anteriormente[7] sobre a revista *Claudia* anunciam uma tiragem em torno de 160 mil exemplares, o que representava um número bem elevado para o período. Além disso, nota-se que quase 50% das revistas eram distribuídas apenas entre São Paulo e Rio de Janeiro, demonstrando sua forte presença nos grandes centros urbanos. As leitoras, além de pertencerem à classe média, tinham entre 18 e 24 anos, eram casadas ou em busca do casamento. Essa faixa de idade, porém, tende a mudar com a passagem das décadas, pois muitas leitoras envelheceram, mas continuaram a ler os conselhos de *Claudia*. Isso significa que houve uma tendência, com o passar dos anos, de uma renovação das leitoras e a permanência de outras.

Desde o início, no começo da década de 1960, a venda da revista coincidiu com a introdução da pílula anticoncepcional no Brasil. Além disso, *Claudia* possuía um discurso que, pretendia valorizar o ideal de uma vida julgada moderna. Seu *layout* era atraente e prático, com páginas coloridas e fáceis de ler, apesar da utilização de vários gêneros textuais diferentes. As capas eram de rostos femininos, no início meros desenhos, porém a partir de 1964, passaram a utilizar fotos. Durante todo o período pesquisado, de 1961 até 1985, todas as fotos das capas eram de mulheres, na maioria das vezes de mulheres anônimas, com *close* de suas faces, sorrindo de forma serena e alegre.

Outro fator de muita importância, sobretudo na relação da revista com o contexto de liberação sexual, foi a coluna *A arte de ser mulher*, escrita a partir de 1963 por Carmen da Silva.[8]

---

7   Fazemos referência a trabalhos, como os de Carla B. Bassanezzi *Virando as Páginas. Revendo as Mulheres;* e o de Ana Rita F. Duarte *Carmen da Silva: o feminismo na imprensa brasileira.*

8   A figura de Carmen da Silva e suas colunas na revista *Claudia* foram alvo de diversas pesquisas acadêmicas, como as dissertações *Carmen da Silva: nos caminhos do autobiografismo de uma mulheróloga* de Kelley B. Duarte, *Uma leitura de ficção e da história na escrita de Setiembre de Carmen da Silva* de Maria Helena R. Fuão; as teses *Com a palavra, o segundo sexo: percursos do pensamento intelectual feminista no Brasil dos anos 1960* de Natália P. Mendez; *Cotidiano e política em Carmen da Silva e David Nasser,* de Letícia N. de Moraes.

> Nascida em Rio Grande, RS, Carmen da Silva nunca se identificou ao perfil correspondente ao comportamento padrão para as moças de sua época. Ao voltar para o Brasil em 1962 – depois de passar quase vinte anos morando no Uruguai e na Argentina – quis ajudar a modificar o comportamento da mulher de classe média. (BORGES, 2009, p. 55).

Em 1963, Carmen da Silva enviou uma carta à chefia da redação de *Claudia* manifestando seu desejo de escrever sobre a condição da mulher brasileira, e os novos papéis que essas mulheres poderiam assumir. Alguns meses depois, sairia o primeiro artigo *A Arte de Ser Mulher*[9] com sua assinatura. Carmen da Silva assinou esta coluna entre setembro de 1963 a 1985, ano de sua morte.

A coluna de Carmen da Silva era feita de conselhos com base na psicologia, e ainda trazia questões sobre o comportamento, as atitudes femininas, a independência da mulher, a infidelidade masculina, entre outros temas. Com seus artigos, Carmen da Silva buscava despertar a consciência das leitoras e anunciar que estavam vivendo o início de um novo momento nas relações homem-mulher, bem como da presença feminina na sociedade. Carmen convidava as mulheres a serem parceiras de seus maridos, verdadeiras companheiras, desde a intimidade até o mercado de trabalho.

> Quando exorto as mulheres a ocuparem na sociedade um papel mais ativo, realizador, tenho plena consciência de que no mundo há lugar para que os dois sexos atuem lado a lado sem se estorvarem mutuamente.[10]

---

9   Este artigo já existia anteriormente e era assinado por *D. Letícia*. A revista nunca deu maiores informações sobre quem seria essa colunista, porém Ana Rita F. Duarte, em seu livro *Carmen da Silva: o feminismo na imprensa brasileira,* especula que *D. Letícia* era, na verdade, um dos redatores homens, uma vez que só eles formavam a redação de *Claudia* naquele período.

10   *A favor e não contra os homens,* coluna *A arte de ser mulher* por Carmen da Silva, revista *Claudia,* março de 1964.

Despindo corpos | 47

A grande proposta da autora, portanto, seria que homens e mulheres convivessem harmoniosamente, através de uma relação de extrema cumplicidade. Carmen, ainda estimulava a inserção da mulher no mercado de trabalho, e afirmava que apenas quando as mulheres fossem autônomas financeiramente, poderia se constituir um casamento em tais moldes de harmonia e cumplicidade. As ideias de Carmen dialogavam diretamente com as propostas de liberação sexual e corporal presentes nas décadas analisadas, e serão aprofundadas no próximo capítulo.

Com o passar do tempo, o número de cartas endereçadas à colunista cresceu chegando a 500 mensais, o que a fez ganhar seu próprio espaço na seção de cartas de leitoras *Claudia responde*, intitulado então, *Caixa Postal Intimidade*. Através dessas cartas, nota-se que, apesar de muitas mulheres concordarem com a postura mais *liberal* de Carmen da Silva, muitas a criticavam. Essa postura liberal da colunista estimulava a participação mais ativa da mulher frente ao casamento, ultrapassando as antigas funções atribuídas ao feminino, de mãe, esposa e dona de casa. Apesar da postura liberal para a época, a colunista ainda estava presa a alguns dos antigos paradigmas. Em nenhum momento, a colunista trataria a possibilidade de uma mulher ser realizada sem estar em um casamento. Tal postura poderia mostrar como o discurso de Carmen da Silva, apesar de um tanto inovador, ainda estava preso aos antigos paradigmas da relação homem-mulher.

> Nota-se que Carmen desenvolveu suas ideias, no sentido de preservação do casamento, não como relação individual indissolúvel, mas como instituição que precisaria manter-se, passando, no entanto, por transformações para ser melhorado (DUARTE, 2005, p. 129).

Ainda em sua coluna, percebe-se também o quanto a visão sobre o casamento, como uma forma de parceria, era restrita à união heterossexual. A jornalista trata a questão da homossexualidade, em alguns de seus artigos, porém sempre o abordaria como uma doença, ou um distúrbio psicológico. Por exemplo, podemos citar sua coluna de cartas de leitores, *Caixa Postal Intimidade*, quando um leitor envia uma carta, publicada na revista em junho de 1965, dizendo que tinha um relacionamento com um homem mais novo. Carmen da Silva, sem se estender em sua resposta, o aconselha a procurar um psicólogo.

A postura de Carmen frente à manutenção do casamento heterossexual não deve ser entendida, necessariamente, como uma expressão de um conservadorismo, mas como um sinal dos tempos. Entre as décadas analisadas, nota-se como a liberação sexual e corporal foi acompanhada por grandes sinais de resistência, como se liberação e coação andassem de mãos dadas. Além disso, deve-se considerar que Carmen escrevia para uma revista de uma importante editora, que funcionava segundo as lógicas de mercado. Logo, adotar uma postura extremamente liberal poderia assustar e afastar leitoras e publicidades. Mesmo assim, a colunista abordou temas controversos e polêmicos para a época, durante mais de vinte anos nos quais redigiu a coluna *Arte de ser mulher*, de 1963 a 1985, e não apenas as questões acerca do casamento: violência contra as mulheres, limites e desafios de uma postura mais liberal em relação ao sexo, sobre o orgasmo, e até sobre a questão do aborto.

Mas, foi durante os últimos anos da década de 1960 e os primeiros de 1970 que a colunista obteve maior visibilidade na revista, e sua coluna chegou a ter o maior número de páginas, além de sua seção respondendo dúvidas de leitoras.

Ao utilizar a revista *Claudia* como fonte histórica para analisar a liberação sexual e corporal na ótica feminina, não podemos apenas dar atenção às colunas de Carmen da Silva. Afinal, a revista continha uma série de outras colunas que, muitas vezes, não condiziam com as ideias da colunista. E ainda, ao comparar as colunas veiculadas na revista com a publicidade do mesmo período, tanto suas imagens quanto seus escritos, nota-se como não eram uniformes. Há uma constante tensão entre os artigos, seus autores e a publicidade presente em *Claudia*, quando analisadas as posturas estimuladas às leitoras, sobretudo em relação à liberação corporal e sexual. Não há uma opinião única na revista *Claudia* acerca da postura que suas leitoras deveria tomar frente à liberação corporal e sexual. *Claudia* aparece entre dois tempos, ora mais liberal adotando posturas referentes às novas demandas culturais específicas dos anos de 1960, ora mais conservadora, ainda presa aos antigos paradigmas de anos anteriores, abordando, inclusive, formas diferentes de manifestar a feminilidade.

> A mesma revista que recomendava recato e virgindade antes do casamento, fidelidade feminina, paciência e resignação diante do marido adúltero [...] estampou o texto intitulado 'Uma pequena rainha triste'. Foi um dos primeiros escritos pela nova articulista (referência a Carmen da Silva), que investia contra a dupla moral sexual e lembrava às leitoras que sua personalidade e identidade estavam nelas e não no marido, nos filhos ou na casa (LUCA, *op. cit.,* p. 456).

Essa tensão presente no periódico significaria uma tensão presente no próprio período estudado. Não há certezas, fórmulas, ou uma visão única de como deveriam ser as novas posturas femininas frente à liberação corporal e sexual. A revista *Claudia*, que teria presenciado em suas páginas, desde 1961, foi sendo moldada junto às transformações do tempo. A liberação não estava pronta, assim como as opiniões veiculadas em *Claudia*.

Durante o período pesquisado, de 1961 a 1985, observa-se uma multiplicidade de *mulheres-Claudia,* veiculada através de sua natureza diversa de artigos e publicidades. Dizer que só existiu um tipo de mulher valorizado, ou um tipo de mulher liberada nas páginas de *Claudia* constituiria uma imprecisão. De fato, algumas características permaneceram fortes durante todo o período pesquisado, como a valorização do casamento, e mesmo assim, veremos, nos próximos capítulos, como a própria visão sobre o casamento mudou ao longo dos anos pesquisados. Mas, seriam os artigos que abordavam a sexualidade feminina que sofreriam as maiores modificações, assim como a condição emocional da mulher, doravante convidada a ser mais ousada amorosamente.

Em 1973, a editora Abril lançaria outra revista feminina, a revista *Nova*. Apesar de a editora já possuir um periódico feminino de grande sucesso, a revista *Claudia*, considerou-se lucrativa a publicação de mais uma revista voltada ao público feminino. Essa decisão mostraria que os tempos mudaram, não existia apenas um tipo de mulher valorizado socialmente e almejado através das páginas das revistas. A revista *Claudia* teria contribuído, significativamen-

50 | *Gisele Bischoff Gellacic*

te, para isso, abrindo caminho para um novo tipo de publicação, que abordaria os *novos* assuntos pertencentes à boa execução da feminilidade.

> Nessa trajetória, grosso modo, podemos identificar dois momentos: um em que os modelos de feminilidade se consolidam (do começo do século XX ao início dos 60) e outro, de maior fluidez (de meados dos anos 1960 aos dias de hoje), quando ideais do período anterior são questionados e passam a conviver com novas referências (PINSKY, 2012, p. 470).

As transformações culturais e sociais identificadas, através das liberações sexual e corporal, mudariam, consideravelmente, as funções antes atribuídas às mulheres. Ao observar tais mudanças, a editora Abril publicaria uma *nova* revista, para aquelas leitoras que não mais se identificavam com seus antigos papéis sociais. A publicação de um novo periódico feminino pela mesma editora traz uma importante questão, afinal, na lógica do mercado, a editora Abril jamais lançaria outra revista para concorrer com o sucesso já garantido de *Claudia*. Podemos afirmar, então, que a revista *Nova* e a revista *Claudia* não eram concorrentes diretas, ou ainda, que existia um esforço da própria editora para que não houvesse uma concorrência entre ambas. Esse esforço pode ser compreendido em como as revistas trariam desde um *layout* de capa diferente, até abordagens bem distintas. A editora Abril pareceu utilizar as propostas de liberação para que fosse reforçadas as diferenças entre as mulheres, tornando necessário a existência de duas revistas, uma que ainda se detinha aos valores mais tradicionais, a revista *Claudia*, e uma mais ousada e ambiciosa, a revista *Nova*. Dulcília Buitoni, em seu trabalho sobre a imprensa feminina, afirmaria que, a partir de 1970, a revista *Claudia* se tornaria mais conservadora justamente para ceder espaço à *nova* publicação da editora Abril.

Para anunciar às leitoras que já não se adequavam às antigas posturas de *Claudia*, a revista publicou, em outubro de 1973, a propaganda da mais nova revista da editora Abril: a revista *Nova*.

> Se você é alegre, sensual, divertida, ambiciosa, corajosa, NOVA vai combinar bem com seu temperamento. Mesmo que você não seja

assim. Mas tendo interesses próprios, gostando de si mesma, da vida, das pessoas, NOVA é para você. NOVA é para a mulher que gosta de ser mulher. Mas que acha também que nada é melhor do que um homem e uma mulher juntos.[11]

Uma propaganda como esta, na revista *Claudia*, mostra que, para a editora Abril, os periódicos seriam dirigidos para leitoras com perfis diferentes. E utilizavam as novas liberdades sexuais e corporais como um golpe de marketing para lançar uma *nova* revista. A revista *Nova* já fazia alusão, em seu título, à *nova* mulher, mais solta e ativa sexualmente. Sua proposta era lidar com a sexualidade de uma forma liberal, enquanto que *Claudia* ainda apostava em referências conjugais características de épocas passadas. Nota-se que essa propaganda convidava mulheres *alegres, sensuais, divertidas, ambiciosas e corajosas* para lerem a revista *Nova*. Mas, em seguida, advertia que mesmo se a mulher não fosse assim, poderia ler a revista. *Nova* demonstraria, então, uma postura mais liberal frente à *Claudia*, pelo menos em seus artigos, o que não significaria que as mulheres adotassem tais posturas em suas vidas cotidianas. Assim, nota-se que a leitora de *Nova* poderia ser mais livre em suas ações, ou apenas almejaria tais liberdades, apesar de não realizá-las na prática. Esta atitude seria um reflexo de um período de transição proposto pela liberação corporal e sexual no início dos anos 1970, quando seus resultados não eram postos de forma única. Ao dizer que a revista *Nova* seria dirigida a mulheres sensuais, mostra como alguns dos pressupostos da liberação sexual e corporal já estariam inseridos dentro de papéis sociais femininos. Afinal, uma das características há muito valorizada e fortemente atribuída ao feminino, seria sua capacidade de sedução.

No início dos anos de 1970, o Brasil vivia o *milagre econômico* ocorrido durante o governo do general Emílio Garrastazu Médici. O crescimento econômico vivido pela classe média brasileira estimulou a editora Abril a lançar vários periódicos, entre eles a revista *Nova*. Isso significa que não

---

11   *A editora Abril apresenta a revista da nova mulher brasileira*, revista *Claudia*, outubro de 1973.

eram apenas as transformações culturais trazidas pela liberação sexual e corporal ou as novas possibilidades das mulheres que estimulariam a editora a promover um novo periódico para elas, mas também a situação econômica do país. Esse momento de prosperidade econômica seria interessante, tanto para a editora vender mais revistas, quanto para o mercado voltado às mulheres, que poderia vender seus produtos através dos anúncios nas revistas.

Outro fator importante da revista *Nova* é que, diferente de *Claudia*, não era uma publicação genuinamente brasileira. *Nova* seria a versão brasileira da revista norte-americana *Cosmopolitan* que, apesar de sofrer muitas alterações, era publicada nos Estados Unidos, desde março de 1886. Por volta dos anos de 1970, *Cosmopolitan* já estava presente em diversos países, e em todos eles, utilizava seu próprio nome americano. Apenas no Brasil, o nome *Cosmopolitan* teve que aparecer como subtítulo, pois aqui esse nome já era registrado por uma empresa do setor de eletrodomésticos.

A história da revista *Cosmopolitan*, até se transformar em *Nova* é muito interessante. Seu início ocorreu, em 1886 (LANDERS, 2010), pela editora *Schlicht & Field of New York*, e seu conteúdo era de cunho literário. Naquela época, *Cosmopolitan* intitulava-se como uma revista familiar para as classes abastadas. Como a revista não tinha uma tiragem significativa, foi passando por vários donos, até que, em 1905, foi comprado por William Randolph Hearst, fundador da editora *Hearst Corporation*, sua editora até os dias de hoje. Desde a sua compra, em 1905, por Hearst até meados dos anos 1960, a revista *Cosmopolitan* manteve seu caráter literário, quando então suas vendas declinaram.

Porém, em 1965, aconteceria a grande virada para a revista. Helen Gurley Brown, uma escritora também norte-americana, assumiu a revista como editora-chefe (SCANLON, 2009). Brown ficou conhecida por escrever um livro de grande sucesso no ano de 1962, *Sex and the single girl,* em português, *Sexo e a garota solteira*. O livro de Brown tornar-se-ia um *best-seller* e encorajou mulheres solteiras a assumirem uma postura mais independente em relação às suas vidas sexuais, mesmo que não fossem casadas. Sem dúvida, esse livro já seria uma consequência desses tempos de 1960, marcados pela liberação sexual e corporal. Com tamanho sucesso de seu livro, Brown foi convidada para assumir a revista *Cosmopolitan*, e trazer para a revista sua perspectiva acerca das mulheres. Em 1965 tem início a *New Cosmopolitan*, totalmente modificada, agora voltada para as mulheres, mas para aquelas que queriam saber mais sobre suas novas possibilidades em tempos de mudança. A revista passaria a discutir todos os assuntos pertinentes à liberação sexual feminina, e em 1967, voltou a se chamar apenas *Cosmopolitan*. Nessa época, suas leitoras começariam a ser chamadas de *Cosmo Girls*, representantes de uma mulher mais ativa sexualmente, ou que pelo menos, queria ler a respeito.

> Propagando-se entre o público feminino, a revista começou a trabalhar com a figura da 'Cosmopolitan Girl', o tipo ideal de uma nova mulher que tomava a própria vida em suas mãos [...] Não quer ser reconhecida por ser a mulher de um executivo, a mãe de um bom estudante, a irmã de um jogador de futebol ou a namorada de um músico de rock. Ela quer ser reconhecida pelo que faz (MIRA, *op. cit.*, p. 122).

As leitoras de *Cosmopolitan* eram mulheres que tinham um estilo de vida distinto, com expectativas que iriam além de um casamento. As metas dessas mulheres eram a satisfação sexual e a independência financeira. De qualquer forma, atuando em suas vidas como tal, ou apenas lendo a respeito de uma vida mais livre, seriam esses assuntos de maior interesse das *Cosmo Girls*.

A revista teve severas críticas, porém, conseguiu se manter no mercado, aumentando, gradativamente, o número de leitoras. Com seu grande crescimento, nos anos de 1970, passou a conceder licenças para que tivesse sua representante em outros países. Foi assim que a editora Abril, em 1973, resolveu adquirir esta licença e publicar a versão brasileira de *Cosmopolitan*. No Brasil, foi a jornalista Fátima Ali quem assumia a redação de *Nova/Cosmopolitan*, como responsável por trazer todo o ideal da edição americana de Brown. Em outubro de 1973, quando saiu sua primeira edição, uma capa sugestiva mostrava como essa revista se dirigia a outro tipo de mulher, mais ativa sexualmente e inserida no mercado de trabalho. Na capa, havia uma mulher bem maquiada, olhar sério, decote profundo e os dizeres: *Toda mulher pode sentir prazer no amor, você também; 101 maneiras de um homem agradar você (é só sugerir a*

54 | Gisele Bischoff Gellacic

ele); 12 mulheres contam como fatura, milhões no mercado das finanças (que já foi só dos homens); Você é sensual? Um teste insinuante.

A redação de *Nova* seria integrada, em sua maioria, por mulheres, diferente da revista *Claudia*, que nessa época ainda possuía uma maioria de homens. Apesar desse fato, grande parte de seus artigos eram traduções da versão americana. A cada mês, a revista trazia, em média, três a quatro matérias sobre sexualidade. Toda a estrutura da revista *Nova* contribuiria para a construção de um imaginário da *mulher liberada* - como se portaria frente aos homens, sua sexualidade, seu corpo, e sua vida em geral. As capas de *Nova* eram preenchidas com mulheres famosas de cada época, exibindo seus corpos sensuais, através de decotes insinuantes e cabelos esvoaçantes, como se dissessem às leitoras que, se quisessem, poderiam ser iguais a elas.

Ainda no início dos anos 1970, outra revista norte-americana também teve sua versão brasileira pela editora Abril: a revista *Playboy*.[12]

> Com o abrandamento da censura a partir de meados dos anos 70, as polêmicas revistas eróticas viveram um momento de grande expansão, com uma infinidade de produções nacionais e, mais tarde, estrangeiras amontoando-se nas bancas de revistas e disputando a preferência dos leitores. De certa forma, as 'revistas de mulher pelada' ocuparão entre os homens a mesma posição das revistas femininas em relação às mulheres. Sua entrada em cena nos permitirá refletir sobre um dos grandes vetores do processo de segmentação da mídia contemporânea, em particular a mídia impressa: a separação menos rígida, é verdade, entre os universos masculino e feminino (MIRA, *op. cit.*, p. 99).

---

12 A revista *Playboy* foi publicada, primeiramente, nos Estados Unidos, a partir de 1953. No Brasil, a editora Abril compraria seus direitos de publicação a partir de 1975. Sobre o novo *status* dado à sexualidade provenientes da revista *Playboy,* indicamos o livro *Pornotopie: playboy et l'invention de la sexualité multimédia* de Beatriz Preciado, e sobre a publicação brasileira a tese de doutorado (PUC-SP) *Pública vida íntima: a sexualidade nas revistas femininas e masculinas (1969-1979)* de Roselane Neckel.

Com o final do governo de Emílio Garrastazu Médici, em 1974, o Brasil viu um progressivo abrandamento da censura nos meios de comunicação, principalmente a partir da promessa de redemocratização proposta pelo novo presidente, o general Ernesto Geisel. Apesar do gradativo enfraquecimento da censura no Brasil, a revista *Nova* passou por algumas intervenções. Aliás, muito já foi escrito sobre a intervenção da censura no período da ditadura militar no Brasil,[13] porém tais trabalhos deram atenção aos grandes jornais e revistas circulantes entre os anos de 1964 e 1985, como *Veja, Estado de São Paulo, Folha de São Paulo* e *Jornal do Brasil*. Isso significa que o grande foco de tais pesquisas teria sido a censura, em seus aspectos políticos e sociais. A censura, durante a ditadura, assumiu várias faces, que refletiam as ideologias dos grupos responsáveis pelo período. Assim, voltava-se, predominantemente, às transgressões de ordem religiosa, política, social e moral. As informações sobre a intervenção da censura nas revistas, e, sobretudo, naquelas direcionadas às mulheres, não eram tão abundantes como os jornais e as revistas diárias e de caráter informativo. Porém, os relatos sobre esse tipo de intervenção revelam como a censura acontecia, especialmente quando algo se mostrava amoral, segundo os preceitos da época.

> A censura política também era feita nas revistas, visava impedir a divulgação dos atos arbitrários por parte do governo militar que representasse o fortalecimento da oposição da sociedade ao regime autoritário. A censura não tinha como objetivo apenas as publicações consideradas políticas, mas suas práticas intervinham também na publicação e distribuição das revistas de comportamento e em várias outras manifestações culturais. A censura de costumes buscava evitar a divulgação de comportamentos sociais que poderiam

---

13 Sobre a intervenção da censura no período militar, apontamos os trabalhos: *Minorias silenciadas: a história da censura no Brasil* de Maria Luiza T. Carneiro (org), *A censura política na imprensa brasileira (1968-1978)* de Paolo Marconi, *Um acordo forçado: o consentimento da imprensa à censura no Brasil* de Anne-Marie Smith, ou ainda, *Cães de guarda: jornalistas e censores, do AI-5 à Constituição de 1988,* de Beatriz Kushnir.

56 | Gisele Bischoff Gellacic

contribuir para a "desestruturação da família", quando colocavam em questão alguns antigos padrões (NECKEL, 2004, p. 107).

Essa forma de análise sobre a censura, nos anos de ditadura, auxilia a compreensão sobre como uma época de tanta repressão, comportamentos menos formais e mais erotizados eram valorizados e estimulados pelas revistas analisadas. Afinal, as ideias de liberação sexual e corporal iam contra grande parte do que se considerava moral, em grande parte das décadas analisadas.

As revistas não lidavam de forma unânime com as questões de moralidade. Havia uma tensão entre os artigos, os discursos publicitários e as imagens publicitárias. Entre os artigos de *Claudia*, por exemplo, aqueles que propunham ideias e posturas mais ousadas tinham a tendência de não serem escritos exatamente por seus editores. Normalmente, tais ideias eram veiculadas em entrevistas, como se a responsabilidade do que era dito não fosse diretamente da revista, mas da pessoa entrevistada. Mesmo as ideias mais ousadas de Carmen da Silva mantinham-se claramente de responsabilidade da colunista. Na revista *Nova*, os artigos mais audaciosos eram traduções de sua matriz norte-americana. Tais preocupações poderiam ser uma forma típica da própria redação das revistas e, sobretudo da própria editora Abril, ao qual tendia a ver-se isentada de sua responsabilidade.

Apesar do cuidado com a veiculação dos artigos, nota-se que a publicidade, seus dizeres e suas imagens, adotariam outra lógica. Afinal, a publicidade presente nas revistas analisadas tem uma postura muito mais audaciosa e provocativa em comparação à maioria dos artigos no que se refere à liberação sexual e corporal. Essa tendência parece ir de encontro ao contexto da época, que tinha como principal característica a implementação da relação direta entre os meios de comunicação e o sistema político, econômico e cultural. Logo, nem com todas as interdições feitas à imprensa no período analisado, não pareceram afetar a publicidade. O crescimento econômico tão valorizado e estimulado durante o período da ditadura militar, no Brasil, principalmente, no início da década de 1970, devido ao *milagre econômico*, não poderia ser contido, e por isso, a existência de uma forte dicotomia entre os valores liberalizantes e os morais. Assim, a publicidade ganhou, durante o período, uma maior liberdade para estimular os clientes, através da tendência de liberação sexual e corporal, do que a própria imprensa.

Entre as revistas analisadas, seria a *Nova* que mais teria passado por intervenções dos censores. O primeiro deles seria no ano de 1974, quando o artigo *A tirania do orgasmo* foi proibido. Depois, em 1976, os artigos *Como despertar a sexualidade* e *Mulheres que vivem cercadas de homossexuais* também sofreram censura. No mesmo ano, a revista foi tirada de circulação por algumas semanas, após publicar *O orgasmo masculino*. Em 1978, já no período final da ditadura civil-militar no Brasil, a revista teria sido ameaçada a ter uma restrição de vendas para menores de dezoito anos, após publicar os artigos: *A primeira pode não ser a melhor* e *Amor de uma noite só.*[14]

Vale lembrar que a revista *Claudia*, que presenciou o mesmo período ditatorial no Brasil, não teve nenhum caso de censura declarado como *Nova*. Sem dúvida, isso ocorreu devido às formas distintas de abordar os assuntos acerca da sexualidade e das novas funções femininas entre as duas revistas. *Claudia*, mais recatada, apesar de abordar assuntos, como a pílula anticoncepcional, a virgindade e o prazer, utilizava palavras insinuantes para falar sobre partes do corpo ou mesmo sobre o ato sexual. Mantendo-se fiel aos bons costumes, inserindo aos poucos, as discussões sobre a sexualidade às leitoras, *Claudia* ainda entendia *que o eixo do universo da mulher é o seu lar* (BASSANEZI, *op. cit.*, p. 38.). Já *Nova*, mais direta, quebrava paradigmas, ao declarar abertamente a sexualidade a suas leitoras, incitando o sexo fora do matrimônio, o que para muitos seria uma ameaça à instituição familiar. Apesar do conservadorismo de *Claudia*, não podemos tirar sua importância ao propor a liberação sexual e corporal à suas leitoras. Afinal, a revista *Claudia*, foi a precursora, ao tratar temas, como o sexo no casamento, a virgindade, o aborto e os métodos contraceptivos. Se a revista *Nova* pôde abordar tais temas de forma aberta e declarada, a partir do início dos anos 70, isto só

---

14 Mais informações no livro *O leitor e a banca de revistas: a segmentação da cultura no século XX* de Maria C. Mira ou na tese de doutorado (UNICAMP) *Os discursos do cuidado de si e da sexualidade em Claudia, Nova e Playboy,* de Maria C. F. Silva.

58 | Gisele Bischoff Gellacic

foi possível porque *Claudia* já havia iniciado tal caminho. Além disso, deve-se considerar que a posição da revista *Nova*, ao tratar as questões acerca da sexualidade feminina, através de uma proposta mais liberal e ativa, não significava, automaticamente, que a revista investia em uma posição social mais valorizada à suas leitoras, uma vez que ao propor novas posturas às mulheres, *Nova* assumia o compromisso de ensinar suas leitoras a agirem de tal forma. A revista *Claudia* seguiria o mesmo caminho.

A tarefa de conscientizar a mulher

O discurso de liberdade que acompanhava as novas formas de amar traria novas problemáticas. Afinal, *fazer amor, por si só, não libera as mulheres. A questão é saber de qual sexualidade as mulheres devem se liberar para vivê-la bem*[15] (MARZANO, 2006, p.13). A necessidade de adotar novas práticas e novos saberes, com relação à sexualidade e aos corpos, traria a responsabilidade de novos aprendizados.

No momento em que práticas antes interditadas, ou ainda, carregadas de proibições morais foram normalizadas e naturalizadas, novos saberes e novos deveres foram constituídos. As revistas femininas, sobretudo a *Claudia* e a *Nova*, apareceriam, nesse contexto, como importantes veículos dos novos aprendizados. É claro que cada uma destas revistas abordaria, de forma distinta, o assunto, uma vez que elas se dirigiam a leitoras diferentes.

Os novos aprendizados incitados pela liberação sexual e corporal não se mantiveram iguais ao longo de todo o período analisado. As nuances de tempo permitiam a elaboração de um perfil histórico da liberação sexual no Brasil. E como já vimos, tais nuances seriam intensificadas, a partir do momento em que fizeram parte, de um período ditatorial, sob e com uma censura significativa.

Para apresentar com detalhes esse perfil histórico da liberação sexual e corporal no Brasil, propomos uma periodização que utiliza a publicidade de

---

15 "Faire l'amour, en soi, ne libère pas les femmes. La question, c'est de savoir de quelle sexualité les femmes doivent se libère pour la vivre bien" (Tradução da autora).

lingeries, veiculada pelas revistas *Claudia* e *Nova,* durante 1961 e 1985. Afinal, *pode-se compreender qualquer sociedade por aquilo que mostra, mas pode-se compreender ainda mais por aquilo que ela esconde (*ROCHE, 2007, p. 161).

A história das *lingeries*[16] tem um início tímido por volta do século XIII, um grande apogeu por volta do século XVIII, e tornou-se um espetáculo nos centros da boemia francesa através do *cancan,* no final do século XIX. Ao longo do século XX, principalmente a partir de 1950, as *lingeries* passariam a ser expostas pelas estrelas de cinema e nas páginas da revista *Playboy.*[17] Nas revistas femininas brasileiras, as *lingeries* ganhariam espaço, a partir da década de 1960, acompanhando o aumento do poder de compra da classe média. Os anúncios de *lingerie* são correntes nas revistas analisadas, mas sua forma, seus dizeres e até sua finalidade se dão de formas díspares.

> Os anúncios publicitários, ao classificar, selecionar e nomear produtos conferem aos bens uma função simbólica. Especialmente, os anúncios de lingerie, constroem simulacros dos produtos que são oferecidos, além de construírem simulacros do próprio papel que o indivíduo adquire na sociedade ao consumir (usar) a lingerie anunciada. (TICIANEL, 2007, p. 32)

Como abordado acima, os anúncios publicitários têm, por si só, a capacidade de atribuir aos seus produtos uma importante carga simbólica. As propagandas de *lingerie* não escapariam dessa lógica. Tais imaginários veiculados por esses anúncios estariam fortemente ligados àqueles presentes na própria *lingerie.* Afinal, a *lingerie* sempre foi uma vestimenta carregada de um valor simbólico fortemente ligado à sexualidade, pelo fato de cobrir o órgão sexual. A *lingerie* foi, normalmente, interpretada a partir de um valor erótico-sexual.

---

16 Para mais detalhes da história das *lingeries,* indicamos os livros: *Histoire de la lingerie* de Chantal Thomas, *Intimidade revelada* de Otávio Nazareth, *L'imaginaire de la lingerie* de Anne Zazzou, ou ainda, *Les dessous de la féminité,* de Farid Chenoune.

17 Vale lembrar que a revista *Playboy,* durante os anos de 1950, teria uma influência limitada devido à sua publicação alcançar apenas os Estados Unidos.

60 | Gisele Bischoff Gellacic

Por isso, neste período no qual analisamos alterações nas formas de sexualidade, a *lingerie* torna-se um bom objeto para perceber tais nuances.

Além da questão simbólica das *lingeries*, outro fator importante é o desenvolvimento da publicidade e das técnicas que envolveram a propaganda entre as décadas analisadas. Afinal este foi um momento de grande difusão das agências de publicidade no Brasil, em paralelo com o crescente mercado interno de bens materiais.

> Se entre 1935 e 1954 o mercado de agências publicitárias permanece inalterado [...] o quadro muda radicalmente nos anos 1960 com o surgimento da maioria de agências que hoje atuam no mercado: Esquire, Álvares Penteado, JMM, Mauro Salles, MPM, DPZ, Proeme, Propeg, Artplan, Lage, P. A. Nascimento, Alcântara Machado, Denison, Norton, Benson. O desenvolvimento das atividades profissionais ligadas à propaganda já vinha se realizando desde a década de 50, com a criação da primeira escola de propaganda, a Cásper Líbero (1951), e a fundação da Associação Brasileira de Agências de Propaganda. Mas é nos anos 1960 que ele se intensifica, a profissão de publicitário ganha a universidade e tem o seu reconhecimento em nível superior. São criadas as escolas de comunicação: ECA (1966), Álvares Penteado (1967), UFRJ (1968), ISCM (1969); proliferam novas associações que congregam profissionais: Associação Brasileira de Anunciantes (1961), Conselho Nacional de Propaganda (1964), Federação Brasileira de Marketing (1969) (ORTIZ, 1988, p. 131).

O contexto da ditadura civil-militar no Brasil, além de seu aspecto político evidente, que faz referência a toda censura e repressão, possuía, em sua dimensão econômica, importantes questões. Algumas pesquisas[18] ressaltaram a importância do crescimento econômico no período governado pelos militares, demonstrando que, a partir de 1964, houve uma intensa reestruturação na economia brasileira, que visava, sobretudo, à internacionalização

---

18   Fazemos referência a trabalhos como *1964: a conquista do Estado,* de René A. Dreifuss, e o já citado *A moderna tradição brasileira* de Renato Ortiz.

Despindo corpos | 61

do capital e ao crescimento do parque industrial, já iniciados no governo de Juscelino Kubitschek. Dessa forma, o incremento do mercado interno era necessário para tal avanço econômico, o que valorizava o desenvolvimento da publicidade, e implicaria também um desenvolvimento de agências, de escolas e de profissionais nessa área. A criação e a organização burocrática de tais órgãos eram inspiradas no modelo norte-americano e traziam a estruturação da indústria cultural brasileira, através de um forte controle estatal. Assim, motivados pela ideia de que o crescimento econômico e o desenvolvimentismo eram uma garantia à segurança nacional, a difusão cultural seria estimulada e controlada pela ordem vigente.

Outro relevante fator estava ligado às novas técnicas utilizadas nas propagandas. Foi durante a década de 1960 que a qualidade gráfica emergiu nas imagens publicitárias veiculadas na imprensa em geral. Tudo isso só foi possível devido ao surgimento de novas técnicas ligadas à fotografia, como o *zoom* e o *flash* de alta velocidade.[19] Todos esses avanços possibilitavam fotos mais nítidas, com maiores detalhes e até com alguns efeitos especiais.

As novas técnicas eram empregadas nas fotos que estampavam as propagandas e demonstravam corpos menos formais e mais descontraídos, que acompanhavam de forma perfeita as tendências de liberação corporal e sexual, a partir dos anos de 1960.

> Ora, os modelos fotografados pela publicidade dos anos 1960, por exemplo, parecem distantes daquelas coações que outrora imobilizavam os corpos expostos ao ato fotográfico. Sua atitude expressa uma aversão à imobilidade corporal, um fascínio pela descontração dos gestos e até mesmo uma oposição à ideia contida nas antigas fotografias de que tudo é feito para perdurar. Tendência evidente quando o corpo feminino está em primeiro plano: ao contrário dos anos em que a modelo raramente aparecia de cabelos molhados, ou livre do coque e do laquê, os "brotos" dos anos 1960 ousam mostrá-

---

19 Sobre o avanço das técnicas ligadas à fotografia, ver o livro *História da propaganda no Brasil* de Renato Castelo Branco (org.), e o artigo *Olha o passarinho! Uma pequena história do retrato* de Pedro Vasquez.

62 | Gisele Bischoff Gellacic

-los ao vento, soltos, e, em breve, molhados pela água do mar, graças às novas e energéticas duchas (SANT'ANNA, *op. cit.,* p. 91).

As questões relativas à economia, os avanços tecnológicos da fotografia e a liberação corporal e sexual, todas ocorridas em meados dos anos 1960, tornaram as propagandas apresentadas nas revistas femininas um importante veículo desses ideais. Assim, as leitoras eram incitadas a comprar e consumir produtos dos mais diversos. Nota-se que o caráter simbólico que estava por trás da publicidade foi alterado ao longo das décadas analisadas. A liberação sexual colocaria o corpo em evidência, estimulando mulheres a serem donas de si. Porém, através da vasta pesquisa feita com a revista *Nova* e a revista *Claudia*, nota-se como trouxe um ônus a própria experiência corporal feminina. Apesar de *senhoras de si*, as leitoras seriam convidadas pelas revistas, e principalmente pela publicidade contida nelas, a adotarem posturas como um objeto de desejo, e do olhar do outro. Assim, propomos uma periodização da liberação sexual e corporal, segundo as revistas analisadas, ao longo dos anos de 1961 e 1985. As imagens que serão trabalhadas nesta periodização foram escolhidas através de uma análise comparativa, pois melhor justificavam as conclusões desta pesquisa.

O primeiro momento da liberação sexual, no Brasil, apareceu entre 1961 e 1967. O ano de 1961 foi marcado pelo início da publicação da revista *Claudia,* e nesse momento, ocorreram as primeiras alterações em relação à sexualidade e os primeiros sinais das tendências de liberação. Entre os referidos anos, os artigos que citavam os benefícios da pílula anticoncepcional já apareceriam, como é o caso do artigo *As pílulas côr de rosa,* de novembro de 1962. Neste artigo, um autor anônimo abordava a pílula como uma alternativa para o planejamento familiar. Além disso, contava a história do medicamento, seus nomes comerciais no Brasil,[20] reações adversas etc. Ape-

---

20 Segundo o artigo *As pílulas côr de rosa* da revista *Claudia*, em 1962, existiam três pílulas anticoncepcionais produzidas no Brasil: a *Enavid* do laboratório Searle do Brasil, a *Lindiol* do laboratório Organon, e a *Anvolar* do laboratório Berlimed. Todas veiculadas em um vidro contendo 20 pílulas, correspondentes a um mês de uso.

Despindo corpos | 63

sar de o artigo tentar manter-se neutro com relação ao uso do medicamento, inclusive trazendo a opinião da Igreja católica, o autor disse que muitas pacientes se sentiam *tranquilas e felizes* ao usar tal método contraceptivo. Outra característica interessante deste artigo foi a menção ao preço elevado da pílula que, segundo o autor, seria o maior obstáculo para a utilização dese anticoncepcional - ou seja, não seria uma questão de ordem moral ou religiosa que faria as mulheres não usarem, mas o seu custo elevado.

Outro artigo, também de novembro de 1962, trouxe o título *Eu sou namoradeira, e daí?* Apesar de anunciar que *os costumes mudaram (mesmo entre as meninas educadas com a máxima severidade)*,[21] esse artigo termina dizendo que *alguns instantes de divertimento fácil pesam pouco numa vida inteira. Não, não é idiota nem antiquada, uma môça reservada.*[22] Nota-se como reconhecem-se os novos tempos, trazendo possibilidades e liberdades às relações afetivas, porém pedia-se cautela.

Em fevereiro de 1963, a revista *Claudia* estamparia, em sua capa, o tema *O que pensam os homens sobre a virgindade*. O artigo relata uma pesquisa com mil pessoas ao redor do Brasil sobre o tema, e termina com a seguinte conclusão: *Os homens da nossa época manifestaram o seu juízo sobre a mulher de hoje: querem a mulher como os seus pais, como os seus avôs – sem um 'passado.'*[23] Através deste artigo e dos já analisados, vemos como a revista *Claudia* trouxe temas que anunciavam uma mudança nas relações entre homem e mulher. Sem dúvida, a erosão de costumes conservadores em relação à sexualidade já estava dando seus primeiros sinais na sociedade brasileira. Porém, *Claudia* apareceu como uma guardiã dos bons costumes, prezando pela família e o recato feminino. *A moral sexual de anos anteriores também prevalecia na primeira década de 'Claudia'* (DUARTE, *op. cit.*, p. 21.). Nota-se que este primeiro momento da liberação sexual ainda estava fortemente marcado por um imaginário feminino ainda preso ao lar e à vida doméstica,

---

21 *Eu sou namoradeira, e daí*, revista *Claudia*, novembro de 1962.

22 *Ibidem.*

23 *O que os homens pensam sobre virgindade*, revista *Claudia*, fevereiro de 1963.

presentes desde o século XIX. Neste primeiro momento, ainda não se vê um grande rompimento com as antigas funções de homem-pai-provedor e mulher-mãe-esposa-dona de casa.

Os anúncios de *lingerie* confirmavam tal postura da revista *Claudia*, como na propaganda de camisolas da marca *Nailotex*, de fevereiro de 1962, com os dizeres: *Onde estiver... ela confia na elegância. A Nailotex orgulha-se de impor a todos os seus modelos de lingerie, mesmo o de menor preço, suas características de qualidade e bôm gosto.*

Figura 1 – Propaganda Nailotex – revista *Claudia* de fevereiro de 1962.

Nesse anúncio, o enunciatário aborda a questão da elegância e do bom gosto para vender seu produto, o que remete a uma mulher ainda presa à moral de décadas anteriores. Não aparecem insinuações diretas sobre o caráter erótico-sedutor da peça, mas ao preço e à qualidade. Essa forma de abordar a *lingerie* estava ainda de acordo com antigas normas sociais. Farid Chenoune (2005), em seu livro sobre a história da *lingerie,* diria que, ao longo do século XIX e XX, as roupas de baixo foram divididas de acordo com o tipo de mulher. As prostitutas utilizariam *dessous,* e as mães e esposas utilizariam *trousseau.* O *dessous,* traduzido como roupa de baixo, seria a vestimenta envolvida no erotismo; já o *trousseau,* cuja tradução pode ser também enxoval ou roupa de cama, estaria envolvido com a vida familiar e a economia doméstica. Ao relacionar tal divisão com o anúncio, nota-se como tais preceitos aparecem para incitar as leitoras de *Claudia* a comprar tal *lingerie.*

Apesar dos fatores já apresentados, a imagem traz um elemento curioso: ao fundo, temos um pátio cheio de carros. Eles simbolizavam os novos tempos e até o poder de compra vivido por grande parte da população brasileira, desde o início dos anos de 1960.

> O carro, no auge de sua hegemonia, simbolizava o individualismo, a liberdade, a privacidade, a separação e o egoísmo em seus aspectos mais socialmente disfuncionais. Entretanto, a exemplo de muitas disfunções, era insidiosamente sedutor (JUDT, 2012, p. 54).

Por volta dos anos 1960, os carros eram um símbolo de prosperidade econômica e de novas liberdades. Pelo caráter de privacidade que os automóveis traziam, muitos encontros aconteciam dentro deles, às escondidas. Em uma época que a moral sexual ainda estava fortemente presa às de décadas anteriores, os carros, no segundo plano da foto, representavam uma cisão entre as esposas que consumiriam a elegante camisola, e as amantes que se encontravam com os maridos justamente dentro dos automóveis às escondidas.

Além disso, a questão entre o público e o privado era também posta na imagem. A camisola, peça da esfera privada, e o carro, relativo à esfera pública, são aqui combinados, como se, aos poucos, a própria camisola, peça de *lingerie,* estivesse se tornando público. A exposição de peças íntimas, publicamente, seguiria um crescente ao longo das décadas analisadas.

Outro ponto da imagem publicitária que necessita de análise é a posição corporal das modelos. À frente, temos a foto de duas mulheres de corpo inteiro, que não olham diretamente para o leitor, o que normalmente denota timidez e recato. Uma delas toca seu próprio rosto e a outra toca em sua

66 | Gisele Bischoff Gellacic

própria camisola. Segundo Erwin Goffman (1987), em seu trabalho sobre a publicidade e suas relações entre os gêneros, quando uma mulher aparece em um anúncio se tocando, simbolizaria que seu corpo é algo delicado e precioso. Para o autor, a cabeça levemente inclinada para o lado e os pés juntos, ainda, simbolizariam subordinação e submissão. A posição passiva dos corpos não traz grandes modificações com relação às funções femininas dentro da sociedade e, consequentemente, nos relacionamentos.

Em maio de 1963, a revista *Claudia* trouxe um artigo intitulado *Qual a razão da elegância na intimidade.*

> Afinal para quê e para quem se vestem as mulheres. Não sei. Se um homem está interessado numa mulher, qualquer trapo de mau gosto que ela vista será um Dior aos seus olhos apaixonados [...] Para suas amigas? Talvez. Quando mais não seja, pelo prazer de se divertir com uma admiração mal disfarçada entre olhares rápidos e sorrisos contrafeitos. [...] Não. As mulheres se vestem mesmo para sua satisfação pessoal. Se assim não fôsse, porque êsse requinte em suas roupas íntimas? [...] Para uma mulher de bom gosto, sua elegância nunca será completa se sua 'lingerie' não fôr tão requintada quanto os vestidos que ela exibe nas ruas e nos salões. E é em seu 'boudoir', sozinha com seus espelhos que ela se sente realmente feliz ao constatar a beleza de suas roupas íntimas. [...] E é exatamente como uma rainha que ela se sente quando, entrando num salão, sabe que sua elegância é comentada. Seu vestido é realmente bonito, mas o que lhe assegura a confiança em si mesma é saber que sua elegância está completa, porque debaixo do vestido, ela sente na pele a maciez de sua lingerie...[24]

Nele explica-se, de forma didática, às leitoras, o porquê do dever de estar elegante, mesmo nos momentos de intimidade. Ao se mostrar preocupada com a falta de cuidado e de elegância nas *lingeries* de suas leitoras, a revista *Claudia* apontaria para um possível problema entre as mulheres da época.

---

24 *Qual a razão da elegância na intimidade*, em revista *Claudia*, maio de 1963.

Assim, *Claudia* explica, minuciosamente, que a elegância na intimidade deve ser, acima de tudo, para si própria e que uma mulher de bom gosto deve estar adequadamente vestida e arrumada, tanto na parte pública de seu corpo com vestidos, quanto na parte privada de seu corpo, com as *lingeries*.

Outro interessante ponto deste artigo refere-se aos motivos para tal elegância: não seria para o homem, mas para a satisfação pessoal. A ideia de buscar o prazer pessoal é uma grande característica das tendências de liberação sexual e corporal. Porém, aqui ainda, apareceria com grande recato e discrição. Nota-se que é utilizada a palavra *satisfação*, e não *prazer* como apareceria anos mais tarde. A evolução histórica do prazer nas revistas será analisada nos próximos capítulos.

Ao longo de 1967, observa-se uma mudança significativa em relação às demandas da publicidade em *Claudia*, o que leva a pensar que esse ano pode ser considerado um novo momento na liberação sexual e corporal. O segundo momento da liberação sexual feminina, portanto, teria início por volta de 1967, e iria até meados de 1970. Nesse período, novos assuntos foram abordados em *Claudia*, e ficariam mais claras as discussões sobre a própria liberação, assim como as novas propostas de funções sociais às leitoras, apesar de esse ser um período marcado pelo início da censura formal e legal.

> Em 9 de janeiro de 1967, o país ganhou nova lei de imprensa, Lei 5.250, sancionada pelo presidente Castelo Branco, com aprovação do Congresso. Essa lei admitia a apreensão de jornais e revistas pelo Ministério da Justiça. No mesmo mês e ano em que a Lei de Imprensa foi sancionada, por decisão do juiz de menores de São Paulo, a revista Realidade teve sua edição especial dedicada ao tema "A mulher brasileira hoje", apreendida porque foi considerada "obscena" (MATTOS, 2005, p. 114).

Com a Lei de Imprensa de 1967, muitos periódicos tiveram que se adequar à moral regulamentada e legalmente imposta. A revista *Realidade* que foi apreendida tinha como tema central as novas posturas referentes à mulher. Na verdade, a grande discussão do artigo sobre as mulheres da revista

68 | Gisele Bischoff Gellacic

Realidade era a contracepção, ou seja, o uso de métodos anticoncepcionais e abortivos pelas brasileiras de classes mais baixas. Esse artigo foi considerado de mau gosto, ao relatar o uso de "tampões encharcados de água oxigenada" para evitar a gravidez, e ainda, afirmava que, se a postura da Igreja católica fosse a favor do uso da pílula anticoncepcional, o número de usuárias passaria de 19% para 45% das brasileiras.

Além da apreensão da revista *Realidade*, um novo dilema aparecia por volta de 1968, quando o presidente do Banco Mundial visitou o Brasil, deixando clara a importância do controle da natalidade nos países subdesenvolvidos. Com o temor de que os empréstimos do Banco Mundial estariam vinculados à ideia de controle de natalidade, o Congresso chegou a divulgar um projeto de baixar o preço da pílula, mesmo que o presidente da época, Arthur da Costa e Silva, apoiasse, publicamente, a encíclica papal *Humanae Vitae*.[25] Sem dúvida, todos esses acontecimentos chegaram à redação de *Claudia*, fazendo com que sua equipe editorial utilizasse meios seguros para divulgar assuntos referentes à contracepção e à liberação. Em junho de 1967, a revista *Claudia* publicou o artigo *A Igreja e o controle da natalidade* e, em julho de 1968, o artigo *A pílula, sim ou não?*. Neste último, a revista abordou o tema, apontando os prós e contras da utilização do medicamento.

> Libertando a mulher da sua condenação biológica, a pílula tornou-se mais livre em outros aspectos, isto é, deu-lhe a possibilidade de escolher. Torna a mulher mais responsável, mais gente. Assim como a mulher conquistou o direito ao voto, o direito a exercer profissões tidas antigamente como privilégio do homem, assim também a pílula deu-lhe a possibilidade de limitar o número de filhos (ou mesmo de evitá-los totalmente), tornando-a mais livre para exercer um papel mais atuante na sociedade. A pílula, dêste modo, estaria colo-

---

25 Em português *Da vida humana*, a encíclica do Papa Paulo VI foi publicada em julho de 1968, e descreve minuciosamente a postura da Igreja Católica frente ao aborto e a vida sexual humana. É neste documento que a Igreja se manifestou publicamente contra a contracepção através de métodos artificiais.

cando a mulher em um mundo verdadeiramente humano. Esta é, em síntese, a posição assumida pela mulher moderna diante da pílula.[26]

Por meio desses dois artigos, a revista *Claudia* mantinha um diálogo com os acontecimentos de seu tempo. Ao ler parte do artigo acima, vê-se como a revista analisa o uso da pílula como um avanço para a própria condição da mulher, comparando-a ao direito ao voto e à inserção no mercado de trabalho. Em nenhum momento, a pílula foi colocada como o agente de uma vida imoral, mas como a possibilidade de uma vida de escolha e de planejamento familiar. Assim, *Claudia* não se opôs à moral da época, nem da censura vigente, incitando apenas a presença mais atuante da mulher na sociedade.

Nesse segundo período da liberação sexual, nota-se, através das cartas de leitoras, que a maior parte delas faz menção de estarem vivendo novos tempos. As discussões na coluna *Caixa Postal Intimidade* seriam acirradas e mediadas por Carmen da Silva, e o principal assunto de tais contendas seria a entrada das mulheres no mercado de trabalho. Nessa época, a jornalista tornar-se-ia a grande porta-voz dos novos tempos na revista *Claudia*, tendo um aumento considerável na quantia e no volume de seus artigos. Para Carmen, a entrada das mulheres, no mercado de trabalho, seria o grande símbolo dos novos tempos. Algumas cartas seriam a favor, e outras contra a postura de Carmen da Silva, como demonstra uma leitora que se auto-denomina *Uma mãe,* de Salvador, Bahia e, em seguida, a resposta de Carmen da Silva.

> Não concordo com a sua opinião, expressa em Claudia de março, de que a mulher, para não se sentir o 'vazio e aridez' de sua vida, precisa trabalhar fora. *Resposta Claudia*: Como a maioria das mulheres defendem o ócio com argumentos altissonantes, você só vê metade da questão. Acha que as mulheres que empreendem alguma atividade 'assim procedem apenas fugindo às grandes responsabilidades do lar'. Você esqueceu a 'vice-versa', minha amiga: as

---

26   *A pílula, sim ou não,* em revista *Claudia,* de julho de 1968.

70 | *Gisele Bischoff Gellacic*

que se limitam no lar estão fugindo às grandes responsabilidades do mundo.[27]

O trecho supracitado aborda uma interessante crítica aos ideais manifestados nos artigos de Carmen da Silva. *Uma mãe* da Bahia relata seu desconforto e sua crítica às ideias incitadas pela colunista, que valorizavam a inserção das mulheres no mercado de trabalho. Veementemente, a leitora coloca sua opinião, afirmando que, para ser mulher, não há a necessidade de se trabalhar fora de casa. Nota-se que a leitora não coloca seu nome, mas utiliza um pseudônimo, o que garante seu anonimato. Esse fato induz a pensar que a utilização de seu nome real causaria algum dano a sua pessoa, e que isso poderia estar ligado a sua postura, talvez, retrógrada frente à maior parte das pessoas que, por sua vez, já aceitavam com maior naturalidade o trabalho das mulheres fora de casa. Na carta abaixo, por exemplo, a leitora Rosa de Maio, também de Salvador, Bahia, concorda com os preceitos estipulados por Carmen da Silva.

> Li alguns livros sôbre casamento e fiquei horrorizada com o papel que impõe à mulher: uma empregada de luxo, que se sacrifica ao amor do senhor.
>
> *Resposta Claudia*: Sua carta traduz o justo repúdio de uma môça normal e sadia ante aos preconceitos que pretendiam transformar a união amorosa num vínculo de servidão. Não, minha filha, o casamento não é isso que dizem: é uma vida a dois, para a felicidade dos dois; se um dêles tem de sacrificar sua personalidade e suas legítimas aspirações, o matrimônio torna-se uma paródia. Compreensão, boa-vontade mútua, carinho, são coisas muito diversas de abnegação, submissão e subalternidade. 'Sábia' é você que entendeu isso muito bem.[28]

---

27   *Caixa Postal Intimidade* por Carmen da Silva, revista *Claudia*, dezembro de 1965. (Grifos da autora)

28   *Caixa Postal Intimidade* por Carmen da Silva, revista *Claudia*, janeiro de 1966. (Grifos da autora)

Como uma mãe que educa, Carmen da Silva educaria as leitoras a tomarem atitudes mais autônomas, e de cumplicidade perante o casamento e seus companheiros. A colunista afirma que o casamento, como era feito anteriormente, subjugava a mulher em relação ao homem. Assim, apenas através de uma valorização mútua, seria alcançada a harmonia da união conjugal, e ainda, a elevação da condição da mulher.

Apesar dessa postura dos artigos de *Claudia*, nota-se que, por meio da publicidade, as leitoras são convidadas a adotar posturas sedutoras frente à conquista amorosa. Alguns artigos e, principalmente, a publicidade deste segundo momento, trouxeram um discurso investido de desejo e sexualidade. Na propaganda de julho de 1970, da *lingerie Rutilan*, nota-se a grande transformação no apelo enunciatário.

Figura 2 – Propaganda Rutilan – revista *Claudia* de julho de 1970.

Com os dizeres: *Lingerie rutilan torna os maridos impacientes. O fascínio, a elegância, a doçura dos modelinhos RUTILAN são mesmo irresistíveis, se seu marido tiver certas atitudes arrojadas, não estranhe, pode ser impaciência simplesmente.* A propaganda acima demonstra uma mudança na abordagem que os enunciatários usariam em relação a um mesmo tipo de roupa, *as lingeries*. Os motivos que levariam as leitoras a comprarem tal vestimenta não seriam mais a qualidade, o bom gosto, ou a elegância do anúncio anterior. Agora, o motivo principal seria a sedução, capaz de atrair sexualmente e sensualmente o próprio marido. Assim como o *modelinho Rutilan* seria irresistível, ao usá-lo, a leitora também o seria. Nesta imagem, a modelo está deitada em uma cama, uma pose convencionalmente associada a uma passividade e a uma disponibilidade sexual (GOFFMAN, 1987). O homem, que o anúncio deixa claro ser seu marido, está em pé atrás de um biombo, como um *voyeur*, observando surpreso a pose de sua esposa. A expressão do marido varia entre a surpresa e o susto, o que indicaria que ele foi flagrado desprevenido, que a pose de sua esposa não era algo esperado e comum. Outro ponto refere-se ao fato de o marido se manter atrás de um biombo, o que significaria que, além de surpreso e assustado, ele estaria, de certa forma, escondido - o que denota uma dúvida em relação ao que o marido irá fazer vendo sua esposa dessa forma. Assim, a imagem e os dizeres da propaganda tornam-se contraditórios, uma vez que, na imagem, o marido não parece impaciente, e sim um tanto confuso em como proceder em tal situação. Nota-se como tal publicidade, apesar de propor uma postura mais ousada da mulher através de sua aparente disponibilidade sexual, não rompe os padrões do casal convencional.

Ainda na segunda fase da liberação sexual feminina, nota-se que dois caminhos seriam abertos às mulheres: a inserção no mercado de trabalho e a possibilidade de uma atitude mais ousada em suas relações afetivas. Os principais agitadores de tal mudança teriam sido estimulados pelos movimentos de maio de 68, e também pelo amadurecimento dos movimentos feministas no Brasil. Porém, deve-se ter atenção ao apontar tais movimentos no Brasil, porque ambos tiveram repercussões diferentes comparados aos demais países, devido ao contexto ditatorial vivido pelo Brasil na mesma época.

Na França, por exemplo, o 'inimigo' principal era o patriarcado. No Brasil, com tantas mazelas políticas e sociais, havia mais a fazer para além de combater o machismo ou defender a liberdade sexual da mulher, por exemplo. Aqui as feministas se posicionam contra o patriarcado, mas também foram impelidas a assumir outras lutas (PEDRO, 2012, p. 251-252).

O terceiro momento seria entre 1970 e 1978, quando as discussões inflamadas acerca da liberação sexual diminuíam consideravelmente, sendo restritas apenas à coluna *Arte de ser mulher* de Carmen da Silva. Os artigos não mais questionavam a posição, ou a função da mulher nos *novos tempos*, mas se voltavam, exclusivamente, às questões de estética, cuidados com o corpo etc. Porém, nota-se um crescimento imenso das questões relacionadas à sedução, ao prazer, e à erotização do corpo, principalmente, as imagens, veiculadas na publicidade e nos artigos da revista *Claudia,* seriam fortemente sexualizadas. Assim, observa-se que nesse terceiro momento do panorama histórico da liberação sexual, não se viu uma diminuição das ações transformadoras da liberação, mas uma modificação em seu formato, possivelmente, motivados pela forte censura do período em questão. Os artigos que discutiam os antigos formatos de família, as funções e a sexualidade feminina, seriam reduzidos.

> ... a Emenda Constitucional n°1, de 17 de outubro de 1969, alterou a redação do artigo 150, parágrafo 8, da Constituição de 1967, que passou a ter a seguinte redação: "A publicação de periódicos não depende de licença da autoridade. Não serão porém, toleradas a propaganda de religião, de raça ou se classe e as publicações e exteriorização contrárias à moral e aos bons costumes". A emenda permitiu ao governo baixar em 26 de janeiro de 1970, o Decreto-Lei 1.077, pelo qual a censura à imprensa foi restabelecida [...] O Decreto-Lei 1.077 foi instituído durante a administração de Emílio Garrastazu Médici, sob a alegação da necessidade de defesa da moral e dos bons costumes (MATTOS, *op. cit.*, p. 116).

74 | *Gisele Bischoff Gellacic*

Nesse período, além de o Brasil viver um momento de endurecimento da ditadura com a ascensão do general Emilio Garrastazu Médici ao poder, e com a implantação, desde 13 de dezembro de 1968, do Ato Institucional n° 5 (AI-5), foi estabelecido um Decreto-Lei específico para a imprensa. Sem dúvida, esses são grandes motivos para que os artigos veiculados por *Claudia* fossem esvaziados dos ideais da liberação sexual e corporal. Porém, nota--se que, apesar de toda a repressão, as publicidades continuaram a relatar e abordar o tema da liberação sexual e corporal nesse período. Provavelmente, esse afrouxamento moral vivido pelas propagandas seria um reflexo da postura da ditadura civil-militar, frente ao desenvolvimentismo e ao crescimento econômico. Apesar das restrições às posturas consideradas imorais, a publicidade estaria fora das imposições restritivas do governo. Afinal, seria um paradoxo, em um momento em que tanto se valorizava o crescimento econômico, coloca-se contra as difusões publicitárias de grandes empresas, como as de *lingerie*. Assim, as imagens investidas de erotismo tornar-se-iam os grandes símbolos da liberação sexual feminina. Acreditamos que as imagens seriam mais aceitas do que os artigos e mesmo os dizeres publicitários, uma vez que estas já eram veiculadas pelos filmes de *Hollywood,* desde meados dos anos 1950.

Em novembro de 1971, a marca *Valisère* trouxe uma publicidade, sem nenhuma legenda, apenas um conjunto de fotos.

Despindo corpos | 75

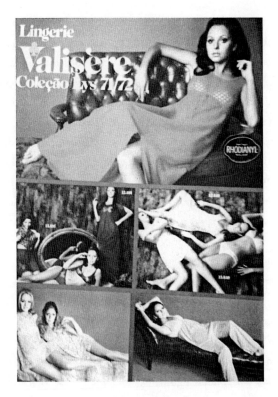

Figura 3 – Propaganda Valisère – revista Claudia de novembro de 1971.

O anúncio acima traz cinco fotos de mulheres, vestindo *lingeries*, todas elas em poses passivas, deitadas em tapetes ou sofás – que, como já foi analisado, denotam uma posição de disponibilidade sexual. Os corpos das modelos que não seguem, exatamente, as regras do deitar e do sentar, parecem estar em movimento, em posições que lembram uma orgia. Além disso, a propaganda trouxe duas novidades em relação às outras analisadas: as modelos olham diretamente para o leitor, e a suas vestimentas possuem grande transparência. Esses sinais podem simbolizar essa nova fase da liberação, uma vez que, pelo olhar e vestimenta, as mulheres são apresentadas de forma ainda mais ousada e, apesar de continuarem em poses passivas, seus corpos representam certo movimento.

76 | *Gisele Bischoff Gellacic*

A revista *Nova* apareceria, neste contexto, em 1973. *Nova*, por sua postura mais aberta, ao tratar os assuntos relacionados à sexualidade feminina, tanto em artigos como em imagens, foi uma consequência desse terceiro período. Em outras palavras, esta *nova* mulher, mais ousada sexualmente e independente financeiramente, só poderia aparecer a partir desse novo contexto, uma vez que *Claudia* já havia iniciado as discussões acerca da liberação sexual nos anos anteriores. Enquanto *Claudia* ainda oscilava entre novos e antigos padrões, *Nova* apresentava uma postura mais definida frente às atuais funções femininas. Apesar de a revista ser fruto direto desse período correspondente aos anos de 1970 e 1978, *Nova* tornou-se, em poucos anos, a revista feminina mais lida do Brasil, o que denota como tais preceitos apresentados seduziram as leitoras brasileiras. Tanto que, a revista *Claudia* iria, ao longo dos anos, se assemelhando ao formato e à linguagem de *Nova*.

O quarto e último momento proposto por esta análise vai de 1978 a 1985. Esse período vivenciava a redemocratização brasileira e, com ela, um abrandamento da censura. Porém, nesse momento não houve a retomada das antigas discussões sobre as funções femininas, nem mesmo da presença de tais discussões no espaço público. As revistas abordavam a liberação como um *ato consumado*, algo de décadas anteriores, colocando os valores discutidos nos outros períodos, como valores já sedimentados legalmente na sociedade.[29] Além disso, nesse período, muitas das posturas tidas como liberais já eram veiculadas até em alguns programas de televisão - como é o caso do seriado *Malu Mulher* da TV Globo, que estreou em maio de 1979, e que tinha como personagem principal uma socióloga por volta dos trinta anos.

---

29   Este quarto período pode ter sido interpretado como um momento onde a liberação já estivesse concluída, uma vez que ocorreram alguns avanços legais para a condição feminina no Brasil. Nos referimos ao Centro de Mulheres Brasileiras, criado no ano de 1975, que teve importante influência na volta de mulheres exiladas na ditadura; no ano de 1977 em que foi aceito o divórcio da Constituição brasileira; e ainda, em 1982 a criação do Conselho Estadual da Condição Feminina de São Paulo; e em 1985, a criação da primeira delegacia especializada em crimes contra a mulher. Mais informações no artigo *Os feminismos no Brasil: dos anos de chumbo à era global*, de Margareth Rago.

O seriado, em caráter ficcional, abordou temas relacionados ao aborto, divórcio, sexo casual, autonomia feminina e até homossexualidade (ALMEIDA, 2012). Além disso, foi no ano de 1980 que a mesma TV Globo estreou o programa *TV Mulher*, que veiculava assuntos, como culinária, moda, sexualidade, especialmente direcionados às mulheres. Importantes personalidades apareceram para discutir questões referentes às mulheres, como, Marília Gabriela, Clodovil Hernandez, Xênia Bier e Marta Suplicy.

Neste último momento da liberação sexual analisado por esta pesquisa, nota-se uma série de artigos e publicidades, demonstrando uma mulher séria, segura, e altamente sexualizada. Como a propaganda de *De Millus* que apareceria na revista *Claudia,* em março de 1985, e na revista *Nova* em abril de 1985.

Figura 4 – Propaganda De Millus – revista *Nova* de abril de 1985.

78 | Gisele Bischoff Gellacic

Com os dizeres: *Tímido mas explosivo como os arroubos da primeira paixão. Você vai se sentir em permanente lua-de-mel com esta exclusiva e nova criação: o conjunto que traz o romance da renda de ontem, para as formas mais livres dos amores de hoje. De Millus, você vai se sentir especial.* Apesar de esse anúncio demonstrar a existência de novas formas de amar, seria sua foto o mais revelador. Nele, a modelo aparece recostada, com seus olhos encarando o leitor; seu corpo também está voltado ao leitor, e nenhuma parte, nem mesmo as transparências aparecem escondidas ou camufladas. Sua expressão é séria, com os lábios semiabertos. Todos esses sinais denotavam uma disponibilidade sexual, além disso, nota-se que, em segundo plano, aparece um homem segurando flores. Erwin Goffman (1987), no referido trabalho sobre as relações de gênero na publicidade, sublinha que, estando o homem mais alto na imagem, simbolizaria uma superioridade, um poder e uma autoridade em referência ao mais baixo. Ainda segundo Goffman, isso seria intensificado uma vez que a mulher aparece na imagem, usando menos roupa do que o homem. Assim, apesar da existência das referidas *formas mais livres de amor*, elas não parecem ser de fato liberalizante para as mulheres.

Ao analisar a imagem apresentada pela propaganda acima, observa-se que, apesar da postura austera da modelo, não vemos uma quebra definitiva com antigos padrões de submissão.

> Mas, ao mesmo tempo em que se afirma sexualmente como mulher que deseja e quer, reitera-se como o objeto de prazer do homem. Veste-se, maquia-se, embeleza-se, despe-se, cozinha para atraí-lo, para atraí-lo, para conquistá-lo (SILVA, 2003, p. 198).

A modelo com o corpo exposto, de forma ainda passiva aos olhos e ao desejo masculino, constitui o símbolo da mulher liberada ao longo da quarta etapa da liberação sexual. Através de nossa proposta de periodização da liberação sexual e corporal, nota-se que esse processo passou por alguns importantes momentos, atribuindo às mulheres novas responsabilidades, e como se viu, a necessidade de novas aprendizagens em relação à sua própria sexualidade e ao seu próprio corpo. Um ponto comum a todas as imagens seria a presença do corpo feminino como um agente catalisador das novas liberdades, e como um suporte das novas necessidades.

> Liberar o desejo, rejeitar a ordem antiga e sua moral, dar adeus às proibições, permitir-se um gozo sem entraves e sem lei: era uma bela utopia, não há dúvida. O erro foi crer que ela não teria consequências (GUILLEBAUD, 1999, p. 68).

As imagens publicitárias, assim como suas mensagens por escrito, situam-se dentro de uma ambiguidade criada pela liberação sexual e corporal: o despir e o desembalar corpos. No primeiro caso, ou seja, despir, tende-se a pensar na liberação feminina com tudo o que ela possui de positivo, na medida em que coloca a mulher como sujeito de sua história e de seu corpo. Os anos 1960 e 70 fazem bem parte dessa tendência, ou melhor, a favorecem progressivamente. Mas, paradoxalmente, há também uma tendência em substituir o despir o corpo por desembalar mulheres. Nesse caso, a mulher torna-se objeto de consumo, objeto do olhar do outro.

Capítulo 2
Dispensando regras e instigando condutas

Definir as décadas de 1961 a 1985 como um período em que ocorreu uma revolução sexual, traz seus próprios problemas, afinal, não houve um movimento único, bem definido, datado, ou ainda, com apenas um único agente causador. Identificando o conceito de *revolução* como sendo o significado de uma grande mudança e de uma alteração na ordem estabelecida, compreende-se que esse momento histórico seria um rompimento com um suposto opressor, ou um rompimento com a ordem estabelecida. *Falar da liberação sexual pode dar a impressão de que existe uma sexualidade natural... a sexualidade seria então um segredo a ser descoberto.*[1] (BEAUTHIER, 2010, p. 20).

Dizer que a sexualidade humana passou por uma revolução, ou uma liberação, pode levar à ideia de que existe uma forma natural ou 'normal' de expressá-la e que estaria limitada a acontecer devido a um agente opressor. Porém, quando a sexualidade é estudada historicamente, nota-se que ela assumiu as mais variadas formas, e esteve longe de um padrão natural ou normal. O exercício da sexualidade se encontrava no limiar, entre o biológico e o cultural, entre a necessidade instintiva da procriação e as representações historicamente constituídas. Eram essas variações ocorridas no tempo e no espaço, que permitiam à sexualidade ser um objeto de estudo histórico. Por essas razões, deve-se entender a liberação sexual como um *'parêntese encantado' entre a pílula e a AIDS* (SIMMONET, 2003, p. 146).

---

1   *Parler de libération sexuelle fait naître l'impression qu'il xiste une sexualité dite naturelle... la sexualité seriat donc un secret à découvrir* (Tradução da autora).

82 | Gisele Bischoff Gellacic

Não foi, então este o momento em que a sexualidade se libertou de um agente opressor. Tratou-se, na verdade, de uma época no qual tabus seculares acerca da sexualidade caíram em desuso. Vale lembrar que, de certa forma, tais tabus já estavam corroídos devido a uma mentalidade mais democrática e igualitária valorizada desde meados de 1950. Assim, pode-se definir a revolução sexual:

> Era o direito ao desejo para todos, o direito a não sermos mais penalizados ao manifestarmos nossa atração por outra pessoa, grande novidade para as mulheres até então, eram sempre reprimidas em sua expressão da libido [...] Tudo se desestabilizou: a ênfase era dada não mais à proibição do prazer, mas ao contrário, ao direito ao prazer (*Ibidem*).

A utilização da expressão revolução ou liberação sexual não parece abarcar todas as nuances das alterações ocorridas nas décadas citadas. Tais transformações, entretanto, não ocorreram apenas no âmbito sexual, mas envolveram uma série de alterações, também no nível cultural, social e político. Afinal, nessas mesmas décadas, houve mudanças sociais consideráveis, tais como a valorização da cultura jovem e a erosão dos formalismos na vida pública, sobretudo em relação à família, aos amigos e nas relações amorosas.

Na sociedade pós-Segunda Guerra Mundial, *já não são os códigos, públicos ou privados, que especificam as situações ou os lugares, e sim o inverso* (PROST, *op. cit.,* p. 152). Alguns estudiosos sobre a questão das liberações[2] apontam que as novas possibilidades para o corpo, a libido, e para a sociedade em geral, estariam fortemente baseadas no contexto da Guerra Fria. Isto significa que o Ocidente capitalista, para mostrar que era baseado na democracia e na igualdade, diferentemente da parte socialista, valorizava as novas liberdades, e até a busca pelo prazer.

---

2   O trabalho de Jane Gerhard, intitulado *Desiring revolution: second-wave feminism and the rewriting of american sexual thought 1920-1982,* traz a discussão acerca da relação entre a liberação dos costumes e a Guerra Fria.

Assim, fazia sentido a ideia de que as liberações trouxeram uma nova etapa na Revolução Industrial, quando se afirmava que o sexo e a busca desenfreada pelo prazer eram meios para se alcançar novos consumidores para diversos produtos. Nota-se que as publicidades veiculadas nas revistas adotavam esta aproximação entre vendas e o sexo, a partir de meados da segunda metade de 1960. Na revista *Claudia*, em abril de 1964, a marca de esmalte *Cutex* inaugurou essa tendência. Com os dizeres *Você vai adorar a diferença... e êle também*, a propaganda veiculou uma imagem de um casal em um momento de intimidade.

Figura 5 – Propaganda Cutex – revista *Claudia* de abril de 1964.

Aos poucos, essa tendência se intensificou, e foi expressa por diversos produtos, como chuveiros, toalhas e até panelas. Outra característica importante inaugurada por essa publicidade é a foto do casal no momento de intimidade. As fotos veiculadas nas publicidades foram pioneiras com imagens que propunham intimidade de casais e insinuações de nudez. Provavelmente, as leitoras já estavam mais acostumadas, ao lidar com imagens dessa natureza, uma vez que os filmes de *Hollywood* já veiculavam imagens seme-lhantes desde meados de 1950. Nota-se que essa tendência permeou a revista *Claudia*, uma vez que as imagens de publicidades eram colocadas desde o início, como mais liberais do que os conteúdos dos artigos. Assim, o corpo e a sexualidade foram ocupando o centro das discussões acerca da liberação.

> O sexo estava no centro da iminente liberação feminina. Uma nova geração de feministas previa a liberação sexual como símbolo de po-der, ajudando homens a tornarem-se mais humanos, e auxiliando no fim da repressão patriarcal de seus corpos (GERHARD, 2001, p. 2).[3]

Assim, a liberação sexual das décadas analisadas colocava o corpo e a se-xualidade feminina no centro de tais discussões e liberações. O corpo passa-va a ser o suporte, o símbolo da liberação, e essas ideias eram trabalhadas nos artigos veiculados das revistas femininas, bem como na publicidade. Apesar de abordados ora com certa discrição, ora de forma mais audaciosa, o corpo feminino afirmava-se como o grande agente da liberação sexual.

De uma forma mais leve e menos formal, a liberação, a partir da década de 1960 do século XX, ocorreu também no nível corporal. Novos espaços corporais foram observados e considerados. A moda da época trouxe fortes indícios dessa *liberação corporal*, por meio da utilização da minissaia e a na-turalização do uso da calça pelas mulheres, a partir do início dos anos 1960.

> Sob a roupa, existe o corpo, menos natural do que nunca, trabalhado pela cultura. A liberação da vestimenta dos anos 1960 foi assimilada a uma liberação corporal e foi, por conseguinte, percebida por quem a viveu. Não se pode negar o corpo do prazer encenado por uma ves-

---

3   *Sex was at the center of women's impending liberation. A new generation of feminists envisioned sexual pleasure as empowering, as helping men become more human, and as a route out of patriarchal repression of the body* (Tradução da autora).

Despindo corpos | 85

timenta mais curta e/ou mais modelada e a sensualidade que dela se é lançada (BARD, 2010, p. 45).[4]

As roupas são um sistema simbólico.[5] Segundo os estudos de Pierre Bourdieu (2012), referentes ao *capital simbólico*, as vestimentas eram uma marca capaz de produzir um certo reconhecimento social, pautado no prestígio ou em sua ausência. Graças a essa forma de distinção sócio-cultural, as roupas transmitem importantes códigos a respeito da individualidade, da classe social, além das crenças e posturas sociais. Assim, com a utilização desta ou daquela roupa, transmitem-se mensagens a serem lidas socialmente. Sem dúvida, as questões de gênero são também representadas por meio das roupas. A *teoria das performances* desenvolvida, sobretudo por Judith Butler (1990), pode auxiliar a compreensão de que certas roupas carregam forte carga simbólica com relação aos gêneros. Em outras palavras, algumas são socialmente direcionadas às mulheres ou aos homens. A utilização da saia, por exemplo, carrega forte carga simbólica de gênero, sendo um símbolo secular da feminilidade. Através de sua forma, a saia esconde o órgão sexual, porém o mantém disponível. Quando longa, dificulta a movimentação das pernas, o que já não acontece quando curta. As saias seriam encurtadas por volta também dos anos 1920, quando a moda *à la garçonne*[6] vigorou nos grandes centros europeus e da América.

---

4 *Sous le vêtement, il y a le corps, moins naturel que jamais, toujours plus travaillé par la culture. La libération corporelle et elle l'est dès lors qu'elle est perçue comme telle par celles et ceux qui la vivent. On ne peut nier le plaisir que procure le corps ainsi mis en scène par un vêtement plus court et/ou plus moulant et la sensualité qui s'en dégage.* (Tradução da autora)

5 Trabalhos que abordam as roupas como um sistema simbólico, indicamos: *Império do efêmero*, de Gilles Lipovetsky e *Espírito das roupas* de Gilda de M. e Souza.

6 O encurtamento da saia, por volta dos anos de 1920, pode ser interpretado como uma consequência das conquistas sócio-políticas das mulheres deste período. Foi neste período que teve início a busca pelos direito ao voto feminino, através das *suffragettes*. A possibilidade de as mulheres ocuparem novos espaços sociais teria trazido a possibilidade de elas utilizarem roupas que manifestassem isso, como saias mais curtas. As calças começaram, nesta época, a serem cogitadas para as mulheres,

86 | *Gisele Bischoff Gellacic*

No início da década de 1960, acompanhando todas as discussões sobre os novos espaços e os novos significados da sexualidade, surgiu a minissaia. A minissaia, elaborada pela estilista Mary Quant,[7] diferente de sua antiga forma longa, libera os movimentos da perna, facilitando o andar. Foi a primeira vez, na história contemporânea, que as mulheres puderam mostrar a parte de cima das pernas com naturalidade. É claro que a própria utilização da minissaia não foi aceita rapidamente. A minissaia como uma vestimenta carregada de carga simbólica, foi uma representação dos novos tempos, inaugurados entre as décadas de 1950 e 1960. A liberdade de movimentos e a exposição corporal foram um símbolo dos novos espaços sociais ocupados pelas mulheres. Vale lembrar que apesar dessas conquistas, a saia continuou deixando disponível, e com fácil acesso, o órgão sexual das mulheres.

A liberação ocorrida a partir dos anos 1960, em todos os seus níveis, sexual, social, político, cultural e corporal, abalou antigas estruturas e instituições sociais. As propostas de liberação trariam a possibilidade de novas discussões e o rompimento de antigos tabus, como por exemplo, a questão da virgindade feminina e a questão da homossexualidade. Além disso, a liberação sexual e corporal possibilitou, progressivamente, uma banalização de certas práticas sexuais. Essa banalização resultou, além de uma nova forma de os corpos se relacionarem, a necessidade de se definir alguns conceitos, que antes eram submersos em tabus e valores morais. Afinal, no momento em que a própria sexualidade fosse redefinida, tornara-se urgente a redefini-

---

que, através desta análise, poderia ser um símbolo da facilidade de movimentação, mostrariam a nova capacidade de as mulheres se movimentarem no espaço público, e na vida política. Apesar dessa análise, alguns estudiosos, sobretudo Georges Vigarello em seu trabalho *História da Beleza*, afirmou que este deslocamento da moda representou uma liberdade um tanto maior, do que de fato, as mulheres estariam tendo naquele momento.

7   Mary Quant era uma jovem estilista inglesa, que tinha uma butique, desde 1955, em Londres. Segundo Christine Bard, em seu estudo sobre o desenvolvimento histórico da saia, *Ce que soulève la jupe,* Mary Quant teria aproveitado o clima de ebulição dos costumes da transição de 1950 para 1960, para apresentar o vestido curto em 1958, e a minissaia a partir de 1961.

ção de conceitos como o que é obsceno, o que é erótico, o que é pornográfico e o que é sedução.

De todas as alterações provocadas nas décadas estudadas, o abalo que o sistema patriarcal sofria, a partir dos anos 1960, não tinha precedente. O controle de natalidade, a sexualidade pré-marital, o direito ao prazer e a progressiva separação entre a moral e a virgindade, foram exemplos de como antigos interditos sobre a sexualidade feminina foram, aos poucos, sendo questionados. Tais discussões levariam, sem dúvida, a um abalo do sistema patriarcal.

> A queda do patriarcado permitiu o surgimento e a proeminência de um conjunto de contradições ou assuntos difíceis contra as quais as pessoas estão brigando e para as quais não há soluções fáceis à mão (THERBORN, 2006, p. 456).

Nota-se que as tendências de liberação sexual ocorridas no Brasil não se deram da mesma forma que em outros países, e esta característica se dá, principalmente, devido ao governo ditatorial e repressivo que marcava as décadas de 1960, 1970 e 1980. Na conjuntura brasileira de liberação sexual, o patriarcado não seria ameaçado como em outros países, citado por Goran Therborn. Os próprios movimentos feministas[8] que muito impulsionaram as discussões acerca da liberação sexual, em outros países, teriam encontrado no Brasil, outras razões, como a ditadura civil-militar e a repressão para se rebelarem, além do patriarcado em questão.

> Embora o feminismo dificilmente tenha adquirido o status e a amplitude de um movimento social sólido, como aconteceu em parte da Europa e da América do Norte, ele desempenhou, de qualquer forma, um papel importante ao questionar as noções tradicionais de gênero e

---

8 Trabalhos como *O feminismo no Brasil: dos anos dourados aos anos de chumbo* de Margareth Rago e *Feminismo de segunda onda* Joana M. Pedro são exemplos, e demonstram como os movimentos feministas brasileiros teriam características singulares devido ao contexto sócio-político vivido no Brasil a partir de 1964.

de sexualidade e contribuiu assim para um importante repensamento do universo sexual brasileiro (PARKER, 2001, p. 135).

Esse abalo que o patriarcado sofreu no Brasil com a liberação sexual e corporal, apesar de possuir características próprias em comparação a outros países, alterou antigos interditos a respeito da sexualidade feminina. A análise feita a partir da imprensa feminina, sobretudo os periódicos *Claudia* e *Nova,* demonstra como surgiriam novas propostas frente à sexualidade feminina e ao tratamento mais liberal aos corpos. Nessa análise, a revista *Claudia* tem papel essencial devido ao fato de sua periodicidade alcançar todo o percurso da liberação, iniciando sua publicação em 1961. Através da análise dos diversos sentidos e momentos da liberação sexual, veremos como a imprensa feminina brasileira teve um papel fundamental para passar os novos padrões corporais e sexuais às suas leitoras.

As liberações segundo as revistas

Ao longo das décadas de 1961 a 1985, as revistas *Claudia* e *Nova* anunciaram, em suas páginas, que este era um momento de mudanças. Durante todo o período analisado, nota-se que as discussões sobre a liberação sexual, corporal e, consequentemente, as novas demandas que tais liberdades trariam às mulheres apareciam nas revistas de formas diversas. A utilização da expressão *revolução sexual,* ou ainda, as diversas variantes da palavra *liberdade,* apareceriam de forma corrente nos periódicos analisados. Pode-se concluir que as leitoras sabiam que este era um momento de liberação, e assim, que se esperavam novas posturas delas mesmas. Tais mudanças trariam novas responsabilidades, e assim, a necessidade de novos aprendizados para bem exercer a feminilidade.

Apesar de a época analisada ser identificada como um momento de novas demandas e novas liberdades, a revista *Claudia* e a revista *Nova* abordavam tais assuntos de formas distintas. Tais divergências não apareceram apenas entre as revistas, em decorrência das diferenças de formas, de conteúdos, e do perfil das leitoras de cada revista, mas dentro de cada periódico.

Em *Claudia* essas diferenças eram mais claras, pois aconteciam dentro da própria revista. Nota-se a presença de, pelo menos, três apresentações distintas sobre a liberação: os artigos da revista, a coluna *A arte de ser mulher* de Carmen da Silva, e os discursos e as imagens veiculadas pela publicidade. Em *Nova*, as diferentes apresentações da liberação às leitoras apareciam menos tensionadas do que em *Claudia,* uma vez que os discursos e as imagens das propagandas e o conteúdo dos artigos pareciam mais similares.

Além das diferentes visões apresentadas por entre as revistas, a liberação também se apresentava de forma distinta ao longo dos anos, seguindo a lógica dos quatro períodos da liberação apresentados no capítulo anterior.

Carmen da Silva era um expoente na revista *Claudia*. Desde o momento em que passou a assinar a coluna *A arte de ser mulher,* em 1963, a jornalista escrevia sobre as novas liberdades e os novos espaços ocupados pelas mulheres, a partir daquele momento. Muitas pesquisas[9] analisaram a participação de Carmen da Silva na revista *Claudia,* ou mesmo sua importância frente ao feminismo brasileiro. Vale lembrar que esta pesquisa não têm como principal objeto os artigos de Carmen da Silva, mas não se pode ignorar a importância da autora nesse momento de liberação e de quebra de antigos paradigmas acerca da mulher, da família e da sexualidade feminina. Em um artigo de 1964, Carmen já questionava os papéis tradicionais femininos de mãe, esposa e dona de casa, bem como a função do casamento.

> Que tipo de orientação dão à mulher? Se é solteira, ensinam-lhe a arranjar marido [...] Se é casada, os conselhos se destinam a preservar o bem-estar do marido, seu amor e seu interêsse ou, eventualmente, garantir a continuidade de sua presença física no lar mesmo sem amor e sem interêsse [...] É evidente que sob o rótulo enganador de doçura, feminilidade, tolerância, compreensão e outras virtudes altamente estimáveis, o que se preconiza à mulher é a submissão, a hipocrisia, a astúcia como armas para "manejar" o homem [...] Só uma

---

9   As pesquisas sobre Carmem da Silva já foram citadas no capítulo anterior.

90 | *Gisele Bischoff Gellacic*

> comunicação autêntica, profunda, sem disfarces, merece o nome de amor; tudo o mais é compromisso, conveniência, imitação.[10]

Carmen da Silva critica a educação tradicional feminina que, segundo a autora, era responsável por a mulher ter uma postura submissa ao homem, e consequentemente, à sociedade. Carmen também aborda a questão da função do casamento, criticando a maneira como se tornava uma instituição hipócrita, uma vez que não se privilegiava uma relação mútua e igualitária entre os pares. A postura de Carmen da Silva, com relação ao casamento, apareceria diversas vezes, tanto em sua coluna mensal, quanto eu em suas respostas às leitoras em *Caixa Postal Intimidade.* Para a jornalista, o casamento deveria ser algo que libertasse o homem e a mulher de suas antigas amarras sociais, que apareciam na sociedade através da família nuclear desde meados do século XIX. Para a autora, a inserção da mulher no mercado de trabalho seria um grande avanço e sinal dos novos tempos, uma vez que possibilitava a mulher uma elevação de sua condição social através da economia. Um casamento em que se privilegiasse a cumplicidade e a parceria poderia ser libertador, e assim, um símbolo dos novos tempos.

Anos mais tarde, essa colunista traria, em setembro de 1970, uma interessante reflexão sobre o tema revolução sexual. Através da pesquisa, Carmen da Silva aparece como a única voz entre as duas revistas, anunciando os perigos da adoção de posturas mais liberais.

> ...acho que ainda não iniciamos aqui revolução nenhuma nesse terreno e nem sequer o mais modesto golpezinho de Estado [...] recriminaram-me por fechar os olhos a 'tudo o que está acontecendo por aí' ('por aí' referindo-se ao ambiente universitário que congrega menos de 1,5% de nossa população, e à pitoresca República de Ipanema, ainda menos expressiva numericamente). [...] A óptica da môça carioca ou paulista não é a mesma da jovem do interior; o mundo da universitária é muito diferente do da industriaria ou comerciária

---

10 *Você vive no tempo presente?*, coluna *A arte de ser mulher* por Carmen da Silva, revista *Claudia,* fevereiro de 1964.

da mesma idade... Como não poderia deixar de ser, pois o brasileiro em geral pensa e exerce o sexo em moldes tradicionais e patriarcais. Continuam gozando de ampla aceitação os velhos chavões do tempo da vovó: a mulher foi feita pra casar – virgem, naturalmente pois as outras os homens só querem é para se divertir; mãe é sagrada; 'certas coisas' não se fazem com a mulher legitima.[11]

A autora de *A arte de ser mulher* afirma que a realidade dos brasileiros, no final do ano de 1970, ainda estava longe de alcançar plenas transformações. Diria que, apesar de o sexo ser um assunto em pauta, na vida privada e na vida pública, ainda estava longe da sociedade brasileira como um todo. Seria como se Carmen da Silva dissesse que, apesar de muito se falar sobre sexo nos anos 1960 e 70, no âmbito da intimidade, a sociedade brasileira estaria longe de adotar práticas consideradas liberais. E, ainda, que as ditas transformações estavam concentradas em uma pequena parcela da população, restrita aos jovens que circulavam em ambientes acadêmicos das grandes capitais. De uma forma pessimista, Carmen da Silva disse que a revolução sexual, de fato, estava muito longe de acontecer na sociedade brasileira como um todo.

No mesmo artigo em que discute a questão da revolução sexual no Brasil, a colunista trouxe mais um fator relevante: a questão da obrigatoriedade do sexo e do prazer e sua relação com o consumo.

> O erotismo permeia de tal modo nosso cotidiano, que até para vender tratores e inseticidas recorre-se a uma figura seminua em atitude sexualmente sugestiva. As imagens remexem com os anseios reprimidos e os desejos frustrados, sensibilizando para a mensagem publicitária.[12]

Carmen da Silva tinha a mesma visão de alguns os críticos da liberação sexual dos dias de hoje, como Jean-Claude Guillebaud que desenvolveu, em

---

11   *Revolução sexual?* em *A arte de ser mulher* por Carmen da Silva, revista *Claudia*, setembro de 1970.

12   *Ibidem.*

92 | *Gisele Bischoff Gellacic*

seu livro *Tirania do prazer,* a visão de que a liberação é uma utopia, afinal é impossível liberar o prazer, as pressões morais e os antigos tabus acerca do sexo, sem a criação de novos ônus. Outro autor que faz crítica a esse momento foi Robert Muchembled (2007) no livro *O orgasmo e o Ocidente,* quando este questiona: *as revoluções mais visíveis em matéria de liberação sexual, particularmente o acesso das mulheres ao direito ao orgasmo, constituirão rupturas definitivas?* (MUCHEMBLED, *op. cit.,* p. 284). Sem dúvida, Carmen da Silva, mais uma vez, demonstrou toda sua crítica, ao tratar das questões femininas, ao tomar um distanciamento de sua própria época que, muitas vezes, só seria possível em análises atuais.

Alguns anos mais tarde, Carmen da Silva voltou a falar dos riscos das tendências de liberação sexual e corporal, porém de uma forma diferente. Em 1977, a autora não falou que tais tendências se restringiam a um seleto grupo de determinadas capitais brasileiras, o que mostra que essas posturas já poderiam ser vistas em diversos setores da sociedade.

> O temor da superpopulação mundial, por exemplo, apressou o lançamento da pílula anticoncepcional (aliás, parece que nem houve tempo de torna-la inofensiva à saúde). Esta, por sua vez, ao dissociar a sexualidade feminina da maternidade, veio outorgar, pelo menos em teoria, maior espaço de liberdade à mulher: consequência indesejada mas inevitável, que exigia uma revisão dos velhos códigos. Era preciso modernizar a fachada, mas sem abrir mão dos freios e restrições que garantem ao homem o domínio da sexualidade feminina [...] De um momento para o outro, sexo de ser privilégio masculino: também a mulher tem direito ao prazer [...] A nova ênfase no orgasmo feminino vem servindo de pretexto para transformar as relações sexuais numa espécie de acrobacia de circo ou de pista olímpica: cursos, terapias, ginásticas, livros conferências, práticas de exercícios constantes para aperfeiçoar a técnica e melhorar a performance.[13]

---

13 *Cuidado: até nosso sexo está sob controle* em *A arte de ser mulher* de Carmen da Silva, novembro de 1977.

Nesse artigo, Carmen da Silva falou também dos riscos da liberação para a própria sexualidade, uma vez que esta trazia a necessidade de novas aprendizagens e *performances*, e que nem sempre eram tão *liberais* à própria condição da mulher. Segundo a autora, a dita liberação sexual teria tornado a intimidade um campo de batalhas, em que seus personagens não pareciam tão livres uma vez que deveriam ter atitudes e *performances* específicas.

> Para Carmen, a busca por ajustar-se aos padrões reverenciados pela "literatura barata" e pela publicidade só mostrava o quanto o ideal *sexy* correspondia ao comportamento de submissão e repressão sexual para as mulheres (DUARTE, *op.cit.*, p. 144).

Ao relacionar a postura da autora, ao longo dos artigos, com a proposta de periodização da liberação sexual apresentada no capítulo anterior, podemos chegar a algumas conclusões. No primeiro trecho analisado de Carmen da Silva de 1964, a jornalista critica, essencialmente, as antigas funções femininas, bem como a instituição casamento. O ano de 1964 ainda se vincula ao primeiro período da liberação no Brasil. A postura crítica de Carmen ia de encontro às antigas posturas morais que prevaleciam ainda no ano de 1964. Assim, a crítica da autora se remete à própria revista *Claudia* que, nesse período, ainda apostava e estimulava suas leitoras às antigas funções matrimoniais.

Depois, trouxemos um artigo de 1970, momento transitório entre o segundo e o terceiro período da liberação sexual e corporal. Nele, Carmen da Silva fala de um certo exagero, ao se considerar a liberação sexual e corporal como algo que ocorria em nível nacional, e ainda, atenta ao risco da sexualidade passar a transitar em meios não convencionais, como a publicidade. No último trecho analisado, Carmen da Silva diria, em 1977, que a liberação sexual havia elevado o direito ao prazer a uma espécie de obrigação. Para a autora, isso era um sinal não de uma conquista, mas de um ônus à própria condição feminina, em que o corpo havia sido liberado, mas, ao mesmo tempo, esse corpo necessitava de aprendizagens específicas e ainda estava sujeito a coações.

94 | Gisele Bischoff Gellacic

Nos artigos de *Claudia,* a liberação sexual e corporal apareceu como tema diversas vezes. Em 1962, a revista abordaria a respeito dos riscos de uma conduta liberal frente ao corpo e à sexualidade.

> E vale a pena dar um balanço na situação: os costumes mudaram (mesmo entre as meninas educadas com a máxima severidade) [...] O importante para você e para os que julgam, é compreender a diferença entre um flerte inocente e certas facilidades, que fazem uma jovem perder o seu próprio respeito e o dos rapazes [...] Se você flertar, não há dúvidas de que será muito solicitada, mas única e exclusivamente para passatempo, não se iluda... você será procurada porque é acessível [...] Quer ser apenas e sempre objeto de brincadeira? Lembre-se que aquêle que você procura através de namoricos, não se encontra assim.[14]

De maneira moralista, a revista *Claudia* abordou o tema sobre a adoção de posturas mais liberais. Ao longo do artigo, a revista colocou sua opinião a respeito de um problema daquele momento: a mudança de costumes menos formais e menos tradicionais, e principalmente, os riscos da jovem que tomava tais atitudes. O periódico era claro e possuía um tom dramático, sublinhando as consequências de uma postura muito liberal das moças frente ao flerte.

Assim, *Claudia* afirma sua ideologia de permanecer em sua primeira década, ainda atrelada aos antigos padrões morais. Segundo a revista, era responsabilidade de a mulher resistir ao flerte, e tal postura garantiria um relacionamento duradouro no futuro. A relação entre sedução e a criação de obstáculos e resistências frente às investidas masculinas é bem clara, porém, sofrerá uma grande alteração ao longo da década de 1970. No próximo capítulo, voltaremos à questão da sedução feminina em tempos de liberação sexual e corporal.

---

14 *Eu sou namoradeira, e daí?* em revista *Claudia* de novembro de 1962.

Ainda no ano de 1967, a revista *Claudia* trouxe uma interessante discussão sobre os problemas enfrentados pelas mulheres que haviam ingressado no mercado de trabalho.

> Apesar das aparências ao contrário, ainda não foi superado o antigo conceito da feminilidade de forno e fogão. [...] A arquiteta Rosa G. Kliass declara: "Acho que tenho um melhor relacionamento com meu marido tendo uma profissão: êle me sente como uma companheira mais completa. Quanto a meu filho, sinto que êle tem um grande respeito por mim pelo fato de eu ter uma profissão. Aliás, é mais fácil educar os filhos fazendo-o respeitar o valor de trabalho quando nós próprias trabalhamos" [...] São precisamente as mulheres ociosas as mais prontas em esgrimir contra o trabalho certos argumentos barrocos que estamos acostumados a ouvir, sôbre a "sublimidade da função materna", a "aridez afetiva" da mulher intelectualizada, "o perigo de "perder a feminilidade" e outros que tais. Sem dúvida, para muitos homens – e não só os menos cultos, como se poderia supor – uma espôsa que tem uma própria carreira seria mais do que êles podem suportar... Ouçamos a engenheira H. Mokarzel: "A mulher que cursa uma escola superior limita automaticamente a probabilidade de casamento. A maioria dos homens brasileiros ainda não aceita por espôsa uma mulher com profissão mais em evidência que a deles [...] Na verdade, a independência econômica que o trabalho possibilita à mulher é condição fundamental: é não só um modo de tomar a própria medida, mas o único caminho possível para a autonomia. [...] Nesse sentido, cada jovem formada que abandona a carreira após o casamento pode ser tachada, no mínimo, de anti-progressista e usurpadora, por não produzir o que o País precisa e por ocupar o lugar de alguém que poderia ser mais útil à coletividade.[15]

Esse artigo traz um importante retrato das mulheres frente ao mercado de trabalho no Brasil, nos últimos anos da década de 1960. Apesar de afir-

---

15 *Os problemas da mulher que trabalha* em revista *Claudia*, março de 1967.

mar que existia um risco de a mulher diminuir suas chances de casamento ao trabalhar, ou ainda de perder sua feminilidade, o artigo ressalta importantes características positivas desse tipo de atividade. Segundo *Claudia,* o ingresso no mercado de trabalho poderia trazer um maior respeito à mulher por parte do marido e dos filhos. Além disso, esse tipo de atividade poderia fazer da mulher uma companheira mais completa, pois se dividia os ônus desse tipo de trabalho, e é claro, as despesas da casa. Ter esse tipo de cumplicidade com o marido seria comparável a uma cumplicidade com o próprio país. Isso porque assim como a mulher poderia ajudar para o avanço e desenvolvimento econômico de sua casa, estaria fazendo isso com seu próprio país. Sem dúvida, o ingresso das mulheres no mercado de trabalho ajudaria no projeto de desenvolvimento econômico proposto nas décadas de 1960 e 1970. As mulheres ociosas são as maiores críticas do trabalho feminino fora de casa. Nota-se como tal expressão é contraditória, pois essas mulheres não eram ociosas, uma vez que eram mães, esposas e donas de casa que trabalhavam avidamente pelo bem-estar da casa e de seus familiares. Afinal, *as mulheres sempre trabalharam. Elas nem sempre exerceram "profissões"* (PERROT, 1998, p. 251), o que significa que essas mulheres citadas por *Claudia* não eram de fato ociosas, mas, talvez, dentro da lógica capitalista o seriam, por não receberem salários por tal trabalho.

Artigos como esse, em que se discutia a situação da mulher e sua postura frente à sociedade, cessam em torno de 1967, momento em que se finalizaria o primeiro momento da liberação sexual e corporal, segundo as revistas. Após esse momento, os artigos que discutem tais assuntos, o discutem de forma diferente, através de ensinamentos para se tornar uma mulher mais liberal sexualmente e, consequentemente, corporalmente. Além dos textos de Carmen da Silva, a revista *Claudia* não abordava de forma factual e explícita, a liberação, mas o fez de maneira implícita. Assim, mudou-se a forma e o discurso, mas a ideia de responsabilidade feminina continuou. O artigo a seguir é um exemplo de como as responsabilidades, apesar de atualizadas, eram mantidas pelas leitoras de *Claudia.*

Reconquistei meu marido sendo mais mulher – Solange resolveu mudar. Logo cortou o excesso de comida. Começou a se vestir melhor. E passou a se maquilar com cuidado [...] Ela sabia motivá-lo; as relações do casal tornaram-se frequentes. Regina, uma luz ofuscante, parecia apagar-se à distância. Solange nunca se sentira tão feliz. Análise da psicóloga Marta Suplicy: Ela não tentou punir o marido pela relação extraconjugal, uma atitude muito positiva, e rara nesses casos. Fez, isto sim, uma autocrítica e modificou o seu comportamento nos pontos que identificou como falhas suas.[16]

O artigo faz parte de uma seção que circulou na revista *Claudia* no final da década de 1970 e se chamava *Como salvei meu casamento*. Através de depoimentos de mulheres que tiveram seus casamentos ameaçados por razões diversas, mostra-se como essas esposas conseguiram salvá-lo. No caso descrito acima, o casamento foi ameaçado por uma das razões mais corriqueiras: a infidelidade masculina. *Claudia* mostrava que, através de uma autoanálise, a esposa teria identificado suas falhas que teriam levado seu marido a procurar outra mulher. E assim, através de cuidados com o corpo e de relações sexuais frequentes, a esposa conseguiria salvar seu casamento da ruína.

Através da análise dos dois artigos, nota-se que antes, era de responsabilidade da mulher a discrição, o recato e a resistência frente aos desejos; agora, devido às tendências de liberação, a responsabilidade era saber manipular e bem aproveitar toda e qualquer manifestação do mesmo desejo. Outro ponto importante é que, apesar das diferenças apresentadas em torno da ideia de responsabilidade, os motivos para se ter uma postura de resistência, ou uma postura liberal, apareceriam, segundo a revista *Claudia*, como: a manutenção do desejo masculino sobre você mesma. Em outras palavras, *segurar o homem*.

Em grande parte dos artigos de *Nova,* a liberação sexual só traria benefícios para as leitoras, como mostra o artigo abaixo.

Como você, fui criada para o casamento. Brinquei com bonecas e não com cavalinhos. Aprendi piano, bordado, culinária, tudo aquilo

---

16   *Como salvei meu casamento* em revista *Claudia*, julho de 1978.

98 | *Gisele Bischoff Gellacic*

> que evidencia a dona de casa perfeita. Meus pais só não me ensinaram uma coisinha: que eu tinha o direito de ser independente [...] É por isso que a gente tem medo, medo de ser deixada, deixada para trás, deixada sozinha, deixada de fora – e vive correndo atrás à procura de um homem. Bem. Não pense que, com isso, estou querendo dizer que não precisamos de homens. Muito pelo contrário!!! Mas não é para tomar conta da gente [...] Pelo contrário, à medida que fui me tornando mais independente, meu relacionamento com eles foi se tornando muito melhor.[17]

O artigo intitulado *Ser independente... é a glória*, dirigia-se à leitora por meio da cumplicidade, pois ambas haviam sido criadas para o casamento. Mas, a autora diz que, nesses novos tempos, teria aprendido a se libertar dessas antigas amarras e aprendido que tinha o direito de ser independente. Interessante notar que a autora preocupa-se em dizer às leitoras que ser independente não significa se afastar dos homens, mas se adotasse tal postura melhoraria os relacionamentos. A autora ainda faz questão de apontar que independência não era sinônimo de se afastar dos homens, mas sim uma postura de companheirismo, o que melhoraria as relações homem e mulher.

Os dizeres da autora nos faz pensar que seria um medo das leitoras que, através de uma postura mais independente, pudessem afastar os homens. Ou ainda, que para outras, ser independente significaria não se importar mais com as relações amorosas, ou até desconsiderá-las. O artigo diria que não seria uma coisa nem outra. A mulher independente deveria estar próxima aos homens, querer sua companhia. E ainda, ser independente teria um efeito sedutor nos homens, aproximando-os como amiga, companheira, amante, etc. O estímulo à adoção de uma postura independente seria uma forma de as mulheres garantirem seus relacionamentos. A independência financeira e sexual, apesar de ser um comportamento novo às mulheres, seria estimulado pela revista *Nova* com as mesmas promessas de antigamente: um bom relacionamento com os homens. As mulheres das décadas anteriores eram

---

17 *Ser independente... é a glória* por Neide Riscoti, revista *Nova*, setembro de 1974.

estimuladas a serem boas esposas, cuidarem dos filhos e da casa, e ainda aceitarem os casos extraconjugais do marido - tudo isso para manter um bom casamento. As mulheres independentes eram estimuladas a adotarem tais atitudes para que, ainda, estabelecessem um bom relacionamento com os homens. Nota-se que, apesar desta permanência, as formas de relacionamento, e também as formas de casamento sofreram alterações consideráveis nessas décadas de mudança. Tais transformações serão abordadas com mais atenção nos próximos capítulos. No mesmo ano de 1974, a revista *Nova* ainda trouxe à tona as consequências sofridas por mulheres que adotavam uma postura mais liberal em relação aos seus corpos e a sua sexualidade.

> O que explica a confusão entre ninfomania e o sexo pelo sexo (ou como profissão) é nossa herança cultural. Apesar de se difundir cada vez mais a chamada "revolução sexual", a mulher que pratica o sexo abertamente, não importa seu estado civil, é imediatamente rotulada. Mas é preciso não confundir uma atitude que a sociedade não aceita com uma doença de fato [...] Você, por exemplo, é encorajada diariamente a ter uma aparência *sexy*, um comportamento *sexy*. Enfim, a ser uma mulher *sexy*. De repente resolve levar isso ao pé da letra, atendendo a todas as solicitações do seu homem e da própria sensualidade. O que acontece? Surpresa! Ele pode aceita-la, achando-a insubstituível, ou pode se chocar, pois para atender aos desejos dele (e seus) você deixou de ser "uma mulher séria".[18]

Neste artigo de *Nova* foram abordadas as dificuldades enfrentadas, a partir do momento em que as mulheres adotaram uma postura mais liberal com relação ao corpo e à sexualidade. O artigo parece ter sido escrito por uma jornalista brasileira e por isso, devia retratar a realidade vivida por muitas leitoras de *Nova*. Existia um risco iminente, ao se adotar um comportamento mais liberal, o de ser interpretada como uma *ninfomaníaca*. Na verdade, isso significa que, para muitos da sociedade brasileira, as mulheres que

---

18 *Ninfomania: o mito da mulher que não pode passar sem sexo* por Marilda Meireles, em revista *Nova*, outubro de 1974.

100 | Gisele Bischoff Gellacic

adotassem uma atitude mais ousada com relação à sexualidade, seria interpretada por muitos como uma doente. Isso demonstra como atitudes mais liberais poderiam ser um risco às mulheres, e ainda, em como a sociedade brasileira não rompera antigos paradigmas patriarcais como outras sociedades. Reflete-se, dessa forma, um imaginário acerca da sexualidade feminina que remete a um pensamento freudiano do final do século XIX, quando estas seriam diagnosticadas como histéricas.[19] Sem dúvida, este artigo mostra um momento de mudanças e de alterações no comportamento sexual feminino, demonstrando uma tensão ainda presente, que definiria o limiar entre antigas e novas posturas.

A publicidade de *lingerie* veiculada em *Claudia* e em *Nova* seria ainda *uma outra* voz sobre as questões da liberação sexual. Através de fotos insinuantes e discursos provocantes, a publicidade constituía o ideal de corpo liberado, de forma mais audaciosa do que os próprios artigos. Como já foi citado no capítulo anterior, a publicidade fortemente ligada à lógica do mercado, tinha maior liberdade para veicular seus discursos e imagens do que a própria editora e redação das revistas, pois passavam por restrições oriundas da censura vigente. Além disso, outro fator importante com relação à difusão da venda e da publicidade da *lingerie* ocorria, ao longo da década de 1960.

> Até aquela época, esses produtos eram comercializados praticamente só em lojas especializadas, que tinham a preocupação fundamental de preservar a intimidade de suas clientes. As peças ficavam dobradas embaixo do balcão, no máximo com uma amostra de cada aberta sobre ele. Mas quando passaram a ser vendidas em grandes magazines, como as Lojas Americanas e as Sears, as lingeries não demoraram a ganhar cabides, ficando à mão das clientes para o auto-serviço. E, seguindo o exemplo, logo outra rede, como as Casas Pernambucanas – um império da época, com centenas de lojas -, aderiram á exposição dos modelos (NAZARETH, 2007, p. 103).

---

19 Sobre a sexualidade feminina do século XIX e XX, sugerimos *Desiring revolution: second wave feminism and rewriting of american sexual thought 1920 to 1982* de Jane Gerhard e *Invenção do sexo* de Thomas Laqueur.

Despindo corpos | 101

A forma como as *lingeries* eram vendidas, sem tantas discrições e recatos, também influenciavam diretamente na maneira em como seriam veiculadas suas propagandas. Tais diferenças marcavam como os artigos e a publicidade das revistas *Nova* e *Claudia* falavam da liberação sexual e corporal.

Ao analisar tais propagandas, algo chamou a atenção: a ligação entre as ideias de liberdade e o movimento corporal. Essa ligação não seria nova, uma vez que alguns trabalhos[20] já relacionavam as funções femininas de mãe, esposa e dona de casa e o uso do espartilho. Da mesma forma que o espartilho apertava os órgãos, as mulheres eram *apertadas* em funções pré-definidas dentro da lógica da família nuclear. Porém, nas décadas analisadas, outra relação poderia ser feita entre o corpo, a *lingerie* e a invenção do fio de *lycra*.

> A Lycra, fio mágico, pode se associar de forma invisível aos materiais mais finos, os mais fluidos, como a seda, crepe, tule e renda. De dois a quatro por cento de Lycra se mistura às fibras naturais ou artificiais de forma suficiente para repousar por todas as curvas do corpo. O fio pode esticar de quatro a cinco vezes seu tamanho e volta instantaneamente sua tensão inicial. Fino, suave, ultra-extensível, pode ser apresentado como uma segunda pele, que faz nascer sensações inéditas em quem usa. É o tecido sonhado pelas roupas de baixo (FONTANEL, 1992, p. 139).[21]

---

20 O trabalho *História da beleza: o corpo e a arte de se embelezar do Renascimento aos dias de hoje* de Georges Vigarello e *Histoire de la lingerie* de Chantal Thomass trabalham a relação do espartilho e as funções sociais femininas durante o final do século XIX e o início do XX.

21 "Le Lycra, fil magique, peut s'associer, invisible, aux matière les plus fines, les plus fluides, tels soie, crêpe, tulle et dentelle. Deux à quatre pour cent de Lycra mélangés aux fibres naturelles ou artificielles suffisent à faire épouser toutes courbes du corps. Ce fil peut s'étirer jusqu'à quatre ou cinq fois sa longueur et reprendre instantanément sa tension initiale. Fin, doux, ultraextensible, si est présenté comme une seconde peau, qui fait naître des sensations inédites chez celles qui le portent. C'est le tissu rêvé pour les sous-vêtements" (Tradução da autora).

A *Lycra* é uma fibra elástica sintética criada por volta de 1959 pela empresa Dupont, nos Estados Unidos. Juntamente com outras fibras criadas no mesmo período, como o *rayon*, o *nylon* e o poliéster, a *lycra* veio substituir as antigas fibras naturais, que eram mais caras e mais difíceis de serem produzidas. As fibras sintéticas mencionadas apareceram como símbolos do capitalismo, uma vez que sua utilização barateava o custo das vestimentas (O'CONNOR, 2011). Além disso, o uso da *lycra* estava associado fortemente aos ideais da liberação sexual e corporal, na qual a ideia de liberação era relacionada à elasticidade da fibra. No Brasil, a *lycra* foi utilizada como principal matéria prima das roupas de baixo no final de 1960. Logo seria relacionada com todo o movimento de liberação sexual e corporal, como vemos em uma de suas primeiras propagandas na revista *Claudia*, em julho de 1971.

Figura 6 – Propaganda De Millus – revista *Claudia* de julho de 1971.

Com os dizeres: *Pule, corra, dance, faça o que quiser! Tudinho em Lycra flexível, macia para dar confôrto à alegria da sua vida!*,[22] a liberação proposta

---

22 Propaganda De Millus, em revista *Claudia* de julho de 1971.

Despindo corpos | 103

pela propaganda associa-se à flexibilidade da *Lycra*. Liberar atitudes, liberar o corpo, liberar movimentos, tudo parece estar relacionado. Porém, ao observar a imagem, nota-se uma contradição, afinal os corpos que aparecem nas imagens estão relativamente estáticos, expressando menos a atividade do que uma postura passiva e contemplativa. A modelo, em primeiro plano, veste uma combinação de *lingerie* bem recatada uma vez que cobre parte de seu corpo, porém sua expressão indica certa liberdade e disposição. Além disso, ela olha para a leitora com uma expressão um pouco assustada, em posição como se não estivesse pronta para ser flagrada pelo *flash* da máquina fotográfica. Em segundo plano, aparece outra modelo com expressão de extrema felicidade, sorrindo de forma plena e aberta. Talvez, de uma forma ainda recatada, a publicidade indica aos leitores a relação entre sedução, felicidade e descontração, buscando convencer que o produto anunciado tinha as mesmas qualidades. A expressão dessa modelo também traz a emergência de uma nova questão: o prazer. A partir do início da década de 1970, a busca pelo prazer será incessante na publicidade, e pouco depois, o será também nos artigos divulgados pelas revistas, estimulado por meio de seu próprio corpo, através dos cuidados corporais, da sensualidade e da descontração.[23] No quarto capítulo, voltaremos a analisar a questão do prazer feminino, a partir da liberação sexual e corporal.

Ainda no mesmo ano de 1971, outra propaganda de *Lycra* parece reveladora.

---

23 Sobre o incentivo ao prazer corporal a partir da liberação sexual, ver o artigo *Cuidados de si e embelezamento feminino: fragmentos para uma história do corpo no Brasil*, de Denise B. de Sant'Anna.

Figura 7 – Propaganda *Lycra* – revista *Claudia* de agosto de 1971.

Com os dizeres: *Os homens começam a olhar a mulher nos cabelos, mas logo em seguida vão descendo. Ofereça-lhes uma descida emocionante, com grandes atrações a cada centímetro. Ponha uma cinta de "Lycra". Ela é tão leve, tão flexível, que nem parece uma cinta. Mas faz uma coisa que nenhuma outra cinta faz. Obriga você a revelar todos os segredos do seu corpo, sem precisar espremer. Modela tão suavemente que você nem percebe. Não tira nem um pouquinho dos seus movimentos. E ainda faz outra coisa que as outras cintas não fazem: depois de descer bastante, o olhar dos homens sempre volta de nôvo para os cabelos.* A utilização de uma cinta de *Lycra* traz importantes revelações, uma vez que a cinta já havia sido muito utilizada como roupa de baixo, em décadas anteriores, e servia para comprimir o ventre feminino, porém com os antigos tecidos utilizados a sensação de quem vestia era bem diferente. A *Lycra* não comprimia o corpo feminino, pelo contrário, o envolvia suavemente. Por isso, a propaganda ressalta que tal cinta não espremia o corpo, que até parecia que não se estava usando nada. O corpo modelado pela cinta de *Lycra* não podia esconder pequenas imperfeições, ele estava exposto aos olhares, sobretudo aos masculinos. Assim, a constituição do corpo liberado se impunha através da necessidade de um corpo que não precisasse ser escondido, de um corpo flexível, assim como as posturas esperadas pelas mulheres, além de estar exposto e de fazê-lo para os homens. Novamente a postura da modelo contradiz os dizeres da publicidade, uma vez que aparece olhando para baixo, escondendo parte de seu rosto, e ainda, cruzando os braços em sua frente, o que representaria inibição e submissão.

Em 1972, a *Lycra* reforçaria a ideia de ser a vestimenta da mulher liberada.

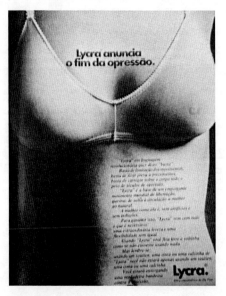

Figura 8 – Propaganda *Lycra* – revista *Claudia* de dezembro de 1972.

Com os dizeres: *Lycra anuncia o fim da opressão.* "*Lycra*" *em linguagem revolucionária quer dizer "basta". Basta de limitação dos movimentos, basta de carregar sobre o corpo todo o peso de séculos de opressão.* "*Lycra*" *é a base de um empolgante movimento mundial de libertação, que traz de volta à circulação a mulher ao natural. A mulher como ela é, sem artifícios e sem inibições.*

106 | Gisele Bischoff Gellacic

Para garantir isso, "Lycra" vem com tudo o que é necessário. Usando "Lycra" você fica livre e soltinha como se não estivesse usando nada. Mas lembre-se: usando um soutien, uma cinta ou uma calcinha de "Lycra" você não estará apenas usando um soutien, uma cinta ou uma calcinha. Você estará envergando uma verdadeira bandeira contra a opressão. Nessa propaganda, o fio de *Lycra* intitulava-se abertamente como a bandeira da liberação sexual e corporal, anunciando o fim da opressão, das limitações e das repressões. Nota-se que a *Lycra* utilizava-se dos jargões da liberação e até feministas para convencer as leitoras de *Claudia* de que utilizar roupas de baixo feitas com o fio elástico era um símbolo dos novos tempos e das novas liberdades vividas pelas mulheres. Podemos entender que relacionar as *lingeries* feitas com *Lycra* à liberação sexual e corporal poderia ser mais um golpe do *marketing* das empresas especializadas, uma vez que, em 1968, ocorreria o polêmico episódio da queima de *soutiens*,[24] visto por diversos grupos feministas como um sinal de opressão. Mais uma vez, os dizeres e a imagem veiculada pela propaganda aparecem confusos, afinal apesar de toda a incitação às mulheres terem posturas mais "livres" em relação às suas vidas, a imagem só ressalta um torso feminino, utilizando um *soutien* levemente transparente.

Ao longo das décadas analisadas, os discursos da publicidade do fio de *Lycra* mantinha-se fiel à ideia de símbolo da liberação sexual e corporal, mas com algumas modificações, como mostra a propaganda de dezembro de 1978 da revista *Nova*.

24　A queima de soutiens ou o *Bra-burning* teria ocorrido no concurso de Miss América em setembro de 1968 por um grupo de ativistas do WLM, ou *Women's Liberation Mouvement*. O fato em si nunca ocorreu, mas as ativistas colocaram na porta do evento diversos instrumentos considerados de "tortura" feminina, como o salto alto, revistas femininas, espartilhos, etc. A mídia da época ressaltou o acontecimento, o que acabou gerando diversas admiradoras e entusiastas do suposto evento.

Despindo corpos | 107

Figura 9 – Propaganda *Lycra* – revista *Nova* de dezembro de 1978.

Com os dizeres: *Ponha um pouco de pimenta no seu verão. Use maiôs de 'Lycra'. Com maiôs de 'Lycra', você vai passar um verão com gostinho diferente. Eles são umas delícias: ficam justinhos no corpo, não lasseiam, não alargam dentro d'água, dão toda a liberdade de movimentos, e secam bem depressinha. E estão sempre muito bonitos: além da areia não grudar, têm modelos com sabores caindo de apetitosos. Todos bem apimentados: se depender dos maiôs 'Lycra', os homens vão ter o verão mais ardido da história.*[25] Nessa propaganda, a liberação sexual e corporal aparece vinculada à ideia de que, a partir de 1970, foi diretamente relacionada à sedução feminina – como se, através de corpos liberados, fosse possível atrair a atenção masculina. A publicidade de *Lycra* continuou a se apresentar como uma representação da liberdade de movimentos, porém, esses não pareciam liberar os movimentos *para* as mulheres ocuparem novos espaços, mas para ser visualizadas pelos homens. A propaganda traz, através de diminutivos, como *depressinha, gostinho, justi-*

---

25 Propaganda *Lycra* em revista *Lycra* de dezembro de 1978.

nho, certo tom de infantilidade, assim como traz várias palavras relacionadas ao universo da gastronomia, como *sabores, apetitosa e apimentados*. Assim, o enunciatário de *Lycra* eleva o corpo feminino a algo comestível que, ao utilizar os maiôs feitos com tal fibra sintética, se tornaria apimentado. Ao finalizar, a publicidade não deixa dúvidas de para quem todo esse menu era destinado, ao afirmar que os homens teriam o *verão mais ardido da história*. As imagens também são reveladoras, uma vez que mostram três modelos usando maiôs insinuantes, sentadas em uma espécie de mastro. Através dos braços, chapéu ou cabelos, as faces das modelos não aparecem com clareza, o que denota a permanência de algumas retidões acerca do tema. A posição delas não parece ativa, uma vez que estão sentadas e apoiadas. O mastro utilizado como apoio é claramente um símbolo fálico, o que pode ser interpretado como um "apoio" à mulher apesar de todos os discursos de liberação de movimentos. Além disso, nota-se que as modelos empinam a parte traseira. Tal postura denota uma hipererotização do corpo feminino, trazendo uma relação direta entre corpo e ato sexual – essa característica será mais nítida nas propagandas a partir da década de 1980.

Através dessas análises, nota-se a presença de várias vozes que oscilavam acerca da liberação sexual e corporal dentro das revistas analisadas: a de Carmen da Silva, os artigos da revista *Claudia*, os artigos da revista *Nova* e a publicidade. Tais vozes nem sempre concordavam entre si, porém todas elas, de formas diversas, anunciavam, através de elogios ou mesmo de críticas, que novos tempos se instauravam, e nele, novas liberdades corporais e sexuais eram solicitadas.

Liberação: dificuldades e expectativas

> Eu digo não ao não. Eu digo. É proibido proibir. É proibido proibir.
> É proibido proibir. É proibido proibir.
> (Trecho da música *É proibido proibir* de Caetano Veloso, de 1968)

A música *É proibido proibir* de Caetano Veloso foi um dos hinos da liberação sexual e corporal no Brasil. A ideia de uma nova era, explicitamente abordada pelo cantor, dizia respeito às restrições que eram algo do passado, e que a ordem a partir daquele momento era a permissividade. Porém, ao analisar com mais atenção o processo de liberação no Brasil, nota-se que ela mesma teve seus limites. Afinal, imaginar que, através da liberação, antigos interditos acerca da sexualidade humana Ocidental seriam discutidos, redefinidos e/ou permitidos seria uma imprecisão, uma vez que *o homem se define por uma conduta sexual submetida a regras, a restrições definidas* (BATAILLE, *op. cit.*, p. 74.), ou seja, as próprias interdições são importantes para que o ser humano se defina como tal, e que também se sinta pertencendo ao grupo. Sem dúvida, doravante a liberação sexual e corporal, antigas restrições foram abaladas, como é o caso da virgindade feminina, da nudez, da masturbação e da educação sexual dos jovens. Algumas interdições foram discutidas, como a pedofilia, a homossexualidade e o próprio sangue menstrual. Porém, algumas antigas interdições não foram ao menos mencionadas ou discutidas no contexto de liberação sexual, como é o caso do incesto e da necrofilia. Através da análise das revistas *Claudia* e *Nova,* pode-se ter uma ideia de como foram feitas tais discussões.

As questões relativas à educação sexual de crianças e jovens apareceriam nas revistas analisadas, sobretudo *Claudia*, que tratava de leitoras que eram mães. O primeiro artigo que abordou tal tema apareceu em junho de 1962: *A hora das revelações: as crianças devem aprender tudo sozinhas ou receber uma instrução sexual?*

> Até há alguns anos, nas sociedades consideradas civilizadas, tudo o que se referisse ao sexo assunto proibido, era tabu [...] Finalmente, hoje em dia, vencidos os excessos, estamos chegando a posição de um bom senso e equilíbrio [...] Habitue-se à ideia de que, dentro de certos limites, o interêsse sexual é normal na criança.[26]

---

26 *A hora das revelações: as crianças devem aprender tudo sôzinhas ou receber uma intrução sexual*, revista *Claudia*, junho de 1962.

O artigo anuncia que se viviam novos tempos, e que esses tempos eram melhores do que o passado, uma vez que se discutia, de forma mais equilibrada, a questão sexual. A utilização de expressões, como *sociedades civilizadas*, assim como o artigo anterior que utiliza a palavra *moderna*, demonstra uma característica, de que esta sociedade que se quer mais liberal, via-se como mais *moderna* e até *civilizada* do que as passadas. Como assuntos relacionados à sexualidade eram de grande importância, seriam eles também, um sinal de modernidade. Falar abertamente sobre sexo seria um sinal dos novos tempos, uma postura mais moderna perante a sociedade, como mãe e como mulher. Uma mãe moderna, e, portanto, liberada deveria assumir uma postura mais aberta em relação ao sexo perante seus filhos. A naturalização do sexo seria uma necessidade e um dever postos pelos novos tempos. Uma mãe deveria falar abertamente sobre sexo com seus filhos, respeitando apenas sua maturidade a cada idade. Além de garantir a segurança e a própria vida de seu filho e de cuidar do seu bem estar, a partir da liberação, seria função da mãe educar seus filhos a respeito das questões sexuais.

Através das décadas pesquisadas, as revistas, sobretudo *Claudia*, abordaram diversas vezes, a importância de se tratar a questão da sexualidade com os filhos. O pequeno volume de artigos sobre esse assunto em *Nova* demonstra como esta revista tinha um público bem determinado: mulheres que, apesar de possuírem, ou não filhos, queriam ler apenas a respeito de sua própria sexualidade. Porém, *Claudia*, que ainda se mantinha dividida entre os novos e os antigos padrões, discutia a questão sexual nas crianças e nos jovens, em vários momentos. Podemos citar o artigo de setembro de 1968: *O que dizer a seu filho sobre sexo.*

> Tôdas as manifestações de carinho da mãe pela criança recém-nascida, seus beijos, suas carícias, já constituem, em si, a educação sexual [...] As mães, desde o início, fazem desabrochar ou dão condições favoráveis para o desenvolvimento sexual da criança. Elas nada podem negar a seus filhos. Elas têm obrigação de dar todas as explicações bem dadas. Se negarem a prestar êsses esclarecimentos poderão, a certa altura, colocar seus filhos numa situação perigosa [...] Qualquer

noção errada pode prejudicar irremediavelmente a educação sexual de seu filho.[27]

A naturalização dos temas ligados à sexualidade permite a inserção de tais questões aos jovens e às crianças. Porém, a leitura do trecho acima, revela como o artigo colocou uma grande responsabilidade na mãe para a educação sexual de seu filho. Apesar das novas possibilidades às mulheres, *Claudia* ainda tratava a maternidade como uma função feminina, e ainda, que caberia à mãe a educação sexual de seu filho. A maternidade ultrapassava, assim, os cuidados e a garantia do bem-estar dos filhos, mas o estímulo ao contato corporal desde o início de sua vida. Esse contato, segundo o artigo, seria crucial para o desenvolvimento de um adulto que lidasse de forma saudável e natural com o corpo, e assim com a sexualidade. Utilizando uma abordagem forte e imperativa, a revista dizia às leitoras que seria de responsabilidade da mãe, caso seus filhos se tornassem adultos frígidos. O artigo ainda trouxe a ideia de que se não fosse ensinado corretamente às crianças os efeitos seriam perigosos, como não conhecer a própria sexualidade, ou ainda, não lidar de forma *natural* com seu corpo, seriam nefastos. Essa obrigatoriedade de a mãe abordar questões relacionadas ao sexo com os filhos traria também a responsabilidade de esta mulher conhecer seu próprio corpo e sua sexualidade. Assim, as leitoras de *Claudia* não seriam estimuladas a terem uma educação sexual apenas para que elas tivessem uma vida sexual mais ativa, mas também para bem ensinar seus filhos.

A obrigatoriedade da educação sexual entre mães e filhos proposta por *Claudia,* apareceu ao longo dos anos analisados. Em 1979, a revista trouxe a questão novamente, ao dizer que, a partir dessa data, o sexo seria ensinado nas escolas.[28]

---

27 *O que dizer a seu filho sobre sexo,* por Sabá Gervásio, revista *Claudia,* setembro de 1968.

28 A história da educação sexual no Brasil, tem início em 1930 no Colégio Batista do Rio de Janeiro, e durou até meados de 1954, quando o professor responsável foi demitido e processado. Na década de 1960, grande parte das escolas públicas e até algumas católicas implementaram planos de educação sexual, principalmente nos grandes centros. No início dos anos 1970, tais projetos foram finalizados devido à

112 | *Gisele Bischoff Gellacic*

> Pela primeira vez o sexo vai ser ensinado em escolas [...] Claudia ouviu vários especialistas que apontam a forma como você deve tratar o assunto 'sexo' com o seu filho. E nós completamos: sexo não é só reprodução, mas também uma fonte de prazer e de amor! [...] E você deve estar preparada para abrir ao seu filho este maravilhoso livro do sexo e do amor [...] Não só restringindo o sexo à função reprodutora, mas também como um sadio instrumento de prazer, amor e felicidade.[29]

A forma pela qual a revista *Claudia* indica às leitoras que são mães, como lidar a respeito da sexualidade de seus filhos, mostra como a revista assumia uma postura de ensinar e de conscientizar as mulheres de seus novos papéis a partir da proposta de liberação. O artigo acima demonstra mais uma etapa no processo de naturalização da sexualidade, uma vez que esta vai ser ensinada nas escolas. O texto ainda traz informações para que as mães aceitem com naturalidade tal acontecimento, e ainda estimulem seus filhos a lidarem da mesma forma. Nota-se que para o artigo, o sexo assumiria características além de sua função procriadora, sendo também um sinônimo de prazer, amor e alegria. Muitos artigos e também publicidades veiculadas nas revistas analisadas, abordariam o sexo através destas características. O que poderia significar que nesta época com a liberação sexual e corporal, o sexo passaria a ser um símbolo de uma fonte de prazer, de alegria e de amor. Estes conceitos serão analisados nos demais capítulos.

Neste mesmo artigo citado, outra característica também chama a atenção através do relato de Cynira Estocco Fausto da escola Vera Cruz.

> Temos hoje uma iniciação sexual precoce – consumo de pílulas por meninas de 13 ou 14 anos, um aumento explosivo de doenças venéreas entre menores [...] A gente sente que a brincadeira de 'passar a

---

repressão política, e só foram retomados a partir de 1977, momento em que se localiza o referido artigo da revista *Claudia*. Mais informações em *Revendo a história da educação sexual no Brasil* de Mary N. D. Figueiró.

29 *Abra o livro do sexo e do amor para seus filhos*, revista *Claudia*, fevereiro de 1979.

Despindo corpos | 113

mão' é uma necessidade de contato, de descoberta do corpo do outro, assim como o bebê faz a exploração do seu corpo e do outro. O problema é que parte somente da vontade dos meninos. As meninas reprimem esta necessidade.[30]

Professora na escola paulistana Vera Cruz desde 1972, Cynira Estocco Fausto trouxe um relato surpreendente a respeito da sexualidade dos jovens no final da década de 1970. Apontou a ocorrência de doenças venéreas e também de jovens tomando pílula anticoncepcional, o que nos leva a pensar que a iniciação sexual dos jovens, no final dos anos 1970, acontecia, ainda, na adolescência.

A professora disse sobre a normalidade de existir, entre os jovens, brincadeiras de cunho sexual. Trata-se, mais uma vez, de uma abordagem acerca da naturalização, não apenas das práticas sexuais, mas também de seus praticantes. Antes da liberação sexual e corporal, a maior parte das práticas sexuais deveria ser praticada por casais oficialmente formados, e tinham como finalidade a procriação. O relato acima rompe com essa ideia previamente ligada à sexualidade, uma vez que vê, com naturalidade, brincadeiras de cunho sexual aos jovens. Os últimos trechos analisados do artigo de *Claudia* tratavam da importância da normatização sexual iniciada no começo da vida de uma pessoa - por isso, a importância de conscientizar aqueles que lidavam com as crianças e com os jovens, as mães e as escolas, para que pudessem educá-las seguindo tais princípios.

Outro ponto relatado pela professora Cynira Estocco Fausto foi a diferença na forma de lidar com o corpo e a sexualidade entre os meninos e as meninas. Apesar de a professora estar falando a respeito de jovens adolescentes, talvez essa questão estivesse colocada ainda nas mulheres mais velhas. Afinal, tanto a revista *Claudia* quanto a revista *Nova*, eram abordados intensamente tais temas, talvez porque ainda não fossem tratados e vividos da forma *natural* como era esperado.

---

30 *Ibidem.*

114 | *Gisele Bischoff Gellacic*

Refletir sobre a naturalização do corpo e das práticas sexuais das crianças e dos adolescentes, implica uma discussão polêmica. Como a liberação sexual e corporal foi um movimento desenvolvido ao longo das décadas entre 1960 e 1980, sem ter um caminho claro para onde se estava indo, as questões sobre o que iria se liberar ou naturalizar a respeito do sexo foram diversas. Afinal, se a ideia era liberar e naturalizar a sexualidade e o corpo, até onde poderia chegar tais liberações? Ou ainda, quais novos limites seriam impostos? Tais questões não foram respondidas rapidamente, como, por exemplo, até onde iria a liberação corporal e sexual em crianças e em jovens. Se a liberação provocava a discussão e até o rompimento de antigos tabus em relação ao sexo, quais deles seriam liberados, e quais não? A masturbação, a homossexualidade e até a pedofilia seriam exemplos desses casos.

> Na esteira da grande liberalização de costumes de antes e depois de 1968 havia proliferado [...] toda uma literatura permissiva. Uma literatura militante, que fazia parte de um irreversível movimento de liberalização e possibilitava, antes de mais nada, derrubar a censura à homossexualidade, ou o antigo ostracismo antifeminista. Duas lutas exemplares [...] cuja legitimidade não pode haver a menor dúvida. O mesmo já não se pode dizer da pedofilia que, de um só golpe, viu-se desculpabilizada, celebrada e teorizada. (GUILLEBAUD, *op. cit.,* p. 27.)

Alguns exemplos dessa *desculpabilização* da pedofilia podem ser identificados nos Estados Unidos e até no Brasil. O primeiro deles aconteceria ainda, nos anos de 1950, de forma fictícia através do livro de Vladimir Nabokov intitulado *Lolita,* publicado em 1955. O livro dividiu opiniões e críticas, e mesmo assim, foi levado às telas, em 1962, pelo diretor de cinema Stanley Kubrick. Mas, ao longo das décadas que levaram à liberação sexual, outros fatos chamaram atenção desta possível liberação da pedofilia. Nos Estados Unidos, a atriz Brooke Shields, em 1978, com apenas 12 anos, foi a estrela de um filme onde aparecia nua em algumas cenas. O filme chamado *Pretty Baby* contava a história de uma menina (interpretada por Brooke Shields) que morava em um bordel. Apesar de receber fortes críticas, e inclusive de ser acusado de pornografia infantil, o filme foi lançado normalmente, levando a jovem atriz a um grande sucesso. Em 1980, lançou o filme *Lagoa Azul*, que contava a história de duas crianças náufragas em uma ilha, que também teria forte insinuação sexual. No Brasil, temos um exemplo dessa *desculpabilização* da pedofilia, quando a assistente da apresentadora de programa infantil Xuxa, Luciana Vendramini, com apenas 16 anos, saiu na capa e nas páginas da revista *Playboy* em 1987, completamente nua. Nota-se que a proposta de liberação de corpos e das práticas corporais foi sendo desenvolvida ao longo das décadas estudadas. Seria apenas na década de 1990, com toda a criação de um novo imaginário acerca do sexo, que não mais envolvia alegria e prazer, mas doença e morte, que a questão da pedofilia voltou a ser um tabu dentro da sexualidade.

Nos últimos anos da década de 1970, *Claudia* apresentou várias propagandas a respeito de enciclopédias sobre sexo. Muitas delas eram produzidas pela própria editora Abril, e poderiam ser enviadas às leitoras via correios. Esse foi o exemplo de a *Enciclopédia da Vida Sexual*, uma coleção de livros direcionada às crianças e aos adolescentes.

> A você e sua família uma enciclopédia sobre sexo que merece o nome que tem: Enciclopédia da Vida Sexual. Esta coleção responde a uma enorme quantidade de perguntas que vão surgindo naturalmente, seja nas crianças, nos adolescentes ou nos adultos.[31]

Esta coleção de livros era um meio de ensinar crianças, jovens e adultos acerca da sexualidade. A editora Abril percebeu a existência de um público para tais livros e de um interesse geral pelo assunto. Essa publicidade veiculada através da revista *Claudia* reafirmava que a educação sexual infantil era uma responsabilidade feminina. Apesar da busca pela naturalização do sexo, o envio dos livros pelos correios era uma forma de manter o anonimato. Provavelmente, preocupar-se em educar a família sobre as práticas sexuais ainda seria motivo de timidez para muitas das leitoras de *Claudia*.

---

31 Propaganda *Enciclopédia da Vida Sexual*, revista *Claudia*, fevereiro de 1978.

116 | *Gisele Bischoff Gellacic*

A masturbação, tanto a masculina quanto a feminina, foi considerada um grande interdito, em grande parte da história da sexualidade Ocidental. Considerada como o *pecado de Onã,*[32] a masturbação foi interditada ao longo da história por razões morais e médicas. Devido ao cuidado com o qual os poucos artigos lidaram com tal assunto nas revistas *Claudia* e *Nova,* a prática de prazer solitário ainda era um assunto delicado mesmo nas décadas de 1961 e 1985 e todo movimento de liberação sexual.

> Em uma época em que a sexualidade se encontra liberada, uma prática quase universal terá pouco sucesso ao tentar se limpar de sua carga de vergonha.[33] (BEDIN; JOURNET, 2013, p. 94.)

A masturbação feminina foi abordada na revista *Claudia,* de forma cautelosa, através de uma coluna chamada *Sexologia,* que vigorou ao longo do ano de 1980. Nota-se tal cautela quando a revista escreve na chamada do artigo como *Auto-erotismo,* e apenas ao longo do texto, em letras miúdas, utiliza-se a palavra *masturbação.* Em um tom bem científico, buscava-se quebrar antigos tabus e impedimentos morais sobre tal prática sexual.

> Infelizmente, ainda existe este estigma que envolve a masturbação, embora a situação tenha mudado e melhorado um pouco de um tempo para cá. A masturbação sempre foi considerada como um hábito pecaminoso (principalmente), doentio e triste [...] A masturbação em si é uma prática sexual como outra qualquer. Ocorre que nossa sociedade lhe dá várias conotações. Não é necessariamente sintoma de algum tipo de frustração [...] O conhecido Relatório de Shere Hite, que fez um amplo estudo a respeito do assunto, constatou (descobriu) que as mulheres se utilizam de seis maneiras diferentes para se masturbar [...] Em geral, as mulheres temem que o companheiro fique chocado,

---

32 Onã é um personagem bíblico do Antigo Testamento. Conta-se que ao ter relações sexuais com Tamar, Onã teria desperdiçado seu esperma na terra, e por isso não inseminou sua esposa, o que teria aborrecido Deus.

33 *À une époque où la sexualité se veut libérée, une pratique quasi universelle ne parvient que difficilement à se débarrasser de sa charge honteuse.* (Tradução da autora)

que interprete sua conduta como um atestado da incompetência da masculinidade dele. Mas isso nem sempre é realidade. A partir de um diálogo franco, a masturbação pode se transformar em um prazer a dois, num enriquecimento do relacionamento.[34]

Segundo o artigo, a prática solitária teria início ainda na infância dos meninos e das meninas, e que seguiria durante a puberdade e fase adulta. Através de uma ideia de que a sexualidade deveria ser algo igual para homens e mulheres, a revista *Claudia* abordou a questão com igualdade, indo de encontro à ideia de que a liberação sexual teria aproximado a sexualidade de homens e mulheres.

Os estudos e as pesquisas sobre sexualidade durante a segunda metade do século XX mostraram a trajetória e o percurso das mulheres e dos homens, assim como suas práticas, que tendem a se aproximar (BONZON, *op. cit.*, p. 63).[35]

Apesar da forma permissiva com a qual a *Claudia* abordou a questão e a igualdade de tais práticas entre homens e mulheres, a revista colocou que seria um temor feminino que a masturbação significasse a incompetência do homem em dar prazer à mulher. Interessante a postura de *Claudia* quando relatou que *nem sempre isso é realidade*, ou seja, que muitas vezes o homem era, de fato, incapaz de dar prazer à mulher. Outro ponto importante é a relação direta entre masculinidade e a capacidade de o homem dar prazer à mulher, que pode ser apontada como um dos ônus da própria liberação sexual aos homens.

...o "dever do orgasmo", sucedendo o "direito", que faz pesar uma dupla coerção: sobre a mulher, intimada a experimentá-lo

---

34 *Sexologia 2 – Auto-erotismo*, por Edith Elek Machado, em revista *Claudia* de agosto de 1980.

35 *Les études et les enquêtes sur la sexualité au cours de la seconde moitié du XXe siècle, montrent que les trajectoires et les parcours des femmes et des hommes, ainsi que leurs pratiques, tendent à se rapprocher.* (Tradução da autora)

118 | *Gisele Bischoff Gellacic*

> sob pena de ser taxada de frigidez, e sobre o homem, intimado a
> proporcioná-lo à sua parceira (CORBIN; COURTINE; VIGA-
> RELLO, *op. cit.*, p. 57).

Como vemos no documento acima, tenta-se tirar o estigma da masturbação como algo errado e pecaminoso, através da ideia de que a sexualidade
é algo *bom e natural*. O artigo ainda relata que, para muitos, a prática é vista
como *errada*, o que denotaria uma visão ultrapassada e até antiquada. Ao
abordar o relatório Hite, tenta-se dar um tom mais científico ao assunto,
além de demonstrar, através dos altos números de praticantes do prazer solitário, certa naturalidade. Ainda com o relatório Hite, o artigo de *Claudia*,
de forma educativa e até sugestiva, apontou as principais formas utilizadas
pelas mulheres ao se masturbar. Por fim, o artigo recomendava às leitoras
incrementarem suas relações com os parceiros através de tal prática. Nota-se
que *Claudia* utilizou a palavra *companheiro* e não *marido* para se referir ao
casal, o que já denota uma transformação na própria revista que, no início da
década de 1980 passava a cogitar o sexo fora do casamento, aproximando-se
da revista *Nova*.

A virgindade feminina foi, ao longo da história, investida de uma grande carga simbólica, moral e até religiosa, como um bom exemplo da intera-
ção entre a natureza e a cultura, quando atribuída tais cargas ao rompimento
do hímen na defloração.

> A "perda da virgindade" para um rapaz, hoje em dia, assim como
> desde os tempos imemoriais, continua sendo uma expressão impró-
> pria: para os rapazes, a primeira experiência sexual é uma adição, um
> ganho [...] Para as garotas, a virgindade é ainda considerada como
> uma entrega (GIDDENS, 1996, p. 61).

Durante as décadas analisadas, de 1961 a 1985, nota-se como a questão
da virgindade passou de interdito a um sinal de modernidade e de liberação.
Afinal, sua função primordial, a garantia de filhos herdeiros legítimos, foi
severamente abalada, através dos progressos médico-científico, principal-

Despindo corpos | 119

mente, através da invenção de mecanismos seguros à contracepção, como a pílula. Porém, outros fatores também se mostraram importantes,[36] como a perda da antiga importância da transmissão de bens aos herdeiros, e até a prática da adoção tornando-se algo frequente.

A revista *Claudia* foi a que mais abordou o tema durante o período analisado, enquanto a revista *Nova* trouxe, em raríssimos momentos, tais questionamentos. Entende-se essa ausência do assunto virgindade em *Nova* como um sinal da característica da própria revista, uma vez que, desde seu início, já abordava assuntos acerca da sexualidade de forma mais liberal; logo, a virgindade não parecia um tema de interesse às leitoras.

No artigo *O que pensam os homens sobre a virgindade* de janeiro de 1963, a revista *Claudia* abordou, pela primeira vez, o tema, e o anuncia na capa.

> Os homens de nossa época manifestam o seu juízo sôbre a mulher de hoje: querem a mulher – como os seus pais, como os seus avôs – sem um "passado". Esta é, na realidade, uma vitória para as mulheres: para aquelas que olham para a vida não apenas como se olha para uma máquina complicada e cansativa, mas como uma época rica, pródiga, quando no ar há o perfume das flôres [...] Trata-se da integridade física da mulher. Da castidade. Da virgindade [...] Havia, é mister confessá-lo, como uma ponta de desconfiança em todos nós que cuidamos dêste inquérito. Depois percebemos – com enorme prazer – que nos tínhamos equivocado. À medida em que colhíamos os dados, tornava-se cada vez mais clara a maioria dos "sim". E êsses significavam, não obstante tudo, que a mulher ainda é a de sempre nas suas relações com o homem com quem deverá se casar.[37]

---

36 Évelyne Sullerot em seu livro *Pilule, sexe et ADN: trois révolutions qui ont bouleversé la famille*, aponta os testes de paternidade através do DNA como um importante momento da liberação sexual, uma vez que também desculpabiliza a virgindade de sua carga moral. Porém, tais testes só seriam feitos no Brasil a partir da década de 1990, momento o qual esta pesquisa não compreende.

37 *O que pensam os homens sôbre virgindade* por Alessandro Porro, em revista *Claudia*, de janeiro de 1963.

120 | *Gisele Bischoff Gellacic*

As referências de *Claudia* sobre a virgindade, como se percebe no trecho acima, ainda eram as de décadas anteriores, quando esta era evocada e glorificada poeticamente. O artigo afirma ter entrevistado cerca de mil homens ao redor do Brasil, entre eles um padre, e os escritores Érico Veríssimo e Jorge Amado. Através de uma forma que se quer científica e talvez, por isso, irrefutável, utilizou-se uma tabela para compilar os dados. A revista demonstrou que poucos homens perdoariam se suas mulheres não fossem virgens ao iniciar um relacionamento. O uso da palavra "perdoar" denota que a perda da virgindade levianamente seria considerada uma falta ou um deslize de caráter, de honestidade, uma fraqueza. Entretanto, a própria revista apontava que existia uma dúvida quanto ao resultado de tal pesquisa, o que demonstra que, no cotidiano, já se viam casos de mulheres se iniciarem sexualmente fora de um relacionamento convencional. A postura de *Claudia* frente ao resultado da pesquisa mostra-se atrelada aos antigos padrões de sexualidade, uma vez que afirmava que era com *prazer* que via que a mulher ainda era a mesma de antes. Assim, a revista mostra-se completamente desfavorável a uma postura mais liberal em relação à virgindade.

É notável que, nos anos que se seguiram, a postura da revista *Claudia* mudaria dramaticamente em relação à virgindade, como vemos no artigo *Tudo o que você sempre quis saber sobre SEXO NO CASAMENTO* de setembro de 1977.

> É... alguma coisa mudou (e continua mudando). Felizmente, para melhor. – Virgindade da mulher é indispensável para a felicidade conjugal: Sim, se o casal (ou um dos dois) pensa dessa maneira. [...] Virgindade só não é considerado um problema quando tanto ele como ela consideram um detalhe secundário... – Até que ponto deve ir a intimidade entre namorados: É praticamente inevitável que duas pessoas que se entendem e se gostam sintam atração física e uma grande vontade de trocar agrados e carícias. Para certas moças e rapazes, essa intimidade antes do casamento é algo natural e que pode ser levado adiante – não importa até que ponto – desde que ambos o desejarem. Mas quem pensa assim é minoria. Na maioria

Despindo corpos | 121

das vezes existe uma relativa intimidade e... muitas dúvidas. [...] O
marido sempre percebe se a mulher teve experiências anteriores?
Teoricamente, o hímen intacto é prova de virgindade. Essa película em forma de anel que fecha parcialmente a entrada da vagina,
rompe-se quase sempre com um ligeiro sangramento e uma leve dor
na primeira relação. Daí se poderia concluir que na ausência desses
sinais, a moça não é virgem. No entanto, não é bem assim, visto que
algumas mulheres nascem sem hímen ou com hímen amplamente
desperfurado.[38]

A revista mostra-se a favor das mudanças e anuncia que uma delas diz
respeito à virgindade feminina. Para *Claudia,* a virgindade não era mais uma
obrigação moral da mulher, ao iniciar um relacionamento como em 1963.
E afirma que a intimidade de um casal, mesmo em sua fase de namoro, era
algo "normal". A revista ainda abordou que a postura de mais ou menos intimidade, que poderia chegar até ao ato sexual, dependeria apenas da vontade
do casal, ou seja, manter o recato não era mais uma imposição de ordem
moral e social. Outro ponto interessante é quando *Claudia* mostra, de forma
didática, que a ausência do hímen pode não significar que uma mulher não é
mais virgem. No trabalho de Yvonne Knibiehler (2012) sobre a virgindade
feminina, a historiadora aponta como uma característica durante a liberação
sexual, certa tendência a se desqualificar o hímen para se desproblematizar a
própria virgindade, tendência essa que aparece no referido artigo.

Este incidente provoca uma renovação dos discursos desqualificando o hímen. Não se define o hímen como uma membrana, mas
como uma pequena dobra ou uma mucosa, para reforçar sua fragilidade [...] Não se fala mais de defloração, que fantasia a existência

---

38   *Tudo o que você sempre quis saber sobre SEXO NO CASAMENTO*, em revista *Claudia* de setembro de 1977.

122 | *Gisele Bischoff Gellacic*

de uma flor imaginária, mas fala-se de perda...[39] (KNIBIEHLER, 2012, p. 205).

O artigo se refere ao hímen como uma película, o que denota sua fragilidade. Ainda utilizando a mesma lógica, refere-se ao momento da primeira relação como um *ligeiro sangramento e uma leve dor*. O uso de tais palavras *ligeiro* e *leve* mostram novamente a ideia de fragilidade e, consequentemente, desqualificam a perda da virgindade. *Claudia* ainda traz a informação de que existiam mulheres que nasciam sem o hímen, o que auxiliava nesse processo de desvalorização e desqualificação do momento da perda da virgindade. Dessa forma, a revista ensinava suas leitoras a desproblematizarem a própria questão da virgindade, ou mesmo, ensinava-as a terem argumentos para com seus pares, caso não ocorresse, de maneira esperada, o momento da primeira relação.

Ao longo das décadas analisadas, a questão da virgindade tornou-se mais e mais afastada dos antigos padrões morais. Um artigo de setembro de 1981 mostra-se com tal tendência, abordando como deveria ser a postura de uma mãe ao perceber que sua filha não era mais virgem.

> Sua filha não é mais virgem. É hora de apoiá-la. Num belo dia, você nota mudanças sutis no comportamento de sua filha. Nada de palpável, de objetivo. São percepções imprecisas, nebulosas, que trazem lá no gunfo a desconfiança que depois se transforma em certeza, de que ela, sua menina, conheceu as primeiras experiências sexuais [...] Confusão porque você sabe que o "crime" que ela cometeu foi seguir a natureza, contestando sua educação e usando o corpo que você lhe deu, perfeito, saudável, cheio de desejo [...] Prefere não tocar no assunto. E ela vive sozinha este momento tão tenso [...] Poucas mulheres vivem sua primeira experiência sexual com algo "enrique-

---

39 *Ce fait divers provoque un renouvellement des discours disqualifiant l'hymen. Il ne faut plus définir l'hymen comme un "membrane", mais tout au plus comme une petit repli ou une "muqueuse", pour insister sus sa fragilité [...] Il ne faut plus parler de "défloration", fantasme d'une fleur imaginaire, mais de "dépucelage"...* (Tradução da autora).

Despindo corpos | 123

cedor e tranquilo" [...] Perder ou não perder a virgindade não é mais um problema. Nem mesmo uma "perda". Moralmente, ninguém razoavelmente inteligente deixa de se casar com uma mulher que ama "porque ela não é mais virgem".[40]

Este artigo é revelador, ao demonstrar uma emblemática alteração na visão da virgindade, ao longo das décadas analisadas. Sem dúvida, todo o contexto de liberação sexual e corporal altera, significativamente, tal visão – que aparece estampanda nas páginas de *Claudia*. O artigo acima traz a problemática da virgindade juntamente com a educação sexual dos jovens, dois temas que já haviam sido considerados interditos em épocas anteriores. Através de uma forte ideia de que a sexualidade era algo natural, a revista desresponsabiliza a jovem que iniciou sua vida sexual fora de um relacionamento convencional. *Claudia* se dirige, durante todo o artigo, à mãe, aconselhando-a a apoiar a filha e ajudá-la a passar a experiência da primeira relação sexual sem grandes problemas. A perda da virgindade aparece, assim, como um *ritual de passagem*, da infância para a fase adulta, e por isso, caberia à mãe auxiliar a filha a compreender o novo momento e as mudanças que o acompanham.

A revista insinua, de forma até irônica, que, para muitas mães, a perda da virgindade seria algo comparável a um crime. Lembramos que a ideia de crime traz um imaginário acerca da virgindade, como se esta fosse, para alguns, uma contravenção ou uma violação de ordem moral e até penal. Porém a própria revista não acredita em tal visão, e afirma, que naqueles tempos, ninguém com certa inteligência atribuiria à virgindade uma carga moral, ou ainda, deixaria de se casar por tal razão. Implicitamente, o artigo mostra que a filha escolheu o momento da sua primeira relação, assim como escolheu seu parceiro, o que denota uma grande mudança na própria identidade feminina, uma vez que, em outras décadas, a perda da virgindade era uma formalidade, em que o mais importante era a consumação do casamento a obediência a determinadas regras sociais. A jovem, ao escolher quando e com

---

40   *Sua filha não é mais virgem,* em revista *Claudia* de setembro de 1981.

quem teria sua primeira relação, mostra um avanço da própria identidade feminina, uma vez que tem a liberdade para fazer tal escolha.

A postura de *Claudia* analisada através desses artigos mostra que a revista, como um reflexo da sociedade, passava por uma intensa transformação de valores relacionados à sexualidade. A efervescência das décadas de 1961 a 1985 demonstram como o antigo interdito da virgindade seria transformado e também desculpabilizado. Como um grande símbolo de tal transformação, a cantora Madonna lançaria, em 1984, um *hit* que alcançaria sucesso mundial, chamado *Like a virgin*, em que a intérprete exaltava como seu amado a fazia sentir, novamente, como uma virgem. No *videoclip* da música, a cantora aparecia com um vestido de noiva dizendo que havia sido usada e que tinha passado por maus momentos, mas que esse novo amor a fazia sentir *nova*, como se nunca tivesse sido tocada antes.

O imaginário acerca do sangue menstrual também seria alterado com a liberação sexual e corporal. Tanto o sangue menstrual como o da hora do parto era *tido por manifestações da violência interna* (BATAILLE, *op. cit.*, p. 77), como se tais fluidos fossem diferentes do sangue das veias e, por isso, manifestavam repulsa e nojo. As crenças, com relação ao sangue menstrual, aproximavam as mulheres da natureza e a afastariam da cultura, o que contribuiu para a construção social do gênero. Em muitas épocas, a existência do sangue menstrual serviu de justificativa para a interpretação de que as mulheres eram impuras e sujas. Até meados do século XIX e início do XX, dizia-se que a menstruação ocorria devido a feridas no útero, ou mesmo devido à presença de um verme que roía periodicamente, a parte mais sensível da mulher (LAQUEUR, 2001).

> ... a menstruação, por ser uma característica exclusiva e universal das fêmeas da espécie, constitui-se como um fator demarcador das diferenças, fator esse universalmente reconhecido pela cultura e apropriado na vida social. Sem dúvida, homem nenhum vivencia algo semelhante, razão pela qual menstruação se destaca como uma das principais características da biologia feminina em torno das quais se

constroem as noções culturais sobre as diferenças de gênero e se legitima a condição social da mulher (SARDENBERG, 1994, p. 335).

Durante as décadas de 1961 e 1985, a menstruação passam por uma importante mudança. Tal mudança alterou a forma de a própria mulher lidar com seu sangue mensal: de um incômodo e passaria a ser cada vez mais esquecida. Em fevereiro de 1964, a revista *Claudia* trouxe, em suas páginas, uma publicidade da empresa Johnson & Johnson, do cinto *Modess*.[41]

Figura 10 – Propaganda *Modess* – revista *Claudia* de fevereiro de 1964.

Com os dizeres: *Elas estão falando de seu bem-estar íntimo. Elas estão falando do Cinto Modess em V, que mantém o absorvente Modess na posição mais segura e correta. O cinto Modess com formato em "V" é feito do melhor elástico*

---

41 Propaganda Cinto *Modess*, em revista *Claudia* de fevereiro de 1964.

não enrola. O cinto Modess com formato em "V" é tão confortável e tão prático. Num tom de segredo, a propaganda mostra duas mulheres falando sobre o cinto *Modess*. Através de um desenho, o produto é apresentado também com grande discrição. O discurso publicitário aborda as qualidades do produto como sendo seguro, elástico, prático e confortável. Nota-se que, apesar da discrição, ao falar do assunto e do conforto garantido, a menstruação era algo a ser sentido pela mulher, principalmente através do uso do cinto. A ideia de que o sangue menstrual era um incômodo ainda estava implícito na propaganda, de forma que a utilização do cinto o amenizaria. Nota-se que a própria palavra *menstruação* não aparece em nenhum momento.

Alguns anos mais tarde, em 1968, a mesma empresa Johnson & Johnson trouxe a propaganda de outro produto, o absorvente descartável *Modess*.

Figura 11 – Propaganda *Modess* – revista *Claudia* de março de 1968.

Com os dizeres: *Sr. Balconista, uma caixa de Modess, por favor. Você tem vergonha de ser mulher? Peça Modess com o desembaraço de mulher moderna. Estamos na época em que você vive confortavelmente segura de si. O absorvente higiênico Modess faz parte dessa maneira de viver. E é econômico (custa menos que um par de meias). Modess é também encontrado em práticas embalagens de plástico; compre a de 30 sai mais em conta.* A propaganda trouxe a mesma temática, porém com mudanças. Ao incitar as leitoras a não sentirem vergonha ao pedirem o absorvente, a propaganda colocou-se bem diferente da analisada anteriormente, em que o próprio recato e discrição foram colocados como algo normal ao tratar do assunto. Outro ponto relevante é a questão do preço do absorvente, que a publicidade afirmara ser econômico. Essa abordagem leva a crer que muitas mulheres não utilizavam este tipo de absorvente devido ao preço mais elevado do que as demais formas, como as *toalhinhas* lavadas em casa. Ao perguntar à leitora se ela tinha vergonha de ser mulher, *Modess* trata a menstruação como algo natural da mulher. Assim, o sangue mensal deixaria, aos poucos, de ser um incômodo para ser algo normal da natureza feminina.

O ano de 1974 foi inovador em termos de absorventes higiênicos, devido aos lançamentos *Sempre Livre,* o primeiro aderente à calcinha, e *o.b.* o primeiro interno, ambos da empresa Johnson & Johnson. O absorvente *Sempre Livre* foi anunciado diversas vezes na revista *Claudia* e na revista *Nova*, utilizando argumentos que se direcionava a uma mulher moderna e ativa. Sua fita adesiva permitia à mulher movimentos que antes eram impossíveis com os antigos métodos absorventes. O próprio nome *Sempre Livre*, já faz referência aos tempos de liberação sexual e corporal, utilizando tal ideia com o intuito de ser mais atrativo às mulheres daquele tempo. O absorvente interno *o.b.* não seria diferente, como mostra a publicidade de abril de 1983.

Figura 12 – Propaganda *o.b.* – revista *Claudia* de abril de 1983.

Com os dizeres: *Você se sente melhor quando não sente a menstruação. Ser mulher é bom, é recompensante, mas é ela que uma vez por mês fica menstruada. E apenas ela é quem sabe por que a menstruação passou a ser encarada como a coisa mais natural da vida. Não mais uma dificuldade. Porque tudo ficou mais fácil com o.b. [...] Você é livre. Descubra a posição mais adequada para você. Use o.b. A única coisa que você vai sentir é que viver é bom demais.* Essa propaganda de *o.b.* aborda a questão da menstruação de forma distinta das demais analisadas. Para começar, a palavra *menstruação* aparece algumas vezes sem constrangimento, relacionada à questão da naturalidade. A antiga ideia de *incômodo* desaparecia, dando lugar a um sentimento de que *viver é bom demais*. A sensação de estar menstruada, que nos demais anúncios publicitários apareciam, dá lugar a uma ausência, ou seja, estar menstruada não devia ser um incômodo, e nem provocar nenhuma sensação, o san-

Despindo corpos | 129

gue mensal devia ser esquecido,[42] para dar lugar a outras sensações. Assim, a menstruação colocava-se entre um paradoxo: antes, como um incômodo, era posta como um constrangimento e uma vergonha, sendo que os próprios absorventes, devido a sua falta de praticidade e delicadeza, poderiam ficar expostos abaixo da roupa. Porém, algo é certo, a menstruação existia e era sentida de diversas formas.

Após todo o movimento de liberação sexual e corporal, a menstruação existia nas propagandas, nos artigos das revistas e até em discussões televisivas, porém, quanto mais aparecia nas falas, desaparecia do corpo. A sensação de estar menstruada deixava de ser um imperativo, a mulher não "podia" sentir que estava naqueles dias. A liberdade do corpo posta a partir das décadas analisadas coloca-se também como uma imposição, em que ser livre dos incômodos menstruais implicava um esquecimento de algo que definia o próprio corpo feminino.

A infidelidade masculina e a prostituição foram interditos em muitos momentos da história. Entre o final do século XIX e o início do XX, ter uma amante e/ou frequentar zonas de meretrício eram atividades comuns aos homens, e ainda um símbolo de virilidade. *Assim como ocorre com o casal padrão ocidental, que só oferece ao homem a escolha entre a virtude (a mãe, a esposa) e o vício (a prostituta)* (CORBIN; COURTINE; VIGARELLO, *op. cit.*, p. 51). Com a proposta de liberação sexual e corporal e com ela uma alteração na moral acerca da própria sexualidade, tais atividades mudariam consideravelmente. Os corpos sexualmente ativos, desde outros tempos da amante e da prostituta, tornar-se-iam modelos às leitoras de *Claudia* e de *Nova*. Em novembro de 1961, quando a revista *Claudia* iniciava sua publicação, já se anunciavam os novos tempos, a nova moral sexual.

---

42   A ideia de que a menstruação devia ser esquecida foi levada ao extremo quando alguns médicos afirmaram que esta não era natural. O médico-ginecologista Elsimar Coutinho é um dos grandes exemplos dessa tendência, e seu trabalho que implica em livros e palestras foram analisados pela antropóloga Daniela T. Manica em sua dissertação de mestrado *Supressão da menstruação: ginecologistas e laboratórios farmacêuticos re-apresentando natureza e cultura*, e em sua tese de doutorado *Contracepção, natureza e cultura: embates e sentidos na etnografia de uma trajetória*.

130 | *Gisele Bischoff Gellacic*

> A literatura de 60 anos atrás esmerou-se em apresentar 'a outra' como quintessência do que se convencionou ser 'feminilidade'. Era a vaporosa, a nevoenta, a misteriosa que apelava para a imaginação [...] Era a mulher livre com que não se teria maiores compromissos [...] Mas hoje as coisas se processam de modo diverso. Houve emancipação econômica trazida pelas circunstâncias. O patriarca desceu do pedestal. A mulher não pode mais deusificar, por que trabalha com êle ombro a ombro. [...] No sistema da vida moderna, tôda mulher pode ser a 'outra' [...] A mulher moderna, a que não visa 'ser para o homem' mas antes 'ser para si própria', perde tôda as suas características de sedução e mistério.[43]

No exemplo acima, nota-se que em meados de 1961 a ideia de liberação, e de que se viviam novos tempos já era colocada. O artigo aborda, de forma interessante, que, nesta forma de *vida moderna* que se apresentava, as mulheres assumiam novos espaços, sobretudo ao que se refere à participação ativa para a renda familiar. Porém, essa participação mais ativa seria o fim de um problema que há muito afetava os casais e a própria instituição do casamento: a infidelidade masculina. Segundo o artigo citado, a postura mais solta e mais ativa das mulheres levaria o homem a reconhecê-la através de características mais interessantes do que antes, quando ficava confinada no espaço do lar. Os homens, que antes buscavam tais características em outras mulheres, ficariam mais envolvidos e seduzidos, o que não o levaria a procurar outra mulher fora de casa. Assim, adotar posturas mais liberais assegurava um maior sucesso no casamento, mantendo o marido fiel e interessado apenas por sua esposa. Ter interesses próprios, que valorizassem a sedução e o mistério, porém não em exagero, seria a fórmula infalível para garantir a fidelidade do marido. O artigo ainda aponta que seria apenas quando o homem se sentisse ameaçado de seu posto de destaque, principalmente através das atitudes femininas, que ele passaria a se interessar somente por sua esposa. A figura da amante, que já havia sido tão execrada em outros tempos, como

---

43   *O que fazer com o marido infiel?*, A arte de ser mulher por Helena Silveira, revista *Claudia,* novembro de 1961.

o próprio artigo aborda, passaria a ser um exemplo de mulher que *prende o homem*. Nota-se que a adoção de uma postura mais liberal em relação ao casamento, e uma postura mais ativa em relação ao trabalho fora de casa, garantiria a fidelidade do marido, porém não para elas mesmas, mas para o sucesso da vida conjugal.

Além da figura da amante que viraria exemplo para as mulheres liberadas, a figura da prostituta também apareceria como um exemplo de feminilidade e de sexualidade. O artigo de *Nova* do ano de 1985, revelava que ainda nessa época, a entrevista com uma prostituta teria um caráter educativo às leitoras.

> "Se as esposas começassem a fazer sexo oral e anal, eu perderia metade de meus clientes", diz uma prostituta em São Paulo [...] Se as visitas forem constantes – de duas a três vezes por mês – deve existir aí algum problema que requer ajuda profissional, mas não de uma prostituta. Mas, se as escapadas forem esporádicas, os especialistas acham que é melhor ignorar e cuidar de sua vida, dando um pouco mais de atenção ao seu próprio desempenho na cama. E sempre que o desânimo e a irritação baterem, pense nessa boa notícia: embora os especialistas digam que a prostituição nunca vá desaparecer, diminuiu consideravelmente nesses últimos anos. O que prova que nós, as amadoras, devemos estar nos saindo bem.[44]

Esse artigo traz importantes considerações à questão da liberação sexual e corporal. Primeiramente, porque trouxe às leitoras conselhos sexuais de uma prostituta, mesmo que a própria prostituição já tivesse sido considerada como a grande inimiga da família e do casamento em décadas anteriores.[45] Agora em 1985, as prostitutas forneciam conselhos sobre posturas sexuais que as mulheres deveriam adotar para manter seu parceiro entretido. Outro caráter curioso seria a responsabilização da mulher caso seu companheiro procurasse as atividades de uma prostituta. Segundo a entrevista, isto só

---

44 *Prostitutas,* em revista *Nova,* agosto de 1985.

45 Sobre a questão da história da prostituição no Brasil ver *Os prazeres da noite* de Margareth Rago e *Meretrizes e doutores: saber médico e prostituição* de Magali Engels.

132 | Gisele Bischoff Gellacic

aconteceria se a mulher não tomasse uma atitude mais liberal, mais sedutora e mais permissiva no momento de intimidade. O artigo deixa claro que as leitoras deveriam aceitar que seus companheiros procurassem uma prostituta, e ainda, que este fato deveria promover uma reflexão nelas mesmas, para que prestassem mais atenção ao seu próprio desempenho na hora do sexo.

A liberação sexual, carregada de novas responsabilidades às mulheres, transporia o problema da prostituição do homem para a mulher. Em décadas anteriores, seria um problema masculino ter, ou, não uma amante, uma vez que tal postura era aceita socialmente. Agora, em tempos de liberação, o problema seria feminino, como uma necessidade, doravante a mulher dita liberada entender de sexo como uma prostituta.

Assim, a revista *Nova* tratou a liberação corporal e sexual como a mais nova forma de assegurar a fidelidade masculina, incitando suas leitoras a adotarem posturas sexuais ousadas, sem pudores ou problemas morais. O que nos levaria a pensar se de fato a revista *Nova* era a mais liberal, e em quais termos isto se dava, em relação à revista *Claudia*. Algumas pesquisas anteriores[46] abordariam *Nova* como um grande veículo da imprensa para a constituição da mulher liberal, diferentemente de *Claudia*, que ainda estava ligada aos antigos padrões, como o casamento e a constituição de uma família. De fato, a leitora de *Nova* preocupava-se com suas relações amorosas e sexuais com os homens, sendo esses seu marido, ou não. Já a leitora de *Claudia* era uma mulher casada e com filhos, mas ainda assim, preocupada com suas novas responsabilidades sexuais e corporais. Porém, a abordagem das revistas acerca da liberação não seria tão diferente em seus propósitos. *Nova* era mais liberal na utilização de palavras, e também nas imagens, porém, essa revista parecia não trazer tantas diferenças nos aconselhamentos e no estímulo a comportamentos considerados mais liberais.

---

46   Como exemplo deste tipo de pesquisa, indicamos o texto *Aí a porca torce o rabo* de Cynthia Sarti e Maria Quartim de Moraes (1980).

Capítulo 3
Seduzindo olhares, desnudando corpos

Como já abordamos nos capítulos anteriores, as tendências de liberação sexual e corporal trouxeram a necessidade de novos aprendizados sobre o corpo. E assim, uma ambiguidade foi criada através da imprensa feminina, sobretudo pelas revistas analisadas, a *Claudia* e a *Nova*. Por um lado, elogiavam-se os novos tempos, as novas possibilidades e os novos espaços que a sexualidade e o corpo feminino poderiam ocupar a partir de tais tendências. Por outro lado, com toda a ideia de legalização, naturalização e normatização dos corpos e das práticas sexuais, a liberação foi, aos poucos, tornando-se um dever. E mais do que isso, por meio de conselhos e sugestões, *Claudia* e *Nova* codificavam um roteiro prévio para amar. Esse roteiro permeava duas questões primordiais: a sensualidade e o enlace sexual dos corpos.

A sedução é diferente do charme, do *glamour*, do amor e até da beleza, seduzir é corromper o outro, ser capaz de transformar um *não* em um *sim*. Dessa forma, quando a sedução é bem realizada, é capaz de interferir e de manipular o outro, ao causar o desejo e a fascinação. *Seduzir é esperar, saber fazer esperar, criar um espaço de carência e assim, projetar um sonho* (HARRUS-REVIDI, 2007, p. 10).[1] Em grande parte da história, a sedução foi tida como uma prática, predominantemente, masculina, e foi marcada pela literatura de vários períodos através de alguns ícones consagrados, como Casanova, Don Juan e o Visconde de Valmont. Todos esses sedutores esta-

---

1 *Séduire, c'était attendre, savoir faire attendre, créer l'espace du manque afin que le rêve s'y projette.* (Tradução da autora).

vam preocupados em subverter a virtude feminina, para assim saborear sua conquista sexual. Porém, no momento em que a liberação sexual e corporal rompia os antigos paradigmas acerca da virtude feminina, a sedução também mudava.

> A "sedução", perdeu grande parte do seu significado em uma sociedade em que as mulheres tornaram-se muito mais sexualmente "disponíveis" aos homens do que jamais o foram, embora – e isto é importante – apenas mais como igual (GIDDENS, *op. cit.,* p. 96)

Dizer que a sedução foi uma prática, predominantemente, masculina não significa dizer que as mulheres não seduziam. Na verdade, historicamente todos seduziam, porém de formas diferentes. A sedução ativa das primeiras iniciativas e a conquista cabiam aos homens desde que o amor cortês foi instaurado por volta do século XII, e às mulheres coube a sedução passiva de espera e de resistência ao se mostrar pouco acessível (BOLOGNE, 2010). Nessa forma de sedução, os gêneros apareciam bem definidos: aos homens ativos cabiam as declarações de amor, as promessas de casamento e os elogios à mulher; às mulheres cabia não ceder facilmente, criar obstáculos, e ainda, valorizar seus dotes estéticos, uma vez que ter uma bela aparência era um importante instrumento de sedução feminina. Assim, nota-se que a sedução ativa masculina não precisava de artifícios como a feminina - o trabalho corporal era a grande marca desse tipo de sedução. Maquiagem, gestos, transparências, olhares, entre outros, mostram que, além de passiva, a sedução feminina estaria fortemente relacionada ao trabalho corporal.

Para as mulheres, ter uma postura ativa frente à conquista as colocava em um lugar de mulher mundana e sem virtudes, e assim, as desqualificava socialmente. Porém, em meados dos anos de 1960, por causa de todas as tendências de liberação, os antigos cânones da sedução foram abalados.

> A emancipação das mulheres, a revolução sexual, a cultura do lazer, da autonomia e da autenticidade, todos esses fatores arruinaram os

antigos protocolos da sedução, de agora em diante percebidos como hipócritas, sexistas e afetados (LIPOVETSKY, 2000, p. 54).

A postura passiva das mulheres frente à sedução masculina foi amplamente discutida pelos periódicos analisados, assim como o direito das mulheres em adotar uma postura mais ativa em relação à conquista amorosa. Levando em consideração nossa periodização da liberação sexual e corporal nas revistas analisadas, nota-se que, no primeiro momento, de 1961 a 1967, a revista *Claudia* ainda estava presa aos antigos protocolos de sedução, enfatizando a postura cometida e recatada das mulheres frente à conquista amorosa. No segundo momento, de 1967 a 1970, foram intensificadas as discussões sobre a postura mais ativa das mulheres na sociedade, principalmente com as imagens publicitárias carregadas de sensualidade. Percebe-se que a atitude mais ativa na sociedade reflete também nos mecanismos de sedução, uma vez que as mulheres eram convidadas a terem posturas mais ativas também na conquista amorosa. Principalmente na publicidade de *lingerie,* essa era a ideia estampada em grande parte das imagens e dos dizeres, como se a liberação sexual e corporal assegurasse às mulheres se tornarem ativas no momento da sedução, assim como na sociedade. No terceiro momento proposto, de 1970 a 1978, devido à censura da ditadura militar, na revista *Claudia* e, a partir desse momento na revista *Nova* também, discursos acerca da postura mais ativa frente à sociedade são silenciados, porém, as imagens publicitárias continuavam enfatizando uma postura mais ativa e sedutora das mulheres. No quarto momento proposto sobre a liberação nas revistas analisadas, entre 1978 e 1985, parece se consagrar a imagem da *mulher liberada* como uma mulher sedutora, envolvente e ativa frente à conquista amorosa e até às relações sexuais.

Assim, mais um paradoxo se colocou à liberação sexual e corporal, afinal, a ideia de *liberar* poderia dar a impressão de que tudo seria permitido, mas não era isso que se colocava, uma vez que existiam maneiras e formas corretas de se liberar.

> Um artifício da Modernidade faz passar por libertação dos corpos aquilo que não passa de elogio do corpo jovem, sadio, esbelto, higiênico (BRETON, 2011, p. 211).

Liberar o corpo, segundo a imprensa feminina, e, sobretudo a *Claudia* e a *Nova*, nunca significou ter a total liberdade de fazer o que quisesse sexualmente e sensualmente, ou ainda, não significava ter qualquer tipo de corpo. Pelo contrário, as revistas demonstravam, através de sua conversa amiga, as fórmulas, as posições, os gestos e as maneiras de ser *liberada*. E através desse paradoxo, a sedução e a postura ativa frente à conquista amorosa e ao ato sexual se impunham como obrigação. Mais do que isso, para ter o direito a uma vida de prazeres amorosos e sexuais, a leitora tinha o dever de ter um corpo liso, sadio, jovem, magro, esportivo e sensual. Assim, as mulheres eram instigadas a trabalhar e tratar o corpo para ter uma determinada aparência, para então, poder desfrutar das novas liberdades corporais e sexuais.

> Antes de 1960, "boa" e "ruim", enquanto termos aplicados às mulheres, correspondiam respectivamente a "não-sexual" e "sexual". Após a ascensão da pornografia da beleza e da revolução sexual pela metade, "boa" passou a ser "bonita-magra-portanto-sexual" e "ruim", "feia--(gorda)-portanto-não-sexual (WOLF, 1992, p. 216).

Dentro dessa liberação proposta pelas revistas *Claudia* e *Nova,* estabeleceram-se verdadeiros roteiros corporais, cuja principal função era ensinar as mulheres como ter um corpo passível de ser liberado, e como agir ativamente frente à sedução e à relação sexual.

No momento histórico em que reprodução e sexualidade são separados, ter um corpo atraente, certos atributos como beleza, *sex appeal,* charme, saber se vestir, e assim, aparentar competência sexual, tornam-se uma forma de poder. Através da já consagrada ideia de Pierre Bourdieu sobre o capital simbólico, poderíamos analisar esse contexto de liberação sexual e corporal, por meio do de um *capital erótico*, compreendendo-o como um conjunto de atributos individuais que permite uma distinção social e a obtenção de certo *status* perante os demais. E assim, ter o corpo marcado pelos signos da liberação sexual e corporal poderia garantir às mulheres uma maior inserção no mercado de trabalho, e até permitir um maior sucesso nas conquistas amorosas.

Doravante a ideia de uma feminilidade construída historicamente, ou ainda da feminilidade como um conjunto de *performances* identificadas culturalmente, como *de mulher* já proposta anteriormente, através das ideias da filósofa Judith Butler, a constituição de corpos femininos liberados criaria a necessidade de novas aprendizagens e de responsabilidades. A imprensa feminina, como um manual de como exercer a feminilidade, acompanhou os novos tempos, e tornou-se um importante veículo das novas normas de um corpo liberado. Nesse capítulo, veremos quais seriam essas novas aprendizagens e *performances* de feminilidade, que iam desde novas formas de tratar e mostrar o corpo, até o estabelecimento de novos roteiros para amar e seduzir. Para tudo isso ser possível, houve a necessidade de uma transição no que seria a própria sexualidade, que deixava de ser vista apenas por seu caráter biológico e reprodutor, para ser um envolvimento erótico e sensual dos corpos.

Corpos sensuais

> A "liberação" do corpo se faz sob a égide da higiene, de um distanciamento da "animalidade" do homem: seus odores, suas secreções, sua idade, sua fadiga, seus proscritos (BRETON, op. cit., p. 208 - 209).

Os dizeres de David Le Breton são pontuais no que se refere à liberação sexual e corporal, uma vez que o corpo que se libera não é qualquer um. É um corpo trabalhado, jovem, sadio, liso, limpo, sedutor etc. As revistas analisadas tornaram-se um importante veículo para aconselhar e sugerir as mudanças e os saberes necessários para que as leitoras alcançassem os novos ideais da liberação corporal e sexual.

Claudia e *Nova* difundiram os novos saberes através dos artigos e da publicidade, sobre os quais identificam-se dois mecanismos: aqueles que ensinam as leitoras a terem corpos sensuais e aqueles que trazem ensinamentos sobre o corpo. Por meio da análise da revista *Claudia*, por ter sido publicada

138 | Gisele Bischoff Gellacic

anteriormente à *Nova*, nota-se que, de seu início em 1961 até meados de 1967, os artigos e as publicidades veiculados pelo periódico se mantiveram atrelados aos antigos paradigmas, quando o recato e a virtude eram características priorizadas no comportamento feminino. A partir de 1967, a publicidade passava a ser mais ousada, convidando as leitoras a terem posturas mais ativas frente à conquista amorosa que, muitas vezes, era definida através de um corpo atraente ao olhar masculino. Já os artigos, provavelmente devido à censura vigente, demoram um pouco mais, mas mesmo assim, a partir de 1969, esses também propuseram posturas mais ousadas a suas leitoras. Como a revista *Nova* foi publicada em 1973, ou seja, após o momento de tal mudança, não notamos a mesma transição que em *Claudia*, e assim, *Nova* aparece já como divulgadora das posturas tidas como liberais frente à sexualidade e ao corpo.

Os movimentos contestadores da antiga ordem da família nuclear, dos antigos formalismos acerca das relações amorosas, e da própria função social feminina, ocorridos, sobretudo, no final da década de 1960, foram grandes responsáveis por todas essas mudanças. Porém, muitos deles, ao propor uma maior participação feminina, principalmente com a inserção no mercado de trabalho, estavam também incentivando a maior exposição e erotização do corpo feminino. Assim, a sexualidade servia como meio pelo qual os corpos e as próprias mulheres eram liberadas.

> Para muitos especialistas, a sexualidade feminina servia de material bruto o qual a feminilidade natural e saudável era derivada. A sexualidade feminina prometia revelar a verdade nunca antes trazida da essência feminina, o centro da inabalável verdade sobre as mulheres (GERHARD, op. cit., p. 14).[2]

---

2   *For many experts, female sexuality served as the raw material from wich a natural and healthy feminity was derived. Female sexuality promised to reveal, yet never fully delivered, the essence of womanhood, the kernel of unchanging truth about women.* (Tradução da autora).

Assim, quanto mais se propunha a participação ativa das mulheres no mercado de trabalho e nos espaços públicos, mais a sexualidade era discutida abertamente.

> De um lado, uma lógica moderna, concretizada na estética do corpo esbelto, nas pernas longas, no 'keep smiling', num 'sex-appeal' desdramatizado e lúdico. Do outro, uma lógica de essência tradicional, recompondo uma 'mulher-objeto' definida por atrativos eróticos em excesso (peito, nádegas e poses provocantes), uma feminidade que evoca mais o 'repouso do guerreiro' do que a afirmação de uma identidade feminina autônoma (LIPOVETSKY, *op. cit.*, p. 175).

Logo, lidar abertamente com as questões acerca da sexualidade tornou-se símbolo da *mulher liberada*. E não era apenas falar e fazer sexo que se tornavam símbolos de emancipação, mas todos os nexos referentes a esses atos, como mostrar mais o corpo, ser descontraída e ter um corpo sensual. As revistas *Claudia* e *Nova* ensinavam, ao longo de suas páginas, todas as formas de suas leitoras alcançarem os novos preceitos de um corpo *livre e sensual.*

As diferenças já comentadas anteriormente sobre a natureza das revistas analisadas eram mantidas, ou seja, a revista *Claudia* falava à suas leitoras com maiores pudores, diferente da *Nova* que falava mais abertamente sobre a sexualidade. Apesar de tais diferenças, a publicidade veiculada nas duas revistas era mais ousada, provavelmente, devido a certa proteção que tinham do próprio governo repressor do período. Afinal, os artigos das revistas passavam por uma severa censura, diferente da publicidade que, devido ao estímulo à economia incentivada pelo governo vigente, tinha maior liberdade ao tratar de tais assuntos.

Muitas marcas de *lingerie* divulgavam suas publicidades nas revistas analisadas, dentre elas Valisère, Du Loren, De Millus, Hope e Darling. A Valisère é a mais antiga, fundada na França em 1913 e trazida ao Brasil em 1934 pelo grupo Rhodia. A De Millus e a Darling foram criadas no pós-guerra por imigrantes recém-chegados ao Brasil, em 1947 e 1949, respectivamente. Já as marcas Du Loren e Hope surgiram durante a década de 1960, incentivadas pelo avanço econômico do período já mencionado anteriormente. Todas essas marcas veicularam sua publicidade na revista *Claudia* e na *Nova* e, apesar de algumas especificidades, as propagandas utilizavam, em seus dizeres e imagens o ideal do corpo liberado para vender seus produtos.

A marca Darling parece ter sido uma das pioneiras, ao utilizar a sensualidade como principal apelo publicitário, em detrimento dos antigos apelos que enfatizavam a elegância e o bom-gosto.

> Em contraposição ao ideal da domesticidade da Mulher-Valisère, a Mulher-Darling é mais moderna, demonstra espírito de liberdade e comportamento de contestação, típico do feminismo da época (PEDRO, 2005, p. 97).

Em abril de 1967 a revista *Claudia* veiculava uma instigante propaganda de Darling que se colocava entre os ideais supracitados.

Figura 13 – Propaganda Darling – revista *Claudia* de abril de 1967.

Despindo corpos | 141

Com os dizeres: *Calma!... Os novos soutiens Darling são mais leves, quase transparentes, se adaptam naturalmente ao seu corpo, é a nova maneira de torná-la mais jovem e atraente, é certo que V. terá que se defender! (mas não exagere!).* A propaganda já trabalhava com alguns dos ideais propostos pela liberação sexual e corporal, porém, com certos cuidados. Uma parte de seus dizeres mesclava uma meia-transparência e pedia à leitora que não exagerasse, o que a torna ambígua. Afinal não deixa claro o que não deveria ser exagerado: seria a transparência, a postura de um corpo jovem e atraente, ou ainda, não ser tão defensiva? E mais: a propaganda não deixava claro por que ou de quem a leitora deveria se defender.

Ao analisar segundo os ideais de liberação corporal e sexual, podemos interpretar os dizeres da propaganda como um importante divulgador de seus ideais. Ter um corpo jovem e atraente se impunha, aos poucos, como alguns dos pressupostos do corpo liberado, e assim, seria utilizado para vender a *lingerie*, pois ao utilizá-la expressava a *nova* forma de realçar tais características. Podemos relacionar também que tal postura seria muito ousada na época, afinal a propaganda pedia que as leitoras tivessem calma, supostamente ao tornarem seus corpos tão jovens e atraentes. Além disso, a afirmação de que as mulheres, ao utilizarem tal *lingerie* deveriam se defender, dava a impressão de que, ao vestir a roupa de baixo, teria que se proteger das investidas masculinas. Ao colocar a ideia de não exagerar, podemos entender que essa postura poderia se referir ao corpo atraente, ou seja, para que a leitora não exagerasse e assim, tivesse um corpo demasiadamente atraente. Provavelmente, essa ideia ainda se refira aos antigos paradigmas relacionados ao corpo feminino de recato e discrição. Além disso, poderíamos interpretar que a ideia proposta de não exagerar no poder de atração, tenha referência às investidas masculinas, o que significa que a marca Darling sugeria que as mulheres ficassem mais a vontade frente à conquista amorosa. Talvez, não criando tantos obstáculos e tantas resistências frente à conquista, demonstraria uma mudança significativa no jogo de sedução. Aos poucos, a sensualidade conquista um lugar de valor extremo, e a elegância se retrai um pouco. É como se o apelo sexual invadisse o espaço de elegância, pelo menos, em parte.

142 | *Gisele Bischoff Gellacic*

A imagem veiculada pela propaganda também é reveladora: uma mulher de *lingerie*, que esconde seu rosto com um chapéu, utilizando um cinto com uma arma tipicamente de um *cowboy* norte-americano. Talvez, essa forma masculina da modelo represente esse momento de transição, em que as mulheres mais ativas frente à sedução, seriam vistas como masculinizadas.

> Enquanto uma mão segura o chapéu, a outra agarra o gatilho de uma arma presa à cintura, sugerindo necessidade ou predisposição à defesa; aspecto este reforçado pelo texto [...] Enquanto o texto sugere uma reação certeira e defensiva da mulher, o ocultamento de seus olhos impede tal atitude, uma vez que ela está privada de enxergar o que está a seu redor. Por outro lado, a arma – objeto fálico – em direção à genitália, é encaminhada pela mão da modelo, o que pode insinuar o domínio de sua sexualidade (PEDRO, *op. cit.,* p. 101-102).

Assim como nos dizeres, a imagem da propaganda mostra-se ambígua: ao mesmo tempo em que coloca a modelo em um traje tipicamente masculino, coloca-a cercada de moralidade através de sua face escondida, e ainda, quando notamos a arma como símbolo fálico direcionada à genitália da modelo. Essa propaganda veiculada na revista *Claudia,* em abril de 1967, é reveladora, mostrando-se através de ambiguidades, entre dois tempos, entre a moral ainda atrelada à domesticidade, e outra, ligada as novas propostas de liberação sexual e corporal. *No final dos anos 1960, considera-se o erotismo um valor positivo* (COULMONT, 2007, p. 17),[3] e assim, consagra-se no espaço da mídia, no espaço público, quebrando antigos paradigmas e interditos acerca da sexualidade.

Com o passar dos anos, as propagandas perderam tais ambiguidades, mostrando-se claramente submersas na nova moral de sedução proposta pela liberação sexual e corporal. Dez anos depois, ainda na revista *Claudia,* era veiculada em suas páginas outra publicidade de Darling.

---

3   *À la fin des années 60, l'érotisme est consideré comme une valeur positive.* (Tradução da autora)

Despindo corpos | 143

Figura 14 – Propaganda Darling – revista *Claudia* de setembro de 1977.

Com os dizeres: *Matéria-prima para ser sexy você já tem. Só falta usar esta sugestão da Darling. Seguindo este conselho, você vai ficar igualzinha aquelas mulheres que aparecem no cinema e vem os homens suspirarem na platéia. Esta sugestão de Darling mantém tudo firminho, não tira nada sua liberdade, e deixa seu corpo respirar livremente. O segredo de ficar mais sexy é este: você entra com a matéria-prima, a Darling com o complemento.* Nessa propaganda de Darling de setembro de 1977, a ideia de um corpo atraente aparece de forma clara. Por meio da palavra inglesa *sexy*, que já mostra a influência norte-americana na cultura brasileira, o anúncio demonstra que a finalidade do uso da *lingerie* era ser um complemento ao corpo feminino. A ideia de o corpo feminino ter a matéria prima necessária para se tornar *sexy*, remete à outra ideia, de que o corpo, através do determinado trabalho, se tornaria *sexy*. Isso significa que o corpo feminino por si só não seria *sexy*, mas teria o potencial para sê-lo, se fosse corretamente trabalhado. O uso da *lingerie* é identificado através do anunciante como um dos mecanismos para tornar o corpo feminino *sexy*. Os dizeres da propaganda também acentuam sua capacidade de sedução, quando utiliza o exemplo das atrizes de cinema sendo

144 | *Gisele Bischoff Gellacic*

um exemplo de mulher *sexy*, e que sabiam deixar os homens suspirando. Ao propor tal relação, a propaganda pode estar se referindo não só às atrizes de *Hollywood,* mas também às atrizes de filmes pornográficos, lembrando que esse é um gênero com grande difusão no Brasil durante o período. E assim, a propaganda propõe a ideia de que, ao utilizar a *lingerie,* certa e deixando o corpo *sexy*, a leitora tornar-se-ia também irresistível aos homens. Apesar de a propaganda remeter às propostas de liberdade já trabalhadas no capítulo anterior, anunciou uma importante característica: o trabalho com o corpo tendo a finalidade de torná-lo *sexy* não seria propriamente para a liberdade das mulheres, mas sim para causar o deslumbre aos homens.

> Essas mulheres da publicidade apresentam uma junção de visuais: elas são exemplos de mulher feminina que produz a vontade de 'ser' (das mulheres), e o desejo de possuir (pelos homens). Os atributos da feminilidade que são defendidos são os mais tradicionais: primeiramente a beleza, que deve ser a principal preocupação de toda mulher, e se fazer desejável sexualmente pelos homens (PIETRUCCI; VIENTIANE; VINCENT, 2012, p. 31).[4]

Transformar o corpo em espetáculo para os olhares masculinos parece ser um dos principais argumentos utilizados pelas propagandas da época, ao venderem artigos especificamente femininos. O que faz voltarmos, novamente, à ideia de que a liberação sexual e corporal, apesar de buscar dar maior visibilidade e emancipar as mulheres, criou novas formas de aprisionamento.

A imagem mostra a modelo com um conjunto preto, com forte transparência nos seios. Na propaganda anterior, a transparência foi sugerida apenas nos dizeres, mas, nessa ela já aparece na imagem. Sua expressão é séria e sedutora, olhando diretamente para o leitor, nada camufla seu rosto. Suas mãos

---

4   *Ces femmes-publicité sont des injonctions visuelles: elles donnent l'exemple de la femme féminine qu'il faut désirer être (pour les femmes), et qu'il faut désirer 'posséder' (pour les hommes). Les attributs de la féminité qu'elles défendent sont tout à fait traditionnels: en premier lieu la beauté, qui devrait être la préoccupation prioritaire de toute femme, et le fait d'être désirable sexuellement par les hommes.* (Tradução da autora)

tocam seu corpo na cabeça e no quadril. Para Erwin Goffman (1987), essa é uma tradicional pose feminina que demonstra que o corpo é algo delicado e precioso. A posição recostada da modelo também demonstra uma tradicional representação do corpo feminino que denota certa passividade sexual. Nessa imagem, apesar da postura insinuante da modelo, permanece o ideal do corpo erótico como espetáculo para os olhares masculinos.

A Lycra, como fio símbolo da liberação sexual e corporal, também adotou a ideia de ser um complemento do corpo para torná-lo *sexy*, como mostra a propaganda da revista *Claudia* de maio de 1977.

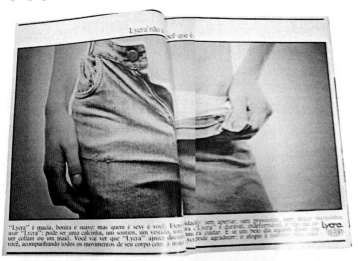

Figura 15 – Propaganda Lycra – revista *Claudia* de maio de 1977.

Com os dizeres: *Lycra não é. Você que é. Lycra é macia, bonita e suave: mas quem é sexy é você [...] Se alguém disser "Lycra é sexy", pode agradecer: o elogio é todinho para você*. Na propaganda de Lycra, a ideia de que a *lingerie* era o complemento ideal para um corpo *sexy* aparece novamente. Incitada pela capacidade elástica do fio, a publicidade valoriza a ideia de delinear o corpo feminino, como se corpo liberado devesse aparecer, mesmo sob a roupa. Além dos dizeres, a imagem veiculada demonstra um quadril feminino, coberto por uma calça *jeans* desabotoada, o que torna visível a *lingerie* por baixo. Mais revelador do que a própria calcinha, o uso da calça *jeans* pela modelo é um sinal dos tempos de liberação, que permite às mulheres usarem calças, e, sobretudo as do tecido jeans que já haviam sido relacionadas à rebeldia e à transgressão dos valores mais tradicionais. Além disso, a foto publicitária enfatiza apenas a parte do quadril, o que reforça a mulher como um objeto sexual, uma vez que utiliza apenas uma parte do corpo feminino, desumanizando-o.

Assim como a propaganda anterior, a publicidade de Lycra também remete à ideia de que o corpo feminino já era a matéria prima necessária para ser *sexy*. Essa postura denota a necessidade de um aprendizado sobre o corpo, que deveria ser lapidado através do uso da *lingerie* e outros cuidados para assim ser identificado como *sexy*.

Apesar do reinado da Lycra nas *lingeries* como símbolo da mulher liberada, outros tecidos tentaram através da publicidade, mostrar sua capacidade em ser também um complemento para tornar o corpo feminino *sexy*, como a propaganda da *lingerie* de algodão veiculada pela revista *Nova* em outubro de 1976.

Figura 16 – Propaganda Hering – revista *Nova* de outubro de 1976.

Com os dizeres: *Tão bonita, tão atraente, tão sexy como qualquer outra. Só que é de algodão. De repente inventaram que o algodão não estava mais na moda. E começaram a prevalecer as calcinhas de sintético. Diziam que elas eram mais atraentes, mais sexy. Se você ainda acha isso, examine as calcinhas de algodão Hering. Elas têm os padrões mais bonitos e os desenhos mais atuais. E mais: como são feitas com fio penteado de algodão, são macias, acompanham os movimentos do corpo, não provocam alergias e duram muito. Vista uma calcinha Hering. Você vai ficar muito, muito sexy.* Essa propaganda veiculada pela revista *Nova* tentou, com bastante recato, propor que a utilização de uma *lingerie* de algodão também poderia ser um complemento para tornar o corpo *sexy* e atraente. Porém, muitos traços da antiga moral de domesticidade, trataram a *lingerie* como mais um objeto, um complemento da utilidade doméstica, como a valorização do algodão sendo antialérgico e durável. Mesmo assim, a propaganda tentou vender a ideia de que calcinhas de algodão seriam tão *sexy* quanto a de tecidos sintéticos, o que faria uma referência direta à lycra. Outro aspecto que demonstra esse recato é a imagem veiculada que, diferente da maioria das publicidades da época, que usavam fotos ousadas com modelos vivas, mostrou um manequim usando calcinha.

Nota-se através das propagandas de *lingerie,* a transformação do corpo feminino, que antes, ligado à antiga moral da mulher como mãe, esposa e dona de casa, tratava o corpo como um complemento da utilidade doméstica – algo entre o eletrodoméstico e a roupa de cama, ou ainda, entre as panelas e a toalha de mesa. Assim, a *lingerie* era mais um objeto utilitário para revestir esse corpo que complementava a vida doméstica. A partir das tendências de liberação sexual e corporal, impõem-se ao corpo feminino o dever de ser atraente, e a *lingerie* passou a ser o complemento ideal, valorizando as curvas e as formas, e insinuando através das transparências.

Mas, não foi apenas com as *lingeries* que se buscava ter um corpo sensual. Alguns grandes ícones da beleza feminina, como a busca pela magreza e pela juventude, continuaram com grande força. Porém, agora, esses ícones eram vendidos pela publicidade, através do ideal de um corpo sensual. Não se falava mais na cândida beleza, que aproximava a mulher a uma divindade,

148 | *Gisele Bischoff Gellacic*

mas sim, porque adotar tais preceitos fariam do corpo feminino mais sensual e mais erótico.

> No século passado, as representações da mulher eram ordenadas principalmente em torno da oposição de dois grandes estereótipos clássicos: a pureza e a luxúria, o anjo e o demônio, a beleza virginal e a beleza destruidora. [...] Essa bipolaridade antinômica dos tipos femininos perdeu seu caráter central apenas a partir do segundo terço do século XX: começa então a época da mulher-fatal (LIPO-VETSKY, *op. cit.*, p. 172)

Nesse momento, novos ícones de beleza apareceram e chamaram a atenção, são eles a depilação, a higiene íntima, os cremes corporais e os bronzeadores. Todos eles se tornaram fortes aliados na busca por um corpo sensual e liberado.

A higiene íntima foi um assunto vastamente abordado na publicidade, entre 1961 e 1985, nas revistas *Claudia* e *Nova*. A partir de 1968, os desodorantes íntimos apareceram com muita força nos periódicos analisados, demonstrando que a mulher que buscava liberar sua sexualidade e seu corpo deveria preocupar-se com tais cuidados de higiene. É interessante notar que a busca pelos desodorantes íntimos, talvez, remeta a uma ideia de outrora que as mulheres, principalmente em sua área genital, eram sujas. Nota-se que, para as mulheres se tornarem liberadas, sexualmente e corporalmente, necessitava-se de um conhecimento dos órgãos genitais, de suas formas e de seu funcionamento. Além disso, uma mulher liberada deveria conhecer e cuidar de sua intimidade, com o que havia de mais moderno – no caso das propagandas observa-se que seriam esses desodorantes os responsáveis pela higiene mais íntima. Em agosto de 1968, a revista *Claudia* veiculava um exemplo dessas propagandas.

Despindo corpos | 149

Figura 17 – Propaganda Intim's – revista *Claudia* de agosto de 1968.

Com os dizeres: *Intim's permite horas íntimas de consciente e agradável feminilidade. As mulheres mais avançadas já sentiram o que Intim's é... Intim's realmente é o desodorante íntimo que você aguardava. Vaporizado após o banho, assegura por muitas horas aquêle agradável frescor e aquela sensação de limpeza e bem estar que seu capricho pessoal exige. Use Intim's e revele o seu segrêdo as amigas mais íntimas. O privilégio de sentir-se mais confiante na sua sedução pertence a mulher de hoje. Nôvo desodorante em spray. Para a higiene íntima da mulher moderna.* Os dizeres da propaganda realçavam a ideia de que tal cuidado íntimo era direcionado a mulheres avançadas e modernas, ou seja, as mulheres que tratavam seus corpos através das tendências de liberação sexual e corporal. Além disso, o desodorante também afirmava ser, assim como as *lingeries*, um complemento ao corpo e à sedução. Logo, o corpo da mulher liberada aparecia como um corpo em formação, algo que não está pronto, a não ser que se tomassem as medidas necessárias.

A imagem publicitária mostra uma mulher completamente nua de costas, cujo rosto é poupado. A ideia de veicular uma modelo completamente nua em uma propaganda de desodorante íntimo, pode significar que, para se mostrar em tal grau de naturalidade, havia a necessidade de cuidados constantes. Assim, não seria qualquer corpo que poderia se apresentar nu, mas apenas aqueles que fossem cuidados dentro dos novos preceitos de higiene, e que se identificassem aos ideais de liberação sexual e corporal.

Alguns anos depois, em 1976, a revista *Nova* trouxe mais uma propaganda de desodorante íntimo, reforçando muitos dos ideais já abordados pelo anúncio anterior.

Figura 18 – Propaganda Cosamea – revista *Nova* de outubro de 1976.

Com os dizeres: *Use Cosamea todos os dias. É na intimidade que se conhece uma mulher. A sua segurança começa na hora em que você resolve os seus problemas de mulher. Por isso criamos Cosamea. Um desodorante íntimo tão suave como a área mais sensível do seu corpo. E que lhe garante toda a proteção que você precisa no seu dia-a-dia, e nas horas que você quer se sentir-se ainda mais mulher.* Os dizeres dessa propaganda são reveladores, principalmente com relação ao ser mulher. Ao afirmar que é, na intimidade, que se conhece uma mulher, o anúncio publicitário demonstra que a limpeza das áreas íntimas seria primordial para conhecer essa mulher. Além disso, a ideia de que o desodorante dava proteção a própria mulher, traz uma indagação. Proteção de que, exatamente? Para interpretar tal questão, voltamos à ideia de que a sujeira era uma matéria fora de lugar, o que pressupõe que a própria vagina da mulher estaria, de alguma forma, fora de lugar. Afinal, a proposta do desodorante seria a proteção contra o próprio corpo. Mais um paradoxo coloca-se frente à liberação sexual e corporal, quando a área mais íntima do corpo feminino, parece estar inserida em tal lógica que não poderia estar *livre,* mas controlado através de cuidados específicos. A compulsão por provar a limpeza, ora da casa, ora do corpo, parece aprisionar as mulheres a uma preocupação incessante. Naomi Wolf, em seu livro *Mito da beleza* (1992), afirma que não importa quão bem sucedida a mulher seja, seu descontentamento em relação ao corpo é iminente.

> *Imagens que transformam as mulheres em objetos ou que dão valor erótico à degradação das mulheres surgiram para contrabalançar a recém-adquirida confiança das mulheres* (WOLF, *op. cit.,* p. 188).

Se, grande parte das mulheres da primeira metade do século XX, estava confinada às suas casas, a mulher do pós-anos 1960 é confinada em seu corpo, e esse, deve ser trabalhado e cuidado, incessantemente, para se adequar aos novos ditames. A liberação sexual e corporal contribuiu fortemente com tal tendência, transformando as liberdades conquistadas em um grande paradigma frente aos novos deveres que também se seguiram.

Ainda analisando a publicidade, a imagem veiculada trouxe a foto de uma modelo sentada em uma cama coberta por lençóis de seda, com os quais ela cobre seu corpo. Através de uma cena de intimidade, apesar de não estar explícito nos dizeres da propaganda, parece que a modelo espera seu com-

152 | *Gisele Bischoff Gellacic*

panheiro. A relação entre higiene íntima e a sexualidade aparece sugerida através da imagem. Porém, em um artigo da revista *Claudia* de 1979, essa ideia tornou-se mais explícita.

> *Para um casal ter uma vida harmoniosa e feliz, muita coisa precisa estar em ordem. Há uma série de incompatibilidades a resolver em todos os aspectos da vida a dois, e, no plano sexual, ainda é necessário vencer interferências de traumas que cada um possa ter sofrido no passado [...] Por isso, é sempre importante o papo, o relaxamento e, principalmente, a higiene mental. No entanto, existem também alguns detalhes que à primeira vista podem parecer insignificantes. Você já pensou alguma vez que a higiene íntima pode influir (e muito) na vida do casal?*[5]

No artigo acima, a higiene íntima é relacionada à vida do casal, como se fosse um complemento e uma necessidade para se alcançar a satisfação sexual. Aliado à cumplicidade e ao relaxamento, os cuidados íntimos eram vistos como essenciais para a vida a dois. E como essa preocupação está sendo apresentada em uma revista direcionada ao público feminino, nota-se a importância desse tipo de cuidado, sobretudo às mulheres. Ao longo do artigo, a higiene íntima aparece como uma responsabilidade mais feminina do que masculina, e esse tipo de cuidado garantirá a segurança pessoal e o melhor desempenho sexual.

Outra importante característica para o corpo que buscava se adequar aos ideais de liberação sexual e corporal era a depilação. Os pêlos corporais tiveram, em grande parte da história, uma atenção especial em relação aos cuidados de beleza (AUZEPY; CORNETTE, 2011). Muitas vezes, foram importantes sinais de diferenciação dos gêneros. Nas mulheres, nota-se que os pêlos foram, muitas vezes, relacionados a um aspecto selvagem do corpo, e por isso, na arte os artistas buscaram, na maior parte das vezes, camuflar os pêlos femininos, sobretudo os pubianos.[6]

---

5   *Importância da higiene íntima em revista Claudia*, janeiro de 1979.

6   Será apenas no século XIX e o advento do Realismo na arte, que algumas obras retratarão as mulheres com os pêlos corporais. O maior ícone dessa tendência será o

Despindo corpos | 153

As práticas de depilação feminina são ligadas ao grau de exposição do corpo da mulher (PIETRUCCI; VIENTIANE; VINCENT, *op. cit.*, p. 41),[7] e assim, foi, a partir dos anos de 1960, que tal atividade ganhou maior destaque nas propagandas das revistas analisadas. Em 1972, a revista *Claudia* anunciava o Ladyshave, um aparelho específico para a depilação feminina.

Figura 19 – Propaganda Ladyshave – revista *Claudia* de fevereiro de 1972.

Com os dizeres: *Sinta na pele o prazer de ser feminina. Ladyshave chegou para acabar com o drama da depilação. Mulher, você também está tendo sua vez. Ladyshave chegou para desbancar todos os depiladores antiquados que andam por aí. É o fim da lâmina que corta e endurece os pelos e que é tão masculina, não é? [...] Ladyshave incentiva o amor à pele. [...] Os dois são discretos, para combinar com a mulher delicada que você é. Ladyshave vai fazer você descobrir o prazer de uma depilação sem drama, bem feita, rápida e agradá-*

---

pintor Gustave Coubert com sua obra *A origem do mundo*.

7 *Les pratiques de l'épilation feminino sont em effet liées au degré d'exposition du corps des femmes.* (Tradução da autora)

vel. Vai fazer você sentir-se mais feminina ainda. Essa propaganda demonstra como a depilação perfeita tinha a capacidade de transformar a mulher em *mais mulher*, mais uma vez dando a impressão de que ser mulher era algo inacabado que deveria ser aperfeiçoado. O aparelho depilatório anuncia que, sendo esse um momento das mulheres, tal prática poderia ser eficaz, sem dores e incômodos. Provavelmente, o anunciante usa a participação mais ativa das mulheres na vida pública para vender a ideia de que era uma prática mais moderna e indolor em relação aos demais produtos do mercado. Outra questão que aparece na propaganda é o amor e o prazer do corpo, utilizado aqui como meio de incentivar a compra do aparelho depilatório. Percebe-se que todo o esforço do trabalho corporal para se adquirir um visual sensual é compreendido como um prazer. As ideias de prazer e amor serão retomadas no próximo capítulo. E ainda, o aparelho reforça as diferenças entre os gêneros através de ideias como *método de mulher* e *método de homem* para se retirar os pêlos corporais. Outro importante aspecto, que também apareceu em outros produtos direcionados à mulher, foi a transferência de características de um amante para os produtos vendidos nas propagandas. Ao mesmo tempo em que se apresentava um novo produto para as mulheres, eram enfatizadas suas características, como *carinhoso, amoroso* etc. No caso do aparelho Ladyshave, é enfatizada sua capacidade carinhosa ao fazer a depilação.

As imagens veiculadas na propaganda são discretas, dando ênfase ao aparelho em questão. Mas, em tamanho menor, aparecem modelos depilando embaixo do braço e a perna. Nota-se que, apesar de as fotos estarem reduzidas, as modelos parecem estar nuas, mais uma vez, assim como no caso dos desodorantes íntimos, passando a impressão de que, para se sentir bem com o corpo e estar à vontade nua, a mulher deveria tomar todos esses cuidados.

Em 1973, a mesma marca de aparelho depilatório trouxe outra propaganda que incentivava a leitora a cuidar de seu corpo, instigando-a a pensar que só através desse cuidado conseguiria um relacionamento amoroso.

Figura 20 – Propaganda Ladyshave – revista *Claudia* de julho de 1973.

Com os dizeres: *Na época em que você se torna mulher, você precisa aprender outra coisa. Você precisa ficar sabendo que neste mundo difícil, ainda se pode encontrar um sistema civilizado e carinhoso para você cuidar das pernas e embaixo do braço...* Mais uma vez o aparelho Ladyshave se coloca como a forma de novos tempos para a depilação. A propaganda, inclusive, afirma que essa nova forma de se depilar era um novo aprendizado, necessário para essa *nova* mulher. Quando se abordavam os lugares do corpo para se depilar com o aparelho proposto, são enfatizados as pernas e embaixo de braço, porém, sabemos que esse sistema era também utilizado nas depilações em áreas genitais.

> Nos anos de 1970, a depilação chamada 'de maiô', é muito difundido para adaptar os corpos das mulheres à forma mais curta das vestimentas, em particular, dos maiôs de banho. Desde algumas dúzias de

156 | *Gisele Bischoff Gellacic*

anos, a depilação do sexo, parcial ou total, para as mulheres é banalizada.[8] (*Ibidem*, p. 42)

Apesar do pudor da propaganda em não afirmar que o aparelho poderia ser utilizado em todo o corpo, nota-se uma contradição, uma vez que são veiculadas, em toda a imprensa feminina, mulheres utilizando biquínis e maiôs, que, obviamente, foram depiladas na região pubiana. Além disso, a imprensa dita masculina, com seu ícone maior a *Playboy,* favorecia a ideia da depilação das áreas íntimas. Assim, através da depilação da genitália, cada vez mais tornava o órgão sexual feminino visível e, com isso, valorizava-se o espetáculo de corpos erotizados e sexualizados. Libera-se o corpo e a sexualidade desde que as novas coações de higiene e da cultura da depilação entrassem nesse espaço até então considerado selvagem. O pêlo pubiano, que marca o início da vida adulta de cada mulher, seria então controlado através da depilação. Assim como o desodorante íntimo, apesar dos louvores à liberação sexual e corporal, buscava-se um controle da sexualidade feminina, não mais como em outros tempos através da moral religiosa ou dos ditames científicos, mas do controle excessivo de práticas ditas embelezadoras.

Quanto mais o corpo se tornava exposto devido às novas tendências de liberação corporal e sexual, mais os tratamentos e cuidados se expandiam. Os cremes corporais, que eram utilizados por razões diversas, auxiliavam, principalmente, na busca de um corpo sensual. Cremes bronzeadores, anti-idades e hidratantes, vendiam a imagem de que, através de sua utilização, a mulher poderia transformar seu corpo em um uma arma de sedução.

As propagandas do creme Dermocaína apareciam, insistentemente, nas páginas da revista *Claudia*, como mostra o exemplo de outubro de 1970.

---

8   *Dans les années 1970, l'épilation dite 'du maillot' s'est répandue pour adapter le corps des femmes à la forme très échancrée des vêtements, en particulier de maillot de bain. Depuis une dizaine d'année, l'épilation du sexe, partielle voire totale, pour les femmes s'est banalisée.* (Tradução da autora)

Figura 21 – Propaganda Dermocaina – revista *Claudia* de outubro de 1970.

Com os dizeres: *A cara e a coragem não bastam. Na guerra do amor você precisa do corpo inteiro...* O anúncio aborda a questão de uma *guerra do amor*, que entendemos ser a disputa pelos olhares masculinos e suas investidas, entre as próprias mulheres. A conquista do amor parece ser, ainda, uma das grandes buscas femininas, capaz de realizar e elevar a mulher. Ter um corpo sensual favorece a luta com as outras mulheres. Assim, a propaganda afirma que, na disputa pelo amor, era necessário lutar com todas as armas, que agora, devido à grande exposição do corpo feminino, parece significar cada parte do corpo. Nota-se que a marca de creme apela não para sua fórmula eficaz para ser vendido, mas para sua capacidade em auxiliar a mulher na guerra do amor. Novamente, a imagem veiculada é de uma modelo nua, o que enfatiza a naturalização do corpo nu feminino.

Um ano depois, a marca de cremes Dermocaína deixaria mais claro a função de sua utilização.

Figura 22 – Propaganda Dermocaina – revista *Claudia* de outubro de 1971.

Com os dizeres: *Antigamente os homens só viam uma coisa nas mulheres. Atualmente estão vendo muito mais. Agora é a época do short, da mini, do biquíni. Você usa muito menos roupa, e você precisa cuidar do seu corpo com o mesmo carinho que você cuida do rosto. Use Dermocaína no corpo inteiro [...] Lembre-se que seu corpo está sendo cada vez mais visto pelos homens. Por favor, não os decepcione.* O incentivo ao cuidado de todo o corpo mostra-se claro nos dizeres publicitários que, por sua vez, deverão ser ressaltados através da utilização do creme. Mais uma vez, os benefícios científicos do produto não são revelados, mas sim os benefícios aos olhos masculinos.

A cultura do consumo recebe melhor apoio de mercados compostos de clones sexuais, homens que desejam objetos e mulheres que

Despindo corpos | 159

desejam ser objetos, enquanto o objeto desejado é sempre mutante, descartável e determinado pelo mercado (WOLF, *op. cit.,* p. 190).

No caso, o objeto vendido pela publicidade é o corpo, mutante e descartável, que se refaz a cada nova técnica de embelezamento. A nudez é colocada como um fato, quando se afirma que, naqueles tempos, o corpo estava exposto através dos novos ditames da moda.

> Não há a menor dúvida de que, nos últimos tempos, os limites em matéria de transgressão foram empurrados pela liberação sexual e a nova imagem do corpo. A simples nudez, que antes bastava para excitar o desejo, tornou-se já banal (GUILLEBAUD, *op. cit.,* p. 133).

A cada nova técnica embelezadora que transformava o corpo, a nudez era mais valorizada e atualizada, redefinindo seus valores morais. Quanto mais a imagem da mulher nua era banalizada pela mídia em geral, mais se tornava difícil impressionar e ter a atenção do público. E assim, buscava-se construir novas práticas embelezadoras para surtir o efeito de deslumbre desejável. O grande apelo publicitário era transformar o corpo feminino em espetáculo para os olhares masculinos. A modelo que aparece na foto da publicidade acima está completamente nua deitada em um campo repleto de flores. Essa imagem bucólica relaciona o corpo feminino com a natureza.

Os bronzeadores foram um tipo de creme muito veiculado nas revistas analisadas, indicando que o corpo liberado deveria ser bronzeado. Como mais uma forma de transformar a aparência, a prática do bronzeamento começou a ser difundida a partir dos anos de 1920, devido à proliferação da ginástica e dos banhos de mar (ORY, 2008).

> Estar bronzeado demonstra nossa saúde, nossa juventude e nossa atividade. Através da brancura, o corpo manifesta sua morbidez, velhice, passividade, falta de exposição à natureza. A carne bronzeada

testemunha ao mundo, seu lado aventureiro que viveu, como o de uma mulher graciosa (ANDRIEU, 2008, p. 23.).[9]

Esse imaginário de que a pele bronzeada estaria ligada à aventura, juventude, saúde e postura ativa foram fundamentais para sua ligação com o corpo liberado, e assim, identificado também com a sedução. Podemos afirmar que essa valorização da pele morena e bronzeada estava ligada a outros imaginários, que ligavam a cor branca à candura, à inocência e à virgindade, características que não mais combinavam com as novas representações femininas, que valorizavam uma postura ativa frente à conquista amorosa. O corpo, através das tendências de liberação sexual e corporal, transformando-se em uma *arma de sedução*, apropria-se do bronzeamento como mais um complemento ao corpo sensual. A partir dos anos de 1960, e, sobretudo de 1970, houve a maior adesão a tal prática de transformação corporal. Como a publicidade de Nude Bronze de janeiro de 1974.

Figura 23 – Propaganda Nude Bronze – revista *Claudia* de janeiro de 1974.

---

9   *Être bronzé démontrerait notre santé, notre jeunesse et notre activité. Trop blanc, le corps monifesterait morbidité, vieillesse, passivité, faute d'exposition à son environnement. La chair tannée témoigne de l'expérience du monde, celle du baroudeur qui a vécu comme celle de la femme avenante.* (Tradução da autora)

Com os dizeres: *Quanto menos você veste, mais você precisa de Nude Bronze...* A relação entre nudez e sensualidade aparece novamente, como nos cremes tradicionais. A exposição maior do corpo nu é incitada pela propaganda, relacionando-a diretamente com o bronzeamento. Até o nome do produto faz uma referência direta à nudez. Na imagem, nota-se a modelo nua, porém seu corpo está camuflado pela iluminação artificial de um sol.

Ao analisar a história do bronzeamento, vemos que, apesar de ter seu auge durante a década de 1970, a partir de 1980 isso iria mudar. Segundo o trabalho de Bernard Andrieu (2008), foi no início dos anos 80 que apareceram os primeiros casos de câncer de pele relacionados à alta exposição ao sol. Em 1985, a Academia Americana de Dermatologia lançou a primeira campanha contra o câncer de pele, explicando os riscos da exposição ao sol. Porém, no Brasil, nota-se que, durante a década de 1980, os riscos do bronzeamento excessivo não apareceram com tanta intensidade, como mostra a propaganda de Coppertone de março de 1985.

Figura 24 – Propaganda Coppertone – revista *Claudia* de março de 1985.

162 | Gisele Bischoff Gellacic

Com os dizeres: *Quem tem amor à pele usa Coppertone. Quem usa o que não deve na pele acaba se queimando e perdendo o melhor do verão. Quem usa Coppertone você logo percebe, gente morena de pele bonita...* Apesar de esse anúncio ser de um período em que já existia a preocupação com os problemas causados da exposição excessiva ao sol em alguns países, não existia nenhuma preocupação dessa natureza. A propaganda demonstrou, na verdade, o contrário, valorizando o bronzeamento da pele como uma manifestação do amor próprio. Nota-se também, a referência à expressão *pele morena* e não *pele bronzeada*.

Entende-se que a preferência por tal expressão esteja ligada a antigas relações que identificam a cor morena à *cor do pecado*. Devido ao passado escravocrata do Brasil, a cor morena era relacionada ao exótico e ao erótico.[10] A imagem da modelo também é reveladora, afinal a nudez não aparece sugerida ou camuflada, mas explícita através dos seios nus. Apresentava-se como símbolo de uma mulher sensual e, por isso, liberada, tem seus seios à mostra, com descontração sorri para o leitor, tem seus cabelos molhados e embaixo de seus braços depilados. Outra sugestão da imagem aparece através dos seios à mostra que não possuem nenhuma marca de que a modelo tenha tomado sol com um biquíni, mas sim, nua ou com um *topless*.

Nota-se que a cada propaganda, as imagens e os dizeres parecem disputar entre si. A cada ano buscavam superar antigos paradigmas sobre o corpo e a sexualidade, criando cada vez mais um corpo ousado e forte-

---

10 Trabalhos sobre a história da sexualidade no Brasil, como o *História e sexualidade no Brasil* organizado por Ronaldo Vainfas, *Histórias íntimas* de Mary Del Priore e *Entre a luxúria e o pudor* de Paulo S. do Carmo, afirmam acerca da importância do passado escravocrata do Brasil, e assim, dos corpos das escravas estarem *à disposição* de seus senhores, como um importante fator para a constituição do imaginário da sexualidade brasileira. Muitos deles remontam à ideia proposta por Gilberto Freyre em *Casagrande e senzala*, de que o corpo branco era para casar, o negro para trabalhar e o mulato para fornicar como um fato relevante para se constituir os corpos de prazer no Brasil. Segundo os autores, essa ideia ainda estaria, de alguma forma, presente no imaginário sensual e sexual do povo brasileiro, que identifica a cor "morena" à luxúria e a disponibilidade para o sexo.

mente erótico, como se fosse uma tendência da própria liberação sexual e corporal nunca estar pronta, uma vez que propõe a todo mundo se refazer, trazer o novo e até o chocante. Afinal, uma vez que grande parte das mulheres tinha acesso aos mesmos mecanismos de trabalho corporal, tornou-se necessário o algo a mais para impressionar e conquistar os olhares masculinos. Criou-se, então, a ideia de disputa entre as mulheres, que era demonstrada a partir das propagandas e dos artigos que buscavam a todo o tempo novas formas de seduzir.

Corpos sexuais

Definir a sexualidade humana traz seus próprios desafios, uma vez que *a priori,* parece uma atividade que nos condiciona ao mais instintivo do ser humano. Porém, na verdade, as práticas sexuais foram investidas pela cultura, o que fez com que fossem dotadas de intenções, julgamentos, condições e interdições. Como afirma George Bataille (2013), a atividade sexual humana é erótica; que vai além de seu fim imediato da reprodução, transformando homens e mulheres em sujeitos sexuais submetidos a regras e coerções.

> Falar assim da sexualidade implicaria afastar-se de um esquema de pensamento que era então corrente: fazer da sexualidade um invariante e supor que, se ela assume, nas suas manifestações, formas historicamente singulares, é porque sofre o efeito dos mecanismos diversos de repressão a que ela se encontra exposta em toda sociedade; o que equivale a colocar fora do campo histórico o desejo e o sujeito do desejo, e a fazer com que a forma geral da interdição de contas do que pode haver de histórico na sexualidade (FOUCAULT, *op. cit.,* p. 10).

No início do século XX, fazer amor era uma prática ainda influenciada pelos ideais da era vitoriana, em que a culpa e a discrição tomavam conta do ato em si. A função do ato sexual era a reprodução, por isso Michel Foucault afirma que existia apenas *um único lugar de sexualidade reconhecida, mais utilitário e fecundo: o quarto dos pais (Ibidem).* No momento de intimidade, dificilmente os corpos se tocavam, pois a escuridão e as roupas impediam tal contato, como se o próprio corpo, de certa forma, não participasse do ato. O enlace sexual acontecia sem muitas intimidades e cercado por muito pudor.

> Fazia-se amor no escuro, sem muita preocupação, ao que parece, com o prazer da parceira, o mais das vezes na posição chamada "papai-e-mamãe", mas também com a mulher ajoelhada, como recomendavam os médicos aos esposos desejosos de conceber (CORBIN, 2003, p. 112).

Apesar do lugar da sexualidade saudável do quarto do casal, existia o lugar da transgressão sexual como as zonas de prostituição. Lá a intimidade era mais libertina, o que permitia um maior contato dos corpos. Porém, médicos e agentes do Estado condenavam tais práticas, e ainda orientavam acerca dos riscos desse tipo de comportamento, afirmando que a única e legítima função da sexualidade era a reprodução.

Expressar abertamente o desejo sexual, ou mesmo ter uma postura ativa na hora da intimidade, não foram práticas identificadas à feminilidade durante muito tempo. *No passado, a sexualidade e a reprodução estruturavam uma à outra* (GIDDENS, *op. cit.,* p. 220)*,* confinando as mulheres a um papel que integrava o ato sexual à reprodução. A maioria das mulheres fazia sexo para tornar-se mãe, cumprindo, assim, sua principal função social. Apesar dessa importante função, como o sexo possuía uma dupla moral para os homens, dividiam-se as mulheres em dois tipos: as virtuosas e boas, portanto recatadas em relação ao sexo e às investidas amorosas; e as imorais, que viviam a sexualidade mais livremente. Porém, os estudos e as pesquisas realizadas[11], sobretudo ao longo das décadas de 1960 e 1970, acerca da sexualidade humana, incentivados pelos movimentos feministas do mesmo período e a comercialização da pílula anticoncepcional, questionaram a antiga visão de que a sexualidade da mulher deveria expressar recato e pudicícia. No momento em que reprodução e sexualidade foram dissociados, abriram-se

---

11   Nos referimos aos já citados relatórios Kinsey, Masters & Johnson e Hite.

novas possibilidades às mulheres, o que *permitiu-lhes viver a sua sexualidade sem medo e de maneira mais gratificante* (SOHN, *op. cit.*, p. 139).

Dentro das novas possibilidades que a liberação dos costumes trazia, a intimidade do casal era revelada, pouco a pouco, pela mídia, pelo cinema etc. Todas essas novas liberdades implicaram novos aprendizados sobre o corpo e sobre a sexualidade, principalmente às mulheres. Afinal, as mulheres consideradas *de respeito* não deveriam falar e agir abertamente em relação à sua própria sexualidade. Voltando à ideia de que a feminilidade é algo aprendido e performático de Judith Butler, mostrar-se ingênua e inocente frente à sexualidade era uma *performance* esperada de grande parte das mulheres. Isso significa que a feminilidade saudável das mulheres que queriam se tornar mães e esposas de família, não deveria expressar livremente a sexualidade. A postura ativa frente ao sexo era identificada às mulheres mundanas e imorais, como as prostitutas. A partir de meados da década de 1960, com todas as mudanças de caráter social e cultural, altera-se, pouco a pouco, a visão de que apenas mulheres desvirtuosas expressavam desejos sexuais livremente. Como um sinal de saúde e modernidade, as mulheres, de forma geral, mães de família ou não, eram convidadas a adotarem posturas ativas frente à conquista amorosa e à relação sexual.

Além da necessidade de novas aprendizagens para se constituir um corpo sensual, a liberação sexual e corporal trazia uma nova responsabilidade: a de aprender a ter um corpo sexual, ou seja, que soubesse manifestar vontades, desejos, e, sobretudo, que soubesse as performances sexuais. Para isso, era necessário que se aprendesse a ver a sexualidade de outra forma, afastando-a das antigas morais e dos antigos interditos. As revistas femininas analisadas serviram de grandes conselheiras às leitoras, ensinando-as a conhecerem sua anatomia, a de seu parceiro, e ainda, todos os possíveis problemas e dúvidas de caráter moral ou biológico acerca do sexo. Além disso, dicas sobre como agir na hora da intimidade e como tornar seu relacionamento sexual mais *picante*, faziam parte desse grande roteiro sexual divulgado pelos periódicos. Mais uma vez, voltamos à ideia de David Le Breton (2011), quando afirma que não é qualquer corpo que se libera em meados dos anos de 1960, aliás,

166 | *Gisele Bischoff Gellacic*

a palavra *liberação* não pode ser compreendida como uma liberdade total. Afinal, a dita liberação trouxe consigo a necessidade de aprendizagens específicas, como de um roteiro para se fazer sexo nos novos moldes. Entretanto, a ideia de um roteiro previamente estabelecido se opõe à ideia de liberdade, relacionando-a a de um dever.

Nos primeiros anos da revista *Claudia,* já se falava sobre a sexualidade, porém de forma moderada e recatada, de acordo com os preceitos que vinham desde décadas anteriores. Em maio de 1962, a revista trouxe um artigo abordando tal questão.

> O amor físico: primeiro abismo de incompreensão entre homem e mulher. Tôdas as relações entre homem e mulher são baseadas num equívoco: o homem está plenamente convencido de que a mulher dá a mesma importância que êle aos assuntos sexuais; na sua louca vaidade, êle está convencido de que a mulher não vive senão para "isso"; acredita que, para ela, o amor é principalmente 'relação física'. No entanto, penso não me enganar, e estando errada digam-se, ao assegurar que para oitenta por cento das mulheres o amor é outra coisa. Quando uma mulher está enamorada, sente-se feliz por estar nos braços do homem amado, por dar-lhe provas de sua afeição, mas quase sempre é impulsionada, principalmente, pelo prazer de fazê-lo feliz, pela íntima e espiritual satisfação de sentir-se desejada. Mais que o apêgo sensual, qualquer mulher é desejosa de ternura, de longas e poéticas preliminares, que a tornem participante de união física.[12]

Nesse artigo, nota-se a grande discrição com que são tratados os assuntos da intimidade. Em nenhum momento, foi utilizada a palavra *sexo,* mas o insinua como *relação física,* ou ainda, *ato físico.* O referido artigo trata o sexo como algo diferente para homens e mulheres. - sendo assim, como uma fonte interminável das discussões e confusões entre os casais. A visão de que o sexo era algo diferente para homens e mulheres servia, muitas vezes, de explicação

---

12 *Os homens compreendem as mulheres?,* por Luciana Peverelli em revista *Claudia* de maio de 1962.

Despindo corpos | 167

e justificativa para o comportamento promíscuo e infiel de muitos homens. Afinal, seria complicado pensar em um casal vivendo harmoniosamente a sexualidade, uma vez que entre eles tal assunto não era a mesma coisa. Além disso, ao propor que o sexo era diferente para homens e mulheres, a revista *Claudia* colocava uma barreira entre os gêneros, intensificando a oposição, a desigualdade, e talvez, até a discórdia entre eles. Mas, ainda assim, propunha a distinção entre os mesmos.

Ainda no artigo, o sexo é colocado como algo que a mulher faz não para satisfazê-la, mas sim para satisfazer seu amado, impulsionada pelo prazer de vê-lo feliz e realizado. Assim como se arruma a casa para agradar o marido, ou se faz seu prato preferido, também se faz sexo para agradá-lo. Nota-se que a ideia de prazer apresentada no artigo não seria algo para ela mesma, mas uma realização uma vez que seu amado sentiu prazer, ou seja, o prazer é uma sensação fora de seu corpo. Assim, o prazer para a mulher é confundido com o desejo de agradar seu marido, e não para ela mesma. Voltaremos à discussão sobre o prazer no próximo capítulo.

Além disso, a noção de que as mulheres buscam, acima da união física, a ternura e a poesia frente ao sexo, está presente no artigo. Logo, nota-se que o sexo, como ato em si, aparece como algo mais importante aos homens do que para as mulheres, e que elas, para terem a chance de estar nos braços de seu amor, se submetiam ao ato sexual. A ideia de uma dupla moral referente ao sexo, para os homens e para as mulheres, é intensificada pelo artigo.

Essa ideia será abordada em outros artigos, porém, em um artigo de maio de 1963, a revista *Claudia* abordou outra razão, além do prazer em ver seu amor feliz, para o ato sexual.

> ...um casamento que se baseia exclusivamente no sexo, ou que considera o sexo o fator principal da felicidade conjugal, sai de pé esquerdo. Quando se tiverem esgotado a curiosidade e o entusiasmo da novidade, que vai sobrar? Em todo caso, a falta de educação sexual – a mulher na maioria dos casos não tem sequer experiência, o homem, se tem experiência, não tem educação – pode gerar conflitos que abrem caminho da infidelidade. [...] Ou de mulheres que, por moti-

168 | *Gisele Bischoff Gellacic*

vos análogos, por terem sido enclausuradas dentro de noções falsas, não podem corresponder plenamente ao amor do marido. [...] Outra personagem: o marido que sai à cata de oportunidades, alegando que a espôsa é um ser sagrado e deve ser cercada de um respeito que outras mulheres não merecem. Com as outras vale tudo. [...] Há, portanto, mulheres que, direta ou indiretamente, encorajam a traição do marido. Não é tão incomum o caso das mulheres que, por motivo ou por outro, procuram escapar às obrigações sexuais que o matrimônio subentende.[13]

No artigo acima vemos como o ato sexual é visto como algo muito importante para a vida do casal. Nesse artigo, procura-se discutir sobre a questão da infidelidade, trazendo os principais motivos de tal ato, e relaciona-o diretamente à questão sexual. Segundo o autor, o sexo é mais uma obrigação do casamento, e por isso, se a esposa tentar escapar de tais obrigações, poderia estar encorajando a infidelidade do marido. O autor ainda afirma que as esposas têm mais propensão a tentar escapar de suas obrigações quando não foram bem preparadas através de uma boa educação sexual, ou ainda, quando viveram enclausuradas por muito tempo, distantes de tais assuntos. Assim como no artigo anterior, o sexo é tratado por meio de sua dupla moral, em que homens e mulheres não tinham as mesmas intenções e até as mesmas vontades frente ao ato.

O artigo reafirma a responsabilidade da esposa frente à infidelidade dos maridos, uma vez que ela poderia agir de forma que o levasse a procurar sexo com outra mulher. Afinal, como ela não tinha o mesmo entusiasmo frente ao sexo, teria que ficar atenta às vontades do marido, que poderia se sentir renegado, o que levaria a procurar outra mulher. E, por isso, que o sexo é tido como uma obrigação para as mulheres no casamento.

Um único ponto é colocado que remete à responsabilidade do marido: quando o autor diz que existem homens que acham que suas esposas merecem respeito e, por isso, não pode agir com elas como agem com as

---

13 *Infidelidade,* por Mino Carta em revista *Claudia* de maio de 1963.

Despindo corpos | 169

outras. De qualquer forma, nota-se que a sexualidade proposta pelo artigo de 1963, vê o sexo com um complemento importante ao casamento, mas no sentido de uma obrigação, e não pelo prazer do casal, ou como manifestação da cumplicidade e união do casal. Em nenhum momento do artigo, o sexo é relacionado ao amor.

Essa visão de sexo como obrigação matrimonial revela que ainda não existia a ideia de um corpo sexual, ou seja, um corpo que sabia dar e receber os prazeres do sexo. Essa ideia será, pouco a pouco, substituída, por meio da liberação sexual e corporal, que buscava ensinar as mulheres a constituírem seus corpos para o amor. Como afirma Alain Corbin, a partir da revolução dos costumes desde o final da Segunda Guerra Mundial, e, sobretudo, a partir do final da década de 1960 houve uma emancipação dos corpos, que enfim foram trazidos ao ato sexual (CORBIN, 2003). A imprensa feminina foi grande responsável por educar as mulheres e seus corpos para o amor carnal, através, principalmente, de artigos, o que, sem dúvida, foi um árduo trabalho para os periódicos. Afinal, passaram-se anos, ressaltando a dupla moral sexual entre homens e mulheres, e ainda valorizando o desconhecimento do corpo e seu pudor. Os artigos que ensinavam tais aprendizados aparecerão com mais destaque após 1978, momento em que censura enfraqueceu devido ao final do período ditatorial no Brasil.

Em 1979, a revista *Nova* dava conselhos para que suas leitoras aprendessem a exercer a sexualidade através dos novos moldes propostos pela liberação sexual e corporal, demonstrando que houve uma considerável mudança no imaginário acerca do sexo. Para acompanhar os novos tempos, era impositivo às leitoras aprenderem a ser mais soltas frente a sua sexualidade.

> Saber fazer de uma relação sexual um encontro cheio de prazer e alegria – e conseguir aprimorar cada vez mais a intensidade dessas sensações, – é o sonho e a vontade de toda mulher. [...] A primeira vista, pode parecer uma questão de mero aprendizado: bastaria aprender tudo sobre sexo, dominar as mais aperfeiçoadas técnicas capazes de proporcionar relações sexuais gratificantes. [...] Saber tudo a respeito de sexo é, sem dúvida, algo útil, mas de uma utilida-

170 | *Gisele Bischoff Gellacic*

de parcial – porque o que é, de fato, essencial para fazer do sexo uma parte maravilhosa de nossa vida é a atitude que se tem diante dele.[14]

Em outros tempos, as revistas femininas já haviam afirmado que o maior sonho de qualquer mulher era o casamento; agora, a revista *Nova* dizia diferente: o maior sonho e vontade de toda mulher é ter um encontro sexual cheio de alegria e prazer. Tal afirmação demonstra que o sexo passou a ter uma demasiada importância na vida da mulher, bem diferente dos anos anteriores, quando o sexo era uma obrigação. Além disso, o casal começava a se erotizar (SIMMONET, 2003), transformando o nível de cumplicidade e de intimidade em um termômetro para a própria relação amorosa. Quanto mais se fazia sexo, e mais se saboreava seus prazeres, melhor era o relacionamento amoroso. A ideia de que havia a necessidade de aprimorar as técnicas sexuais está presente no artigo, mostrando a importância de as leitoras estarem atentas a tais ensinamentos.

Para viver intensamente o sexo, era necessário descobrir o corpo, seu funcionamento, sua anatomia e suas possibilidades, ou seja, trazer o corpo para o ato sexual - que até outros tempos era afastado devido ao pudor, sobretudo quando se privilegiava apenas a reprodução. A revista *Nova*, devido a sua forma mais clara e direta, ao se referir a tais assuntos, tornou-se a grande porta-voz dos novos ensinamentos acerca do corpo e da sexualidade feminina. Tanto que, ao longo dos anos pesquisados, além das revistas convencionais, foram publicados guias do amor e do sexo. Esses guias eram vendidos separadamente, e tinham como objetivo ensinar passo-a-passo suas leitoras a serem mais ousadas sexualmente. Por volta de junho de 1980, foi publicado um importante guia de sexo, que discutia assuntos diversos, - todos relacionados à sexualidade.[15] Talvez, por se mostrar direcionado ao aprendizado

---

14 *O simples segredo de viver bem o sexo*, por Dr. George Weinberg, em revista *Nova*, de janeiro de 1979.

15 Sugerimos a data junho de 1980, pois chamada *Edição especial de Nova: guia do sexo* não está datada corretamente pela própria revista. Essa datação foi estipulada devido a uma propaganda do mesmo guia ocorrida na revista *Nova* de junho de 1980, porém, não há certeza se este foi veiculado apenas nesse mês.

Despindo corpos | 171

do sexo, o guia falava de tais assuntos com menos pudores do que a própria revista, tratando de assuntos, como os meios para despertar a sensualidade, o corpo masculino nu, o orgasmo masculino, como reacender a chama da paixão, e como dar e receber mais prazer. Bem longe da ideia de que a liberação pressupunha uma total liberdade para os corpos, o guia direcionava suas leitoras em como deveriam sentir seu corpo, como deveriam colocá-lo disponível para o sexo, e ainda, em como deveriam agir no momento do ato sexual.

O corpo, ou as sensações provenientes do corpo, passou a ser a chave para uma relação sexual satisfatória. Como já era sugerido na publicidade analisada anteriormente, através da constituição do corpo que seduz, o corpo que atua na hora do sexo deveria ser exposto, exaltado, sentido de todas as formas. Para se constituir tal corpo, as revistas insistiam em sua normatização, como mostra o guia de sexo da revista *Nova* de 1980.

> O seu corpo... nu. Ele pode não ser perfeito, mas é seu. Não há nele nenhuma parte que não possa ser tocada, nada que não deva ser olhado. Ele é único por isso, deve ser tratado com todo o carinho e consideração. Seu corpo é muito importante para você. Ele é a essência de sua sensualidade, da sua feminilidade. Todos os prazeres e sensações que você sente, originam-se dele. [...] Dê valor a ele, a qualquer parte dele – seios, nádegas, abdome, pernas e ao centro precioso de sua sensualidade: o aparelho genital. Negar qualquer um desses detalhes é sinônimo de autodestruição. Não existe uma única parte em você que não deva ser olhada, tocada ou mostrada ao homem amado. A nossa educação normalmente foi feita "loteando" nosso corpo em partes "bonitas" e "feias", partes que podem ser tocadas ou que não podem ser nem ao menos mencionadas. Isso faz muitas mulheres adultas "divididas", incapazes de ver e sentir seu próprio corpo como um todo. Você precisa amá-lo e conhecê-lo, se quiser ser uma mulher completa, segura e sem temores.[16]

---

16 *O seu corpo...nu* em Edição Especial de *Nova* – Guia do sexo, de junho de 1980.

172 | *Gisele Bischoff Gellacic*

A exaltação do corpo é clara no artigo acima. *O corpo surge como a metáfora da subversão, todo o resto torna-se apenas acessório, e o sentimento é ocultado* (BRUCKNER, 2003, p. 156). A nova concepção de sexualidade, a partir da liberação sexual e corporal, só seria possível em mulheres que "encarnassem", em seus corpos na hora do sexo. O corpo exaltado pelo artigo é o corpo nu, valorizado que aceita ser olhado e acariciado. Nota-se que, através do artigo, a exposição do corpo nu seria a nova forma de exaltar a própria feminilidade, o que denota uma imensa diferença em outros momentos. Afinal, até meados da década de 1960, o recato, a discrição e a não disponibilidade para o sexo consistiam na feminilidade mais valorizada. De uma forma até repetitiva, talvez com o intuito de frisar seus ideais, o artigo afirma que o corpo deve e pode ser tocado em qualquer parte. Dando ênfase às palavras que denotam partes antes consideradas tabus, como nádegas e seios, o artigo busca romper antigas moralidades que cercavam tais partes do corpo. E ainda, dá-se uma ênfase especial à parte genital feminina que, provavelmente, consistia naquela submetida à maior carga moral.

A forma de se referir ao órgão genital feminino é um grande revelador sobre a transformação do imaginário da sexualidade. *O fato de dar um nome a suas partes genitais é um meio de mostrar o caráter intencional da sexualidade dos atores* (MARZANO, 2004, p. 123). O artigo citado do guia de sexo bem como outros veiculados por *Nova* ou *Claudia,* referem-se aos órgãos sexuais femininos de forma extremamente científica, utilizando nomes técnicos. Talvez com a intenção de fazer as leitoras se identificarem com a própria anatomia, para que, assim, pudessem de fato percebê-las e senti-las. Apesar de as revistas falarem abertamente da genitália e de seu funcionamento, a utilização de seus nomes científicos mostra certa retidão ao tratar tal assunto. Ou ainda, utilizam-se os nomes científicos da genitália para afastar uma possível relação com um texto pornográfico. O que pode parecer uma forma de empoderamento feminino - uma vez que as mulheres pudessem, a partir desse momento conhecer o funcionamento de sua própria anatomia - pode também ser interpretado de outra forma. Michel Foucault (1977) já advertiu a respeito da tríade poder-saber-prazer, que nem sempre pode ser compreendida através da máxima baconiana *Saber é poder.*

Despindo corpos | 173

... saber sob que formas, através de que canais, fluindo através de que discursos o poder consegue chegar às mais tênues e mais individuais condutas. (FOUCAULT, *op. cit.*, p. 16)

No momento em que se valoriza a presença do corpo no ato sexual, e vangloria suas vastas possibilidades de parceiros, de sensações, de posições etc, a imprensa feminina, bem como outros meios de comunicação, cria fórmulas para se alcançar tais objetivos. Uma vez criadas fórmulas, afasta-se a ideia de uma liberação que, de certo modo, parece mais uma adequação às novas normas.

Além de buscar redefinir o próprio corpo, o guia de sexo da revista *Nova* ainda indica a forma correta de ter as sensações eróticas. No artigo intitulado *As sensações eróticas*, o guia ensina como a mulher deve sentir, através de cada um de seus sentidos, os toques e as carícias no ato sexual.

> Você pode não saber, mas você tem um gosto especial, todo seu. Sua pele tem um gosto diferente da pele de qualquer outra pessoa. E também tem um perfume, uma fragrância muito pessoal. Até mesmo os sons que você faz na hora do amor são únicos. Isto pode ter passado despercebido porque, durante o ato sexual, a natureza destas percepções é tal, que sua aura envolve a do seu companheiro e a dele envolve a sua. [...] Se você tiver uma maior consciência de como funcionam os seus sentidos eróticos, você poderá apreciar ainda mais estas sensações.[17]

A necessidade de aprendizados específicos ia além do corpo, como mostra o artigo acima: saber reconhecer as sensações provenientes do sexo eram também importantes. Nota-se que a quantidade de aprendizados para a boa execução do sexo era muito grande, desde cuidados corporais, até gestos e sensações. Provavelmente, o elevado número de aprendizados tornava-se uma dificuldade às leitoras que, incitadas a tomarem tais posturas, viam-se obrigadas a uma série de cuidados. Talvez, ainda mais denso do que a época

---

17 *As sensações eróticas,* em Edição Especial de *Nova* – Guia do sexo, de junho de 1980.

174 | *Gisele Bischoff Gellacic*

em que as mulheres acumulavam trabalho através das funções de mãe, esposa e dona de casa, uma vez que se viam instigadas a superarem tabus de outrora enraizados no cerne da sociedade e de suas próprias vidas.

Além de um roteiro de como sentir o próprio corpo, as revistas ensinavam como e onde seriam os lugares mais adequados para o ato sexual. Em junho de 1978, a revista *Claudia* abordou a questão da intimidade a dois no artigo *Como evitar a rotina no amor*. O sexólogo Márcio Barbosa sugere aos casais *conversas demoradas e abertas, programas especiais nos finais de semana, e até uma noite num motel.*[18] O receio de que o casamento pudesse ser ameaçado pela monotonia apareceu como principal motivo para a busca de mecanismos que driblassem tal marasmo. A ideia de que o relacionamento deveria sair da rotina era primordial, e é por isso que muitos dos artifícios para deixar o corpo mais sensual utilizavam palavras, como *picante ou veneno,* para que a monotonia fosse afastada, definitivamente, das relações. Para isso, as revistas davam ideias às suas leitoras, que variavam de posições e gestos a palavras insinuantes.

A revista *Nova* tomaria a frente nos conselhos *picantes* a suas leitoras, sugerindo técnicas diversas para se alcançar o extremo prazer sexual, como o artigo da revista *Nova* de dezembro de 1978, que relata conselhos sensuais de um livro.

> No livro *Mulher total* de Marabel Morgan: Marabel ensina que a *Mulher total* deve estar 'pronta' para ter relações sexuais todas as noites, deve tentar seduzir o marido em lugares inusitados, como por exemplo debaixo da mesa de jantar, ou na rede. [...] Deve recebê-lo, quando chega do trabalho, usando os mais audaciosos e menores trajes que puder imaginar, algo como meias pretas, saltos altos, aventalzinho, um clipe de strass no cabelo, e mais nada. Deve colocar recados picantes em sua pasta de trabalho. Deve telefonar

---

18 *Como evitar a rotina no amor,* em revista *Claudia,* em junho de 1978.

Despindo corpos | 175

para o escritório e murmurar com voz de sufoco "Estou morrendo de desejo por você".[19]

Esse artigo fornece dicas de como a mulher deve se comportar para seduzir seu marido. Apesar de a revista *Nova* abordar vários tipos de relacionamentos, nesse específico, refere-se ao matrimônio e a como a esposa pode fazer para estimular o desejo e o interesse de seu marido. O artigo fornece todas essas técnicas no intuito de reacender a chama da paixão e apimentar o relacionamento. O principal objetivo de todas essas técnicas é fazer com que seu companheiro se interesse apenas por você. Isso significa que o medo da infidelidade masculina seria um grande motivador para as mulheres adotarem uma postura ativa frente ao sexo e à sensualidade. As possibilidades que a liberação corporal e sexual trouxeram às mulheres, fizeram com que elas disputassem "de igual para igual" a atenção masculina. Diferente de outras épocas, em que a esposa não deveria ser ativa sexualmente, a colocava em uma posição de desvantagem frente às mulheres consideradas mundanas, que poderiam exercer a sexualidade com maior atitude.

Outro importante fator é a presença dos sexólogos dando conselhos de como ter uma vida sexual mais satisfatória. O sexólogo é um profissional que atua de forma interdisciplinar, abrangendo, principalmente, a psicologia, a psiquiatria e a ginecologia. Desde a origem da expressão *sexualidade* no século XIX, os sexólogos apareceram modestamente, mas foi a partir da década de 1960, que tiveram seu apogeu (BRENOT, 2006). As revistas analisadas utilizaram os conselhos desses profissionais em muitos de seus artigos.

Ainda em 1978, a revista *Nova* sugeria às leitoras as técnicas do Tantra indiano para estimular o extremo prazer sexual entre o casal. Ainda pensando no campo sexual, sensual e amoroso como uma batalha, *Nova* trazia, em seus artigos, muitas possibilidades, fornecendo às leitoras aprendizados diferenciados em relação às outras mulheres.

---

19 *Quanto tempo pode durar o interesse sexual dele por você?,* por Julieta Rímini em revista *Nova* de dezembro de 1978.

176 | *Gisele Bischoff Gellacic*

> Aqui estão as surpreendentes técnicas sexuais de uma exótica cultura de milhares de anos, e que podem levar você para além do prazer físico! [...] Mas o que você diria se lhe fosse oferecida a possibilidade de atingir o êxtase sexual sem grandes dificuldades? Pois é isso que propõe a Tantra, uma filosofia milenar da Índia [...] Nas sociedades ocidentais tal ideia de sexo ainda é nova – afinal o sexo sempre foi visto como uma função meramente biológica [...] Durante milênios, é verdade, a responsabilidade de descobrir novas técnicas amorosas, bem como a iniciativa do ato de amor, tem sido colocada sobre os ombros dos homens, ao mundo ocidental. Dessa forma, a mulher se manteve sempre menos informada do que o homem sobre o sexo, sempre com mais tabus a vencer. Agora, essa situação começa a mudar. As mulheres já estão percebendo que podem ter muitas das responsabilidades que antes cabiam apenas aos homens.[20]

O artigo supracitado refere-se ao sexo quase como um esporte - através de técnicas diversas, era possível alcançar *performances* cada vez melhores. Para isso, era necessário todo e qualquer tipo de façanha, *não somente era preciso fazer amor de todas as maneiras, com todas as pessoas possíveis, sem reticências, sem tabus* (BRUCKNER, *op. cit.*, p. 155). A função do ato sexual era completamente ligada ao prazer de seus agentes e à intimidade suprema. Propor o sexo além de sua função biológica implica uma alteração da própria função de seus agentes. Afinal, na função biológica, a reprodução é o principal objetivo do ato sexual, e assim, os gêneros eram bem definidos através de tais funções reprodutoras. Mas, se a função da sexualidade era o prazer, as funções dos gêneros no ato sexual foram repensadas, colocando um a serviço do prazer do outro, quase em um patamar de igualdade. Observa-se que, cada vez mais, valorizava-se uma sexualidade erótica, ao invés da sexualidade reprodutora dos anos anteriores.

Apesar de muitos artigos incitarem as leitoras a terem uma postura mais liberal frente a seus corpos e ao sexo, nota-se que não era uma transição facilmente aceita. Muitos artigos falam dos desafios e das dificuldades que as

---

20 *O jeito oriental de amar*, por Kamala Devi em revista *Nova*, de novembro de 1978.

Despindo corpos | 177

mulheres tinham, ao tentar adotar postura mais liberal. Em um artigo de dezembro de 1980, a revista *Claudia* definiu a sensualidade, e ainda, deu explicações às suas leitoras acerca da importância de ser sensual.

> Hoje cabe a você encontrar sua espontaneidade e adotar suas próprias decisões. Para pessoas que se amam, o amor é uma grande descoberta, e seus caminhos são absolutamente particulares. Solte-se e deixe seu corpo e seu coração falarem. [...] Não estamos falando em permissividade grotesca. Falamos de erotismo... que não deve assustar ninguém, porque não se trata de um novo modismo. É um ingrediente importante na sua vida sexual e que pode fazer maravilhas. É aquela sensualidade bonita, que carrega consigo todo o sentimento amoroso e expressa afeto, calor... [...] Sensual é aquilo que estimula sua sensibilidade. [...] Para amar, a gente tem de explorar sensação e emoção.[21]

No artigo supracitado, vemos a preocupação de *Claudia* em dizer a suas leitoras que o erotismo era saudável e normal às pessoas que amam. A revista ainda buscou desculpabilizar as posturas sensuais de sua carga moral, afirmando que certa dose de erotismo era natural entre pessoas que se amavam. Assim, o próprio amor passava a ser representado através da sensualidade dos corpos e do enlace sexual. Logo, para se viver um grande amor, que ainda consistia em uma das principais buscas femininas, segundo as revistas analisadas, era necessário aprender a sensualidade e o erotismo.

Outro problema relatado pelas revistas era a falta de vontade e de entusiasmo na hora de fazer sexo, que poderiam ser causadas por diversos fatores, como relata o artigo de revista *Claudia* de janeiro de 1982.

> Quase sem se dar conta, a gente começa a fugir quando ele chega e propõe relações sexuais. Fazer amor se torna um desconforto e o desejo é apenas uma pálida sombra de outras épocas. [...] Sexóloga Valderez Bittencourt: "O desejo, em nós, está associado a muitos fatores: endócrinos, psicológicos, culturais, sociológicos. A propósi-

---

21 *Erotismo não é pecado, é uma linguagem de amor*, em revista *Claudia*, dezembro de 1980.

178 | *Gisele Bischoff Gellacic*

to, na mulher, em geral, dá-se o seguinte, por alguma razão, ela tem diminuição do desejo e não se excita nas preliminares do ato sexual. Assim, a penetração pode causar dor... Os motivos são vários e um dos principais é a ansiedade. E sentimentos como ódio, desprezo, medo da intimidade e compromisso podem estar relacionados com o ato sexual. Na tentativa de camuflar tais sentimentos que causam ansiedade, a pessoa suprime o desejo. [...] É que, culturalmente, a mulher não pode sentir desejo. [...] E o pior é que alguns ginecologistas fazem a seguinte advertência, ao ouvir queixa de falta de desejo: 'Trate de resolver, senão seu marido vai embora'. Dessa maneira, o processo de erotização da mulher – que é um processo necessário para que ela possa vir a ter prazer no sexo – torna-se um reaprendizado; é um recomeçar a perceber o corpo e suas sensações. [...] Para elas, é muito difícil assumir a responsabilidade da sua própria sexualidade. [...] A questão, no principio, é quererem ser normais ou seguras nos seus casamentos. E, novamente, acredito que esse comportamento nasça de um condicionamento cultural: a mulher tem direito ao amor, não ao sexo".[22]

Mais uma vez, as revistas buscavam conselhos de uma sexóloga para tentar explicar o problema da falta de vontade de fazer sexo. Segundo a sexóloga, o maior problema eram os medos e as inseguranças provenientes de uma educação rígida e da sociedade ainda arraigada aos antigos tabus referentes ao sexo. *A inibição e a frustração eram apontadas com o dedo como doenças a serem erradicadas* (BRUCKNER, *op. cit.,* p. 156), e como mostra o artigo, algumas mulheres sofreriam desses maus, causando dores físicas e traumas psíquicos. Para superar essa ansiedade, a mulher deveria reaprender o sexo, seu próprio corpo e suas sensações, ou seja, reconsiderá-los através de uma outra visão que os considerassem saudáveis. E as revistas colocavam à disposição tais ensinamentos.

Além disso, nota-se que o artigo refere-se a cada parte do ato sexual, sem preocupações explicativas. Excitação, desejo, prazer, penetração, foram cita-

---

22 *De repente murcha em nós a vontade de amar,* em revista *Claudia,* de dezembro de 1982.

dos pela sexóloga sem constrangimentos, o que denota certo conhecimento por parte das leitoras de tais fases do ato sexual. As preliminares, também citadas, que fazem parte de um tipo de aquecimento, devendo proporcionar a excitação para o ato sexual, foram incorporadas no roteiro sexual dos casais a partir desse período. Esse tipo de preparação para o sexo foi algo estabelecido no contexto da liberação sexual e corporal e envolvia o conhecimento anatômico seu e do seu parceiro, bem como o preparo do corpo para receber e sentir as mais variadas sensações.

> Na cama, o destaque foi dado às preliminares. [...] O longo movimento de descoberta do corpo entrou em ação. É preciso notar que isso surgiu junto com o progresso de higiene íntima. A limpeza era exigida (SOHN, 2003, p. 138).

A ênfase à higiene corporal, como foi visto no início desse capítulo, tinha a função de deixar o corpo *sexy*, mas também de preparar cada uma de suas partes para ser vista, tocada, e assim, senti-las.

Além dos problemas de ordem psíquica, outros são denunciados no artigo da revista *Nova* que também ressaltou os problemas das mulheres que não tinham vontade de fazer sexo.

> Não importa se o desejo está em baixa ou se o clima não é dos mais românticos: mulheres muito ocupadas e bem-sucedidas no trabalho provam que sempre pode sobrar tempo e disposição para o sexo – seja de manhã bem cedo, à tarde ou na calada da noite. [...] Sem dúvida, esta vida dupla exige bastante prática. Não é fácil transformar-se em um "gata" *sexy* após as oito horas de trabalho, agitação e cansaço. [...] Deixar-se envolver e fazer amor não é algo simplesmente feito pelo prazer de um bom momento, É uma maneira de sentir-se viva, de unir dois corações. É a emoção de ter 18 anos novamente. [...] Mas, se você parar regularmente para fazer amor, cada aspecto de sua vida será mais pleno, mais rico, mais excitante.[23]

---

23   *E cadê o ânimo para fazer amor?*, por Laura Glauco, em revista *Nova*, de abril de 1985.

O artigo acima relata os problemas das mulheres que trabalhavam fora de casa, e se sentiam cansadas no final do expediente para ainda usufruírem dos prazeres sexuais. Mesmo entendendo a falta de ânimo de tais mulheres, o artigo ressalta a importância do sexo como uma espécie de elixir da juventude. Isso significa que fazer sexo não era algo apenas para o momento em si, mas para revigorar os ânimos, e fazer da vida algo mais pleno, ou seja, a plenitude da vida poderia ser alcançada com a prática sexual cotidiana.

Capítulo 4
Provocando emoções e sensações

Historicizar emoções é um grande desafio, sobretudo o amor e o prazer. Mas, segundo Jean Delumeau (2009), estudar as emoções é, sem dúvida, uma aventura intelectual um tanto excitante. Falar de sensações e emoções é buscar compreender o imaginário coletivo sobre as trajetórias dos afetos. Essa trajetória seria constituída historicamente – susceptível, portanto, de mudanças ao longo do tempo e de acordo com as culturas. Uma vez que as emoções são sentidas, principalmente, de maneira corporal, a cultura se inscreve no momento em que se valoriza, ou não, cada sensação, e para isso, educa-se o corpo com o intuito de estimular, educar, reprimir e controlar.

Esse tipo de disciplina corporal, através das emoções, foi constantemente influenciado pelas diferenças de gênero, uma vez que existiram sensibilidades identificadas ao feminino, e outras ao gênero masculino.

> ... ao longo da história, os homens e as mulheres não conferiram ao amor o mesmo lugar, não lhe deram nem a mesma importância nem a mesma significação. Assim, Byron dizia que o amor, no masculino, é apenas uma ocupação entre outras, ao passo que preenche a existência feminina (LIPOVETSKY, *op. cit.*, p. 21).

O amor foi, em grande parte da história, uma busca feminina. As mulheres eram educadas para sonhar com um grande amor, mesmo que fosse um sentimento hipotético frente aos casamentos arranjados. O sentimento amoroso era ensinado e valorizado pelas mulheres, como no século XIX quando liam romances açucarados, destinados exclusivamente a elas

182 | Gisele Bischoff Gellacic

(DUBY; PERROT, 1991). Graças a esse esforço, mulheres eram ensinadas a amar, a sentirem tal emoção, e a buscarem com todo o entusiasmo. Os corpos eram disciplinados para se emocionarem frente ao amor. Além disso, a beleza foi identificada, muitas vezes, como um investimento, para chamar a atenção dos olhares masculinos, e assim, tornar possível o sonho de viver um grande amor. Um corpo belo trazia uma maior possibilidade de atrair a atenção dos homens, e assim conquistá-los.

A revolução dos costumes, em meados da década de 1960, trouxe a possibilidade de um novo imaginário sobre o amor. Principalmente incentivado por alguns dos movimentos feministas da época, que buscavam libertar as mulheres de suas antigas funções sociais, o amor passou a ser visto como algo negativo.[1]

> Durante os anos 1960, vem à luz um novo feminismo, que lança suas flechas menos contra o próprio amor do que contra a maneira pela qual as mulheres são socializadas e submetidas ao ideal romanesco sentimental. Na efervescência dos anos rebeldes, analisada que é como uma forma de ópio das mulheres (LIPOVETSKY, *op. cit.,* p. 27).

Assim como esses grupos viam o trabalho doméstico como uma forma de prisão, o amor romântico era visto como uma outra forma de escravidão, que mantinha as mulheres presas aos seus antigos papéis sociais. Em contrapartida, o discurso sobre o sexo passou a ser cada vez mais exaltado pela imprensa feminina, como já vimos nos demais capítulos. A sexualização dos discursos era uma forma de se rebelar contra os antigos padrões que confinavam as mulheres às funções de mãe, esposa e dona de casa. Falar abertamente sobre o sexo, erotizar e sensualizar os corpos era a forma mais direta de se liberar, opondo-se ao discurso romântico de outrora. Isso não significa dizer

---

1 Durante esse período houve a proliferação de muitos movimentos feministas, e nem todos concordavam com a visão de que o amor era uma forma de aprisionamento feminino. Nesse momento, nos referimos mais pontualmente ao MLF ou *Mouvement de Libération de Femmes*, que apesar de pensar nas mulheres francesas, teve muita influência no Brasil.

que o amor deixou de ser exaltado, mas que esse sentimento seria remodelado, através dos discursos de liberação sexual e corporal.

Por meio da pílula contraceptiva, o sexo desvinculou-se da reprodução, tornando-o um dos meios de buscar a igualdade entre os gêneros. Se, desde outros tempos, os homens podiam circular nos espaços públicos, trabalhar fora de casa e ter uma postura ativa frente ao sexo com sua esposa e amantes, muitas mulheres viam-se, agora, capazes de terem as mesmas atitudes. E ter tais atitudes, foi para muitas, o maior ícone de liberação feminina. Isso pode ser entendido através da máxima: *Quanto mais eu fizer amor, mais eu farei a revolução* (BRUCKNER, *op. cit.*, p. 151).

Ao se idealizar que o sexo era o meio pelo qual a liberação acontecia, outras problemáticas se colocavam, como a questão do prazer. Sentir prazer já havia sido relacionado à reprodução, desde quando alguns cientistas afirmaram que o prazer feminino era necessário à reprodução.

> De acordo com a tradição hipocrática retomada por Galeno, pensava-se que o prazer feminino era necessário à reprodução. A descoberta dos mecanismos de ovulação levou a que se pensasse que não era assim. O prazer da mulher parecia supérfluo, inútil, como era o clitóris (CORBIN, *op. cit.*, p. 118).

O ciclo ovariano e reprodutivo nas mulheres e nos mamíferos, em geral, foi descoberto no início do século XX, principalmente graças às pesquisas do médico grego Papanicolaou. Com tais descobertas, a antiga ideia de que o prazer feminino era necessário para a reprodução foi refutada, e assim, precisou-se redefinir e dar novos significados ao próprio corpo da mulher. *A descoberta da ovulação espontânea em alguns mamíferos foi de enorme importância histórica em termos da representação do corpo da mulher* (LAQUEUR, *op. cit.,* p. 260), principalmente o clitóris que não teria uma função direta dentro das novas explicações. Foi nessa época que Sigmund Freud buscou dar novos significados à sexualidade, utilizando a subjetividade do indivíduo para tal.

O discurso de Freud a respeito da sexualidade feminina era claro e, apesar de aceitar o prazer proveniente do corpo e de suas partes, dava significados distintos para cada um. Os tipos de prazer proveniente do clitóris e da vagina foram compreendidos de formas diferentes, uma vez que o orgasmo vaginal seria o almejado, correto e adulto; em contrapartida, o orgasmo clitoridiano seria algo fora da norma esperada por mulheres maduras. Inclusive, são relatados também pelo médico, os perigos de um comportamento leviano em relação à origem do prazer, podendo levar a mulher a ficar histérica, ou seja, doente. Toda essa visão provocou um maior afastamento entre prazer e sexo para as mulheres, disciplinando os corpos femininos a não sentirem prazer, sobretudo no ato sexual.

Mas, em meados dos anos 1960, tudo isso mudou. Uma vez que as antigas formas de amor passaram a ser vistas como antiquadas, e o sexo passou a ser cada vez mais valorizado, o prazer voltou a ser cogitado. Mais do que isso, assim como o corpo sexual e sensual tornou-se ícones da liberação sexual e corporal, o prazer foi o arremate final. E então, novos problemas foram instaurados: como disciplinar os corpos femininos, que há muito aprenderam a não sentirem prazer, a voltarem a ter tal emoção? Ou ainda, como redefinir o amor, e disciplinar os corpos a essa nova sensação?

No momento em que esses sentimentos foram redefinidos, alterou-se a forma de homens e mulheres se relacionarem. Além de todas essas mudanças provocarem uma redefinição na própria masculinidade, a erosão dos costumes modificou os mecanismos de conquista, o envolvimento amoroso e as maneiras de se relacionar.

Além disso, algumas invenções tecnológicas ajudaram tais alterações, como o telefone e o carro (PROST; VINCENT, 2009). Ambas as invenções possibilitaram a criação de uma maior intimidade entre o casal, que não precisava mais passar por exposições aos familiares e aos amigos para se relacionarem. O carro possibilitava o ir e vir dos amantes para lugares diversos longe da casa dos pais, como lanchonetes, cinemas e bailes. Além disso, a intimidade do espaço interior do carro convidava o casal a investidas mais íntimas. O telefone, apesar de ter sido inventado ainda no século XIX, teve sua maior difusão nessa época, o que possibilitava marcar encontros com mais discrição e maior eficácia.

A imprensa feminina, como grande veiculadora de maneiras e formas de conduta tomou a frente, instigando suas leitoras a todas as novas sensações e formas de se relacionarem. A revista *Nova* e a revista *Claudia*, devido a seu sucesso de público no Brasil, tornar-se-iam importantes difusoras das novas formas de os casais se relacionarem, e também, de como suas leitoras deveriam sentir o prazer e o amor.

Aprendendo a amar e a se relacionar com os novos homens

Pode-se dizer que, durante a primeira metade do século XX, o namoro tinha como principal objetivo ser uma etapa preparatória para o casamento. Deveria ser levado à sério pelo casal, que buscava se conhecer e desenvolver um vínculo. Intimidades como beijos eram desestimuladas, e membros da família e amigos vigiavam o casal para não deixar tais aproximações irem longe demais. O namoro, então, era levado à sério e tinha um objetivo preciso. As mulheres utilizavam esse tempo para demonstrar que eram *de família*, que eram dotadas de virtudes que a fariam uma boa mãe e esposa. Os homens deveriam utilizar esse tempo para mostrar que era um rapaz sério e de boas qualidades. Assim, ambos demonstravam, mutuamente, que poderiam exercer as funções de mãe, esposa e dona de casa, e de bom marido e provedor da família. O amor era estimulado nesse tipo de relação,

> ...e ligado ao que se pode chamar de sensações do espírito, algo próximo à afeição e afinidade (de pensamento e estilos de vida) não há qualquer referência a um sentido mais físico, erótico (este tipo de atração, frequentemente, é atribuído às paixões, aos amantes proibidos, ou aos deslizes) (BASSANEZI, *op. cit.*, p. 79).

A revista *Claudia,* em seus primeiros anos de publicação, ressaltava em seus artigos, todas as características citadas de como deveria ser um namoro e a sensação do amor. Nota-se que essa postura de *Claudia* reafirma a periodização da liberação sexual e corporal proposta no início deste trabalho, que acomoda o primeiro momento entre os anos de 1961 e 1967 e nos preceitos

186 | *Gisele Bischoff Gellacic*

de décadas anteriores. Como demonstra outra parte do artigo *Os homens compreendem as mulheres* de maio de 1962.

> ...examinando cinco pontos da alma feminina mais difíceis de penetrar, diz que, em geral, os homens: não compreendem o comportamento da mulher diante do amor; não justificam seu obstinado, mórbido ciúmes; não se comovem diante da hipersensibilidade; não apreciam sua justa vaidade e ambições; não suportam sua melancolia, feita de tudo e de nada.[2]

A ideia de que o amor era uma sensação sentida de maneira específica pelas mulheres aparece explícita no artigo. Mais do que isso, afirma-se que a sensação do amor era algo proveniente da alma feminina, ou seja, daquilo que representava a essência da mulher. Logo, mudar a forma de sentir o amor seria uma barreira quase intransponível. O artigo traz a ideia de que esse tipo de sensação era algo incompreensível aos homens, pois eles não possuíam a mesma alma ou essência que as mulheres. O amor era, então, um ponto de desacordo e afastamento entre as almas ou essências do próprio casal. O artigo ainda denuncia o ciúme e a hipersensibilidade como características, exclusivamente, femininas e provenientes da forma ou do tipo de amor sentido pelas mulheres.

Durante todo esse período, a revista *Claudia* afirmava, em muitos momentos, que o principal objetivo do casamento era ter filhos, principalmente, quando estimulava suas leitoras ao exame pré-nupcial, que consistia em uma avaliação médica dos corpos dos noivos para se certificarem que estavam aptos a terem filhos saudáveis. A coluna *Claudia responde* de cartas de leitoras aborda, diversas vezes, o tema, como mostra a carta de janeiro de 1962.

> Não vejo razão para o seu noivo levar a mal a sugestão que denota grande senso de responsabilidade. O exame pré-nupcial deveria ser

---

2   *Os homens compreendem as mulheres*, por Luciana Peverelli em revista *Claudia* de maio de 1962.

Despindo corpos | 187

uma prática generalizada e obrigatória, uma vez que a finalidade última do casamento diz respeito à prole.[3]

Por meio da resposta de *Claudia* a uma leitora com o pseudônimo de Noiva Paulista, nota-se como a revista afirma a importância da responsabilidade dos noivos ao se prepararem para a grande finalidade do casamento. Diferente do namoro, durante o noivado, o casal assumia publicamente a intenção de sua união, oficializando o compromisso. A leitora se mostra em dúvida quanto a pedir ao seu noivo fazer o exame pré-nupcial, provavelmente, essa insegurança partia da possível desconfiança de que o noivo teria tido alguma aventura amorosa. Mas, a revista afirma que isso não era motivo de tal insegurança, uma vez que, nesse momento do relacionamento, a responsabilidade falaria mais alto, afinal, se o casal já estava nesse nível de oficialização, o exame seria uma importante ferramenta para garantir o futuro do casamento e dos filhos do casal.

Ainda no ano de 1962, a revista *Claudia* denunciava os riscos de um comportamento leviano frente à conquista amorosa. O chamado flerte era visto como uma atitude inconsequente para as mulheres.

> O importante para você e para os que a julgam, é compreender a diferença entre um flerte inocente e certas facilidades, que fazem uma jovem perder o seu próprio respeito e o dos rapazes. [...] Por que razão você é namoradeira? 1 – Para embasbacar as amigas; 2 – Porque você entende que é uma prova de emancipação; 3 – Porque você não tem suficiente vontade para resistir; 4 – Porque durante uma reunião noturna, as alternativas são namorar ou morrer de tédio; 5 – Porque é o único meio de fazer que um rapaz se apaixone. [...] Se você flertar, não há duvidas de que será muito solicitada, mas única e exclusivamente para passatempo, não se iluda... você será procurada porque é acessível. [...] Você está sem duvida, convencida de que sabe onde parar. Considera normal excitar um rapaz e, num dado momento (quando começa a ficar com mêdo,

---

3   *Claudia responde – Exame pré-nupcial,* em revista *Claudia* de janeiro de 1962.

não é?), exigir dêle prudência e respeito. (Cuidado, um dia um deles lhe dirá que não há nenhum motivo para medo, você acreditará e poderá se arrepender...) [...] Alguns instantes de divertimento fácil pesam pouco numa vida inteira. Não, não é idiota nem antiquada, uma môça reservada. Você pretende despertar apenas sensações e não sentimentos? Quer ser apenas e sempre objeto de brincadeira? Lembre-se que aquêle que você procura através de namoricos, não se encontra assim. Êsse, vai procurar uma jovem no meio das que se dão um pouco mais respeito. Êsse, não achará idiota que ela seja ajuizada, não achará antiquado ela manter-se pura, e nem ridículo o fato de ela pretender casar-se, sem ter feito, antes tôdas as experiências.[4]

Nesse artigo, a revista denuncia os perigos e as consequências de flertar levianamente, ou seja, sem a intenção de conhecer alguém de respeito, e de transformar tal união em um namoro sério.

O flerte é visto como próprio para jovens, e solteiros, "não fica bem" para as mulheres mais velhas (correm o risco de parecerem fáceis e "oferecidas") e é impensável para mulheres casadas. Numa época em que o namoro é considerado pela moral dominante como apenas uma etapa na escolha do cônjuge e que, portanto, deve ter em vista o casamento, o flerte feminino "inconsequente" não é encarado com bons olhos (BASSANEZI, *op. cit.,* p. 63).

Ainda que o início da década de 60 já venha experimentando algumas alterações nos costumes, que inclusive é citado no artigo, nota-se que são estimulados certos cuidados. Essas alterações nos costumes seriam, provavelmente, na possibilidade de uma maior intimidade entre o casal que poderia circular em áreas públicas, como parques, praias, bailes e cinemas, durante o dia ou à noite. Além disso, já eram toleradas discretas manifestações de carinho em público, como *a troca de olhares, sorrisos e sinais significativos numa tentativa de seduzir ou simplesmente demonstrar interesse pelo outro (Ibidem).*

---

4   *Eu sou namoradeira, e daí?,* em revista *Claudia* de novembro de 1962.

Despindo corpos | 189

O artigo afirma que o flerte devia ser levado a sério e, em hipótese alguma, ser feito sem propósito. Essa postura demonstra que esse tipo de aproximação entre homem e mulher não podia ser considerada uma brincadeira, e deveria ser feito com um propósito claro, o conhecimento de um futuro cônjuge.

A partir dos últimos anos da década de 1960, algumas mudanças apareceram no que se refere ao relacionamento homem e mulher e ao sentimento envolvido entre eles - combinando com o início do segundo momento de nossa periodização da liberação sexual e corporal, como mostra o artigo de maio de 1970.

> Se você é uma mulher inteligente, equilibrada, não quer nem ser anulada pelo homem nem libertar-se dêle. Seu objetivo é aproximar-se mais, pelo diálogo e pela comunicação. Deseja tomar conhecimento das coisas, emitir opiniões e ver suas ideias levadas sempre a sério quando acontecem as decisões conjugais. [...] Quando uma espôsa sente que o marido a deseja com sua personalidade autêntica, mulher-companheira e não mulher-obediente, ela se sente envolvida em calor humano e cheia de dignidade – o que é a grande aspiração feminina. [...] Você deve converter-se na companheira do seu marido, além de mãe dos seus filhos. Ambos, concordando ou discordando, se respeitam e amam nas boas e más situações. E é o exemplo de amor e de respeito recíproco que, melhor impressiona os filhos, levando-os a um bom desenvolvimento da personalidade. [...] E o resultado final será o fortalecimento da célula-família.[5]

O artigo supracitado ressalta a importância do relacionamento para as leitoras, porém é apresentado de forma distinta como era anteriormente. O amor, que antes era definido como uma forma de afeição e afinidade, começa a ser entendido como um sentimento de reciprocidade e cumplicidade. O estímulo para que o casal converse e, assim, haver uma troca de opiniões, mostra a diferença de outros tempos, quando as revistas femininas estimulavam a

---

5   *SOS! Conversem para se viver bem!*, por WSouza em revista *Claudia* de maio de 1970.

190 | *Gisele Bischoff Gellacic*

mulher a não emitir opiniões próprias ao seu marido.[6] A grande proposta da imprensa feminina das décadas anteriores era a de que, nas conversas entre o casal, a esposa deveria mostrar-se interessada no assunto tratado pelo marido e não discordar dele. Isso mostra a diferença do início da década de 1970, quando a revista *Claudia* afirmou que, concordando ou discordando, o casal deveria conversar para se entender e chegar às conclusões necessárias. *O artigo* ainda mostra que esse deveria ser o tipo de relação almejada por mulheres inteligentes e equilibradas, que priorizavam serem companheiras e não completamente obedientes. Dessa forma, a revista já apontava alterações no relacionamento com base na própria emancipação das mulheres e liberação sexual e corporal ocorridas no mesmo momento. E ainda, o artigo afirma que, através do respeito mútuo, era o único tipo de manifestação *correta* de amor. Aos poucos, a revista *Claudia* mostra outro tipo de relacionamento entre homem e mulher, e também uma nova forma de manifestar o amor.

Em março de 1981, a revista continuou abordando a questão dos relacionamentos.

> Hoje, elas sonham com um "príncipe" diferente. Não mais aquele que levava a donzela, a cavalo, sem poder opinar sobre qual seria o melhor rumo. Hoje, as mulheres querem cavalgar ao lado dos efeitos e escolher o caminho.[7]

O artigo acima mostra, mais uma vez, a importância de um relacionamento em que exista cumplicidade e companheirismo entre o casal. Mas, nota-se uma permanência um tanto controversa em relação ao amor. Afinal, apesar da mudança em relação ao que seria o amor, ele continuava sendo incentivado como grande busca feminina. Mesmo o amor sendo visto como um sentimen-

---

6   Algumas pesquisas já abordaram esse tema como as dissertações de mestrado *Imagens femininas na revista "Cigarra": São Paulo 1915-1930,* de Sabrina G. Prado, *Bonecas da moda: um estudo sobre o corpo na Revista Feminina 1915-1936,* de Gisele B. Gellacic e o livro *Virando páginas, revendo as mulheres,* de Carla B. Bassanezi.

7   *Pede-se uma vida mais rica (aceita-se colaboração dos maridos),* em revista *Claudia* de janeiro de 1981.

Despindo corpos | 191

to que aprisionou as mulheres em sonhos românticos e relacionamentos opressores, ele continuou sendo valorizado e incentivado pela revista *Claudia*. "O liberalismo sexual contemporâneo não fez tabula rasa do passado, reafirmou o amor como fundamento privilegiado do Eros feminino" (LIPOVETSKY, *op. cit.*, p. 36). Na verdade, apesar de outro tipo de amor ser idealizado, a partir do contexto de liberação sexual e corporal nas décadas analisadas, este sentimento não foi completamente afastado das relações – antes fora incentivado pelas revistas femininas. O amor companheiro e cúmplice sugerido pela revista *Claudia* mostra que, apesar de todas as propostas de mudanças ocorridas nesse período, o amor continuou sendo uma busca feminina. E talvez, para muitas mulheres, ter um corpo sensual e sexual nos novos padrões seria uma ferramenta para se alcançar o verdadeiro amor.

Outro problema para se constituir relacionamentos amorosos, nesses moldes, era frequentemente relatado pelas revistas analisadas: os homens, ou melhor, como despertar nos homens novas emoções frente ao amor.

A virilidade foi constituída, em grande parte da contemporaneidade, através da preocupação dos homens com o controle das emoções, sobretudo o amor.

> Ao homem encontra-se desenvolvido tudo aquilo que se refere à exterioridade: a iniciativa, a ação, a realização de um projeto durável assim como a firmeza, a maestria de si mesmo, o controle das emoções. Aqueles que pertencem ao sexo masculino devem dominar o medo... (REVENIN, 2007, p. 8).[8]

E assim, em muitos momentos, relatou-se a dificuldade de os homens manifestarem esse tipo de amor em que se valorizava a total integração do casal.

> As mulheres começam a questionar seu papel, rejeitam a imagem submissa e procuram um novo tipo de amor, mais humano e ami-

---

8   *À l'hommes se trouve dévolu ce qui relève de l'extériorité : l'iniciative, l'action, la réalisation du projet durable ainsi que la fermeté, la maîtrise de soi, le contrôle des émotions. Celui qui appartient au sexe masculin se doit de dominer sa peur...* (Tradução da autora)

go. [...] A mulher procura um companheiro, cúmplice e amigo, não um opressor.[9]

No artigo acima, revela-se com clareza as novas buscas femininas frente ao amor. Relacionamentos como os de outrora em que a mulher tinha a função de agradar o marido através dos cuidados com a casa, com os filhos e com ele mesmo, não eram mais a prioridade. Agora o amor era a parceria, a confiança, a harmonia, o entendimento e a amizade. Sentir amor pelo cônjuge deveria manifestar todas essas sensações, diferente de quando o amor do casal era uma afinidade de almas, ou um tipo de afeição. Esse tipo de relação de *antigamente* era visto como um tipo de opressão masculina e, por isso, pretendia-se alterar completamente seu formato. A dificuldade masculina em aceitar tais mudanças foi um dos grandes assuntos abordados pelas revistas.

A publicidade veiculada no mesmo período teria também um importante papel na redefinição do amor e do relacionamento, a partir do final da década de 1960. As imagens e os dizeres trazidos por alguns anúncios ressaltam a importância da união e da cumplicidade do casal, como na propaganda de maquiagem da marca Cashmere Bouquet de agosto de 1970.

Figura 25 – Propaganda Cashmere Bouquet – revista *Claudia* de agosto de 1970.

---

9   *Amor, um jogo de poder (até quando?)*, em revista *Claudia* de março de 1981.

Com os dizeres: *O amor começa com a maquiagem perfeita.* A propaganda estimula a ligação entre uma determinada aparência e o amor. Como se para ter o amor fosse necessário utilizar determinada maquiagem. *A leitora depreende que precisará ter aquela aparência se quiser ter aquela sensação* (WOLF, *op. cit.*, p. 175). A imagem mostra uma mulher com expressão de surpresa, provavelmente devido à aproximação mais íntima de um homem, que segura seu rosto e o beija. As carícias mais íntimas e, principalmente, o beijo passariam a ser o símbolo do casal apaixonado, como mostra a propaganda do perfume Coty do mesmo ano.

Figura 26 – Propaganda Coty – revista *Claudia* de maio de 1970.

Com os dizeres *Nada acontece por acaso*, a propaganda estimula a leitora a relacionar a fragrância do perfume ao amor, como se fosse capaz de provocar a mesma sensação no amado. A imagem, um tanto reveladora, mostra um perfil feminino cheirando o perfume e, dentro de sua imagem, como se estivesse pensando ou imaginando, aparece um casal se beijando. O amor, como emoção, deveria ser manifestado através do corpo, por meio de carícias e beijos - principalmente o beijo na boca que se popularizava, saía do espaço privado, e tornava-se o grande ícone de um casal apaixonado. *De repente, o longo beijo na boca foi valorizado, tornando-se o símbolo da paixão, e se generaliza* (SOHN, *op. cit., p.* 138). No momento do beijo, fecham-se os olhos para intensificar a sensação do tato, afinal, é através desse sentido que mais se estimulam as sensações e emoções corporais.

Os cosméticos que desde outros tempos já buscavam valorizar o corpo feminino para que pudesse conquistar os homens, continuavam sendo utilizados como *arma de sedução*, porém, agora, de uma forma diferente. Devido à erotização do casal e do próprio amor, os cosméticos se apresentavam como auxiliadores na capacidade sedutora e erótica feminina. Além disso, as *lingeries* também seriam importantes para instigar o amor nos homens, como mostram muitas das propagandas do período.

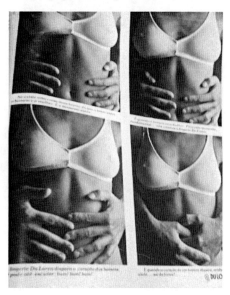

Figura 27 – Propaganda Du Loren – revista *Claudia* de novembro de 1976

Com os dizeres: *Só existe uma coisa mais bonita do que o amor entre o homem e a mulher. É o momento antes. É quando o homem vê a mulher. Para este momento fundamental... nós criamos a lingerie Du Loren. A lingerie Du Loren dispara o coração dos homens. Você pode até escutar: Bum! Bum! Bum! E quando o coração do homem dispara, minha filha, ulalá... sai da frente!...* A publicidade de Du Loren relaciona o amor ao sexo, de forma que fica confuso para a leitora saber exatamente ao que estão se referindo. Quando afirmam que só existe uma coisa mais bonita do que o amor entre o homem e a mulher, é o momento antes, a propaganda relaciona o amor com o "fazer amor", deixando ambígua essa informação. Além disso, a imagem retrata uma tendência das publicidades de *lingerie* que aparecem, a partir de 1977: a presença masculina. Como na propaganda acima, sobre o ventre feminino aparece uma mão masculina que a abraça, a cada imagem, cada vez mais. As fotos do anunciante sugerem às leitoras que, ao usar a *lingerie,* estimularia o amor e o sexo com o companheiro. As mãos que abraçam o abdome feminino cada vez mais representariam a proteção masculina, a troca de intimidade entre o casal, mas de uma forma um tanto dominadora, uma vez que segura e aperta o corpo o feminino, como se estivesse se apossando desse corpo e impedindo seu movimento. Lembrando dos ideais da liberação sexual e corporal, que buscavam emancipar as mulheres, inclusive de seus movimentos, essa imagem aparece um tanto contrária.

Algumas propagandas foram importantes difusoras das novas formas de amar e de manifestar essa sensação. Tais propagandas têm uma importância educativa, uma vez que sugerem às leitoras quais seriam as formas ideais de se relacionar e de expressar seu amor no relacionamento, como a do sabonete Badeskyou, veiculada na revista *Claudia* em novembro de 1971.

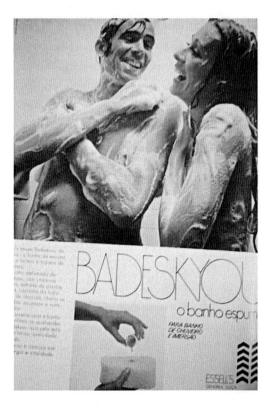

Figura 28 – Propaganda Badeskyou – revista *Claudia* de novembro de 1971.

Essa propaganda mostra a imagem de um casal sorrindo, feliz, tomando banho juntos. O estímulo à troca de intimidade pelo casal desse anúncio publicitário é imperativo, sugerindo que um casal que se ama e é companheiro, não teria vergonha ou embaraço em serem cúmplices, mesmo nos momentos mais íntimos, como lavar os corpos. A ideia de que a relação amorosa, além de cumplicidade, deveria manifestar também a felicidade e a diversão entre o casal aparecem fortemente apresentada pela propaganda.

Alguns anos depois, em 1977, outra propaganda utiliza a mesma ideia da troca de intimidades pelo casal na hora do banho.

Figura 29 – Propaganda Rexona – revista *Claudia* de setembro de 1977.

Com os dizeres: *Um é bom, dois é melhor. Novo Rexona Herb. Agora você tem dois perfumes para escolher,* o anúncio insinua a relação entre as duas fragrâncias do sabonete com o banho a dois, afirmando que tomar banho a dois seria melhor do que sozinho. A imagem é mais insinuante do que a vista anteriormente, pois o casal está posto um de frente para o outro, com olhos fechados e bocas levemente sorrindo e abertas. Isso poderia insinuar que o casal estaria fazendo amor no banho, em uma troca ainda maior de intimidade.

A publicidade de toalhas de banho também aproveita a ideia de parceria e cumplicidade para vender seus produtos, como mostra a propaganda de Artex de fevereiro de 1977.

Figura 30 – Propaganda Artex – revista *Claudia* de fevereiro de 1977.

Com os dizeres: *Nova coleção Ela e Ele de toalhas decoradas Artex. Pelo menos aqui o sexo continua bem definido.* A publicidade de toalhas mostrava a preocupação de que, naqueles tempos, vivia-se uma falta de definição dos sexos – aqui entendido de forma simplificada como ser homem e ser mulher. A imagem mostra um jovem casal enrolado em toalhas definidas como a *do homem* e a *da mulher*, porém nota-se que, apesar de os dizeres ressaltarem que, nessa coleção, os sexos estariam bem definidos, vemos o homem enrolado em uma toalha rosa, cor símbolo do feminino. Isso mostra que essa definição exaltada pela propaganda não era completa, possibilitando a ideia de que a própria masculinidade passava por uma espécie de feminização, *em direção a um "novo homem" mais suave, menos machista ou mais feminino* (MONTEIRO, 2013, p. 352). Se pensarmos que as novas formas de amar

Despindo corpos | 199

propostas pelo período pressupunham um homem mais emotivo e sensível frente ao amor, de fato ocorria uma redefinição da virilidade com traços antes ligados apenas ao feminino.

Em novembro de 1980, a revista *Claudia* abordou outro tipo de dificuldade nas relações conjugais, que se referiam diretamente à redefinição da masculinidade e da feminilidade, ocorrida neste período de liberação dos costumes.

> Nossas leitoras apresentam os problemas que estão afetando sua vida conjugal: maridos pouco compreensivos e imaturos, que não sabem amar. Um se irrita com a participação da esposa no amor, outro, prefere o prazer solitário como se fosse um adolescente.[10]

Segundo o artigo acima, a maior dificuldade dos homens era saber amar, ou seja, não se integrar ao relacionamento. Uma vez que o amor era uma sensação importante para o relacionamento, sendo entendido como uma forma de compartilhamento entre o casal. Além disso, o artigo relaciona fortemente o amor ao ato sexual, no momento em que denunciam a falta de companheirismo dos homens nos momentos de intimidade. Assim, entende-se que a cumplicidade entre o casal que já havia sido ressaltada através de conversas e trocas de opinião, deveria também acontecer na hora do sexo.

Claudia, por se dirigir, sobretudo a leitoras casadas ou em busca de um casamento, ainda se referia à ideia de que todo amor companheiro era proposto a um casal convencional. Porém, o contexto de liberação sexual e corporal vivido de forma mais intensa, nos últimos anos da década de 1960, possibilitou a existência de muitos outros tipos de relacionamento. A revista *Nova*, devido a sua postura mais direta e aberta para falar dos assuntos relacionados ao amor e ao sexo, falava sobre a possibilidade de diversos tipos de envolvimentos amorosos, além do convencional. Apesar de a revista *Nova* também falar sobre a dificuldade de muitos homens em manifestar seu companheirismo no momento de intimidade, o aborda de forma diferente de *Claudia*.

---

10 *Amar melhor*, em revista *Claudia* de novembro de 1980.

200 | Gisele Bischoff Gellacic

> Ele está deitado de bruços, satisfeito, feliz, dormindo um sono realizado. E você, olhos no teto, fica imaginando o que "poderia ter sido". Tensa, desapontada. Há muito tempo a cena se repete. Um momento tão ansiosamente esperado que, de repente, se torna tão vazio... [...] Homens assim "objetivos" não são raros. E eles geralmente consideram as carícias preliminares desnecessárias...[11]

De forma direta, e sem subentender que se direcionava a uniões convencionais, como o casamento, a revista *Nova* falava da falta do companheirismo dos homens especificamente no sexo. Anunciando que homens que agiam dessa forma não eram raros, a revista denunciava a falta de cumplicidade. Isso demonstra que esse tipo de intimidade deveria ser manifestada em qualquer tipo de relacionamento, convencional, ou não. A revista fala das sensações ruins provenientes desse tipo de atitude, e ainda, volta-se à ideia de que as preliminares seriam a manifestação corporal do envolvimento de cumplicidade entre os amantes. Este seria o momento de descoberta do outro, de seu corpo e da manifestação de diversas sensações.

A partir do momento em que a revista *Nova* falava da possibilidade do companheirismo entre o casal, porém sem a obrigatoriedade do casamento, abria-se a possibilidade de pensar novos tipos de relação. Na verdade, essa proposta vinha a partir do contexto de liberação sexual e corporal, e ainda, de emancipação feminina, que via as antigas formas de sentir o amor como uma forma de opressão. Para muitos,

> o amor se tornou obsceno. Nesse fanatismo pansexual, as pessoas se persuadiam de que o amor era apenas a superestrutura da infra-estrutura erótica, que os sentimentos eram apenas a expressão do desejo (BRUCKNER, *op. cit.*, p. 157).

Apesar de uma forma específica de amor ser valorizada por muitos, como as leitoras da revista *Claudia*, muitos achavam que amar era sinônimo de se *prender*, e de não viver plenamente as delícias do chamado *amor livre*.

---

11   *Ele faz amor... e pronto!*, por Volia Balbini em revista *Nova* de setembro de 1975.

De qualquer forma, apesar de todas as novas formas de amar, impõe-se a importante premissa de que fazer amor sem amar não é mais um tabu feminino (LIPOVETSKY, 2000).

Dentro das novas possibilidades, a revista *Nova* abordou, diversas vezes, as novas formas de relacionamento. Por exemplo, quando falou a suas leitoras sobre os benefícios de aceitar o convite para sair, mesmo que esse não fosse o homem ideal.

> Se você não está com o Sr. Correto, como aproveitar a companhia do Sr. Errado que encontrou? Se estamos de acordo que o objeto de um programa – qualquer que seja – é viver ao máximo seus poucos (ou muitos) momentos bons, é necessário que você aprenda a se divertir também em companhia do homem errado. Em primeiro lugar, não precisa ser na base do "ou tudo ou nada".[12]

De forma completamente diferente do flerte das décadas anteriores, a revista *Nova* incitava suas leitoras a saírem com o *homem errado*. O objetivo principal desse envolvimento amoroso, longe de ser o casamento de outrora, era o divertimento. A descontração e a diversão tornavam-se a base de muitos encontros amorosos. O tom de brincadeira nas relações passou a ser importante para a sua manutenção. A paquera descompromissada pelo simples prazer passava a ser uma possibilidade de envolvimento.

A ideia de envolvimento amoroso com um tom de brincadeira, apareceria em muitas imagens publicitárias, como a marca de roupas Trevira em maio de 1975.

---

12 *Aceite o convite (mesmo que ele não seja o homem ideal) e aproveite ao máximo! (Pode ser melhor do que ficar em casa),* por Allan Fromme, em revista *Nova* de setembro de 1974.

Figura 31 – Propaganda Trevira – revista *Claudia* de agosto de 1975.

Com os dizeres: *O bom da brincadeira de achar a etiqueta Trevira é quando acha. Sair atrás de um papelzinho onde está escrito "Trevira", pode parecer uma ingênua brincadeira de criança. Na verdade, é mesmo uma brincadeira. Mas não é tão infantil assim. Pois achar a etiqueta Trevira significa viver uma emoção eletrizante. Significa que a sua roupa foi aprovada pela Banca examinadora mais severa do mundo, o Controle de Qualidade da Hoechst. Significa também, que você está em perfeita sintonia com a última moda.* O anúncio da marca de roupas utiliza a ideia da brincadeira de forma ambígua, referindo-se à conferência da qualidade do produto com a conquista e a sedução. A brincadeira sugerida seria procurar a etiqueta que assegurasse a qualidade do produto. O que poderia parecer ingênuo não era, pois, para achar essa etiqueta, seria necessário tirar a roupa, o que traz forte apelo sexual. Na imagem, vemos um homem e uma mulher: ele a aborda puxando-a para si, insinuando uma possível dominação. Outro ponto interessante é a visível diferença de idade entre os dois, – o homem parece mais velho do que a mulher –, o que insinua uma relação em que não tinha nenhum propósito de casamento, mas apenas de diversão para ambos, lembrando o envolvimento de um pai de família com sua amante.

No mesmo ano, a marca de camisolas Rhodianyl também insinua uma relação entre uma relação amorosa e a brincadeira.

Figura 32 – Propaganda Rhodianyl – revista *Claudia* de outubro de 1975.

Com os dizeres: *Hoje à noite, brinque de cineminha em casa. Use uma camisola Rhodianyl e faça o papel principal.* A propaganda de camisolas demonstra uma ligação direta entre a brincadeira e o ato sexual. De forma insinuante, sugere à leitora que brinque de cinema e que seja a atriz principal, o que tem um duplo sentido com a atividade sexual. A imagem mostra um casal sentado no que poderia ser uma cama, e abraçados. Nota-se claramente o rosto da mulher com olhos fechados e expressão de prazer, mas não o do marido. A mão da mulher está sobre a do homem, que por sua vez, está

204 | Gisele Bischoff Gellacic

sobre sua perna. Não fica claro se a mulher está segurando a mão masculina, como se buscasse conter a investida, ou ainda, se ela o está instruindo. *Todas as formas de instrução parecem envolver certa subordinação entre o instruído e o instrutor* (GOFFMAN, *op. cit.,* p. 34).[13] Dessa forma, a mulher aparece realmente com o papel principal frente à conquista amorosa. Um ponto fundamental na propaganda é quando aparece a aliança na mão esquerda da mulher, insinuando que era um casal unido de forma convencional, - mostrando que apesar de todas as mudanças e alterações que o amor e o envolvimento amoroso sofriam no contexto da liberação sexual e corporal, muitos ainda tinham dificuldade de pensar tais liberdades fora do casamento.

Apesar disso, as novas liberdades sexuais e corporais possibilitaram novas formas de envolvimento amoroso. Como forma de incentivar novos tipo de relação, a revista *Nova,* juntamente com a revista *Playboy*, promoveram, a partir do ano de 1985, um contato entre seus leitores. Era o chamado *Ponto de encontro*, seção em que fotos dos leitores eram publicadas, e as pessoas interessadas poderiam escrever a redação, ou seja, as fotos das leitoras de *Nova* eram veiculadas na *Playboy*, e vice versa. Os interessados poderiam trocar cartas e se conhecerem melhor. Essa era a possibilidade de leitores de ambas as revistas conhecerem possíveis amantes para um tipo de relação menos formal, uma vez que o perfil dos leitores dessas revistas já era mais liberal do que outras.

Além disso, o tom leve nas relações abria espaço para novos tipos de relações *mais sérias*, porém sem a obrigatoriedade do matrimônio, como mostra o artigo de *Nova,* intitulado *A opção de morar junto* de julho de 1980.

> Nos últimos anos, mais e mais casais estão abrindo mão do casamento em nome de uma união "sem papel passado". Eles acham que isso é melhor do que viver um mau casamento.[14]

---

13   *All instruction seems to involve some sort of subordination of the instructed and deference for the instructor.* (Tradução da autora)

14   *A opção de morar junto*, por Ana Maria Abreu e Marielza Augelli, em revista *Nova* de julho de 1980.

O tom leve e descompromissado que as relações passaram a ter estimularam novos tipos de envolvimento, como é o caso relatado por *Nova,* em que o casal mora junto, mas sem o *papel passado*. Esse formato de relação entre o compromisso e o divertimento, talvez auxiliasse o casal não se prender em antigas formalidades e possíveis opressões. Talvez, viver como um casal sem o formato convencional era a possibilidade encontrada por muitos de viver um relacionamento menos sério e, por isso, talvez, mais leve e divertido.

Orgasmo: a nova sensação feminina

Emoção individual quase incomunicável, mas também uma realidade cultural, o orgasmo tanto faz parte quanto escapa da experiência coletiva (MUCHEMBLED, *op. cit.,* p. XI). Historicizar o prazer sexual é buscar significados coletivos, culturais e sociais para a sensação máxima de deleite. Segundo Robert Muchembled, foi só a partir do nascimento da noção de indivíduo, primeiramente, na Renascença, até sua maturidade, durante o século XIX, que se tornou possível cogitar essa forma de prazer carnal. Depois, foi necessário romper a antiga dualidade ocidental entre a mente e o corpo, para assim trazer a este último um lugar privilegiado.

> ... os teólogos cristãos e Freud destacam uma oposição irredutível entre duas entidades constitutivas do homem. Uns falam do corpo e da alma. O outro distingue de maneira mais complexa a pulsão de vida e de morte, afirmando ao mesmo tempo que a sexualidade é indispensável à sobrevivência da espécie e que ela encerra um potencial destruidor. Nos dois casos, o espaço deixado às alegrias da carne é consideravelmente reduzido. É preciso esperar o último terço do século XX para ver florescer reflexões mais favoráveis aos benefícios do orgasmo e a seu lugar eminentemente em nossa cultura *(Ibidem,* p. 17)

Para as mulheres, esse percurso foi um pouco mais complicado, devido às superstições e à moral relacionada ao seu corpo. Como já foi dito, durante muito tempo, considerou-se o prazer sexual feminino diretamente relacionado à reprodução, porém, a partir das descobertas sobre o ciclo ovariano e

206 | *Gisele Bischoff Gellacic*

hormonal das mulheres, essa visão mudou. Com isso, para muitos, o prazer feminino passou a ser uma discussão sem sentido. No início do século XX, voltou-se a falar do prazer feminino, principalmente através dos estudos de Sigmund Freud.

> A história tem início em 1905, quando Freud redescobriu o clitóris, ou o orgasmo clitoridiano, ao inventar sua contrapartida vaginal. [...] Após quatrocentos anos ou talvez até mesmo dois mil anos surgiu de repente um outro ponto que dava prazer nas mulheres. Em 1905, pela primeira vez, um médico declarou que havia dois tipos de orgasmos, e que o tipo vaginal era a norma esperada nas mulheres adultas (LAQUEUR, *op. cit.*, p. 278-279).

Thomas Laqueur (2001) analisou a descoberta de Freud, através da mentalidade da época sobre a mulher, relacionando o clitóris como um órgão *difícil de ser domesticado*, devido à sua função ligada, exclusivamente, ao prazer da mulher; a vagina, por sua vez, estaria relacionada a certa passividade, pois recebia o pênis na hora do coito e estava diretamente ligada à fecundação. Seria por isso que Freud valorizava os benefícios do orgasmo vaginal ao contrário do clitoridiano. Laqueur continua afirmando que, apesar da visão tendenciosa de Freud em relação ao corpo feminino, há um avanço, quando ele afirmou a existência do orgasmo na mulher.

Após tantos anos e tantas versões acerca do prazer feminino, o contexto de liberação sexual e corporal vivido, a partir dos anos 1960, trouxe importantes questionamentos a esse respeito. Os relatórios científicos produzidos nessa época fizeram importantes descobertas em relação ao orgasmo. Em 1966, o relatório Masters & Johnson forneceu a primeira análise científica sobre o gozo feminino. *Os resultados baseiam-se nas respostas de 487 mulheres, dadas no laboratório dos pesquisadores logo após terem tido um orgasmo* (MUCHEMBLED, *op. cit.*, p. 305), e assim foram detectadas três etapas: uma primeira que constitui uma sensação de suspensão e de consciência sensual, uma segunda apresentada como uma onda de calor, e uma terceira, com a contração involuntária da bacia e da vagina. Alguns anos mais tarde, algumas estudiosas,

Despindo corpos | 207

como Shere Hite e Anne Koedt afirmavam que o único orgasmo realmente válido à mulher era o clitoridiano. Todos esses estudos foram importantes para dar novos significados ao corpo feminino, principalmente aos órgãos sexuais, interpretando-os além de sua função reprodutora.

A pílula anticoncepcional também teve um papel fundamental, principalmente quando possibilitou pensar no ato sexual sem que estivesse relacionado à reprodução, e assim, poder pensar apenas no prazer.

Todo esse percurso trouxe novos significados ao corpo feminino e à sensação de deleite sexual. A imprensa feminina foi muito importante para ensinar suas leitoras a descobrir seu corpo e aprender a sentir e detectar tal emoção. O prazer foi uma das últimas, senão a mais importante modificação referente à constituição da identidade sexual feminina, a partir da década de 1960, - inclusive, Robert Muchembled (2007) afirma que a importância que o gozo feminino passou a ter a partir da liberação dos costumes, seria a grande revolução.

> O papel essencial do gozo feminino, liberado do dever da maternidade, pela primeira vez desde a origem da humanidade, em função da livre vontade da interessada. A verdadeira revolução é essa! *(Ibidem)*

Nas revistas analisadas, a discussão sobre o prazer feminino apresentou de forma diversa. Nota-se que a periodização da liberação sexual e corporal é mantida: entre 1961 e 1967, os artigos falavam de um prazer menos corporal e mais ligado a uma sensação de satisfação ao ver o bem-estar familiar. Nas décadas seguintes, foi feito um longo percurso para se chegar a falar do orgasmo, que foi de discretas insinuações até o discurso franco e aberto. Mais uma vez, a publicidade apresentou a temática do prazer antes que os próprios artigos.

Os artigos de ambas as revistas que abordavam o prazer o faziam de diversas formas, como aqueles que tinham um teor de ensinar as leitoras a sentirem a emoção e outros que falavam dos problemas relativos a tal sensação. Mas, nota-se que, em sua maioria, os artigos que falavam dos problemas e das dificuldades de se alcançar pleno prazer sexual concentram-se em

Claudia. Aqueles que eram mais educativos, ensinando as leitoras a terem um orgasmo e incentivando o direito ao prazer, para assim, constituírem-se como sujeitos do prazer estavam em *Nova*.

> ...constituição de uma posição de sujeito que aponta para uma moral sexual em que a mulher recusa a constituição tradicional de feminilidade, constitui-se como sujeito do desejo, busca prazer sexual; toma iniciativa no relacionamento sexual, busca independência financeira e familiar (SILVA, *op. cit.*, p. 187).

A postura de *Nova* retrata sua busca por emancipar suas leitoras e transformá-las em sujeitos, fosse através da independência financeira, ou sobre o seu próprio corpo e as sensações provenientes do mesmo.

Entre os artigos de *Claudia*, essa noção educativa da leitora como sujeito do prazer demoraria mais, sendo mais comum após 1985, momento não privilegiado nesta pesquisa. Provavelmente, essa diferença tenha ocorrido devido à natureza própria de cada revista: *Claudia* mais recatada e moderada frente aos assuntos da sexualidade, e *Nova* mais direta e audaciosa.

Nos primeiros anos da publicação de *Claudia*, divulgou, em seus artigos, uma moral sexual de décadas anteriores, estimulando a virgindade e a ignorância sobre o assunto. *O sexo, mesmo no casamento, ainda é visto como um tema delicado (ou secundário) e que só vai ser tratado, do ponto de vista científico* (BASSANEZI, *op. cit.*, p. 352). A revista *Claudia* afirma que a grande fonte de prazer das mulheres era a felicidade de seu marido, como no artigo abaixo publicado em maio de 1962.

> Quando uma mulher está enamorada, sente-se feliz por estar nos braços do homem amado, por dar-lhe provas de sua afeição, mas quase sempre é impulsionada, principalmente, pelo prazer de fazê-lo feliz, pela íntima e espiritual satisfação de sentir-se desejada.[15]

---

15 *Os homens compreendem as mulheres?*, por Luciana Peverelli em revista *Claudia* de maio de 1962.

Despindo corpos | 209

O grande deleite feminino, dessa forma, era o de ver seu amado feliz e de sentir-se desejada. Nota-se que tal sensação de prazer não acontecia em seu próprio corpo, - a emoção era proveniente de um estímulo intelectual e não corporal. O prazer dava-se fora de um contexto sexual, ou seja, o prazer não estava, necessariamente, identificado *como um conjunto de sensações agradáveis ligadas à estimulação dos órgãos sexuais* (MARZANO, *op. cit.,* p. 110). Outros artigos da mesma época ainda exaltavam o prazer sentido pela esposa ao proporcionar o bem-estar de toda a família.

Essa visão iria aos poucos sendo transformada, e a relação entre o prazer, o sexo e o corpo se estreitava. Em 1969, a revista *Claudia* trouxe a entrevista com um ginecologista que tirava dúvidas sobre a intimidade do corpo, e ainda ressaltava a importância da consulta periódica a esse especialista.

> O mêdo, a ansiedade, a insatisfação fazem dêsse método (tabelinha) um dos mais seguros para pôr fim a todo o prazer sexual. [...] Um casal só pode descobrir o verdadeiro sexo quando a aproximação mútua se torna constante e profunda. Sexo não é alguma coisa a se provar, mas algo que aproxima na felicidade e no prazer.[16]

O ginecologista condenou o uso do método contraceptivo chamado *tabelinha*, afirmando que este colocaria fim ao prazer sexual. Ao dizer isso, o médico falou claramente de uma relação sexual que tinha como objetivo o prazer e não a reprodução. O medo da gravidez indesejada e as preocupações em sua decorrência poderiam colocar fim ao prazer. Nota-se que o médico usou a expressão *prazer sexual*, e não orgasmo. Na verdade, a revista *Claudia* e sua postura mais contida frente a tais assuntos fizeram com que, em seus artigos, palavras como essas fossem comuns, como *êxtase* ou *clímax sexual*. Além disso, a escolha da expressão *prazer sexual* pode também significar que o médico estaria se referindo à sensação prazerosa do ato sexual como um todo, e não especificamente o momento do orgasmo. De qualquer forma, nota-se que a falta de prazer passou a ser tão importante no ato sexual, que

---

16 *Intimidade do corpo*, em revista *Claudia* de março de 1965.

210 | *Gisele Bischoff Gellacic*

sua falta tornou-se um caso médico. Essa é uma postura que se estreitou ao longo dos anos, *o prazer "insuficiente" se torna um mal entre outros, que deve ser tratado clinicamente* (GUILLEBAUD, *op. cit.,* p. 139). E assim, cada vez mais, o corpo e o sexo passaram a ser assuntos de atuação médica e científica.

Uma das primeiras vezes que a palavra *orgasmo* apareceria na revista *Claudia* foi com Carmen da Silva, em sua coluna *Arte de ser mulher*. A colunista já abordava os problemas referentes à busca incessante por esse tipo de sensação.

> De um momento para o outro, sexo deixou de ser privilégio masculino: também a mulher tem direito ao prazer. Aliás, mais do que direito: o orgasmo, que antes era quase um atestado de "virilidade psíquica", transforma-se em obrigação. [...] ... trata-se de convencê-la de que há algo erradíssimo com a mulher que não atinge o clímax sexual. O que constitui, é claro, um novo modo de enquadrá-la. [...] A nova ênfase no orgasmo feminino vem servindo de pretexto para transformar as relações sexuais numa espécie de acrobacia de circo ou de pista olímpica: cursos, terapias, ginásticas, livros, conferências, práticas de exercícios constantes para aperfeiçoar a técnica e melhorar a performance.[17]

No artigo acima, Carmen da Silva denunciou os riscos dos novos tempos e de todo o incentivo a uma vida sexualmente ativa. Identificando a exaltação da sexualidade quase como uma competição esportiva, a colunista enxergou que esse exacerbado incentivo de busca ao prazer poderia ser mais uma forma de aprisionamento e de coações às mulheres.

> O gozo é enfrentado como se fosse uma prova, que leva à aprovação ou ao fracasso. Beber, comer, entregar-se ao amor passaram a fazer parte dos requisitos de uma boa reputação. Para ter o brevê de radi-

---

17 *Cuidado: até nosso sexo está sob controle*, por Carmen da Silva em revista *Claudia* de novembro de 1977.

cal, indique a média de tempo de seus orgasmos. (GUILLEBAUD, *op. cit.*, p. 124).

A liberação sexual e corporal foi criticada por Carmen da Silva como um novo risco à emancipação feminina, pois a busca por uma performance sexual altamente qualificada estaria se tornando uma nova forma de confinar as mulheres em funções específicas, não permitindo sua elevação enquanto ser humano. A preocupação excessiva pelo bom desempenho sexual estaria afastando as mulheres de sua verdadeira emancipação.

Outro problema relatado pela revista foi a simulação do orgasmo por algumas mulheres. Como mostra o artigo de setembro de 1978.

> Durante 18 anos uma dona-de-casa chamada Luísa não foi mais do que uma boa atriz ao lado do seu marido. Este é o depoimento mais dramático da nossa reportagem. Outras mulheres também expuseram idênticos problemas. E, ao analisá-los, o sexólogo Márcio Barbosa mostra por que elas adotaram essa perigosa conduta. "Geralmente, a mulher finge prazer por ter medo de perder o marido ou de quebrar uma pretensa harmonia do lar, mesmo que esse hiato lhe custe o alto preço do conformismo e da decepção". [...] É que a mulher, se acomodando e transferindo toda a responsabilidade dos desajustes sexuais para o marido, com o tempo irá perdendo cada vez mais a motivação. Poderá se tornar inclusive assexuada; simplesmente exclui o sexo de sua vida. [...] Na realidade, a maioria dos homens preferiria uma "mulher ousada" no momento da relação sexual, à figura da esposa convencional, passiva e submissa. Entretanto, tudo indica que nem todas as esposas estão preparadas para assumir este papel, tornando-se mais desinibidas com seus maridos. E nem todos os maridos estão preparados para despertar o mundo sexual, muitas vezes rico, da sua esposa.[18]

---

18 *Esposas confessam: por que simulamos prazer na hora de amar*, em revista *Claudia* de setembro de 1978.

212 | Gisele Bischoff Gellacic

O artigo supracitado fala da dificuldade de algumas esposas alcançarem o máximo prazer na relação sexual, e os possíveis problemas oriundos dessa forma de conduta. Com certa retidão, o artigo novamente não utilizou a palavra *orgasmo* nenhuma vez, referindo-se como *prazer máximo*. Mais uma vez, a opinião de um sexólogo é ouvida, – para ele, algumas mulheres fazem isso devido ao medo de perder o marido. Mais à frente, o artigo diz que seria o contrário, que muitos maridos preferem suas esposas mais ousadas durante a relação sexual.

Nota-se que a busca pelo prazer se coloca, então, como uma forma de agradar o marido, e assim, manter a harmonia conjugal. A revista *Claudia* diz que ter uma postura de simular o prazer poderia ser uma atitude perigosa, ou seja, algo que cause um dano ou um risco à própria pessoa e ao casal. Afinal, *o entendimento sexual passou a ser o critério de sucesso de um casal* (GUILLEBAUD, *op. cit.*, p. 144). Logo, fingir o prazer iria contra a ideia de cumplicidade e companheirismo valorizado em um casal. Tal postura poderia ser interpretada como uma mentira, levando até a uma separação. A sensação do prazer legítimo aparece, então, como uma necessidade, e até uma imposição. Além disso, o artigo também ressaltava a responsabilidade de alguns maridos que não buscavam despertar o *mundo sexual* a suas esposas. Talvez para aqueles que ainda viam com dicotomia as mulheres, como *aquelas para casar* e *aquelas para se divertir*.

Outro problema relatado pela revista *Claudia* que poderia estar relacionado com o anterior, era a dificuldade de algumas mulheres em atingir a volúpia do ato sexual. Em um artigo de junho de 1980, que responde algumas perguntas frequentes das leitoras, a questão do orgasmo aparece em primeiro lugar.

> Não consigo me soltar, sentir o amor, o orgasmo, como eu gostaria, apesar dos esforços do meu marido; Sinto dores durante a relação. Como resolver? *Resposta Claudia*: Há mulheres que possuem "a ansiedade pelo prazer", conforme constataram os sexólogos [...] Em resumo: a mulher deve aprender que no amor e no sexo, um pouco de egoísmo é até saudável.[19]

---

19 *Amor & Sexo – 10 respostas às principais dúvidas da mulher*, em revista *Claudia* de junho de 1980. (Grifos da autora)

A pergunta posta relaciona diretamente a sensação do amor com o orgasmo, e assim, nota-se como tais sensações estavam ligadas à ideia do que deveria ser a cumplicidade do casal. *Claudia*, como se refere em sua maioria a leitoras casadas, teve essa postura muitas vezes, ao tentar relacionar as sensações, entendendo que o prazer sexual era o momento máximo de cumplicidade entre um casal. Na resposta sugerida, afirma-se que um pouco de egoísmo seria saudável nas relações sexuais e amorosas. A ideia de um egoísmo saudável opõe-se ao antigo ideal de relações conjugais que visavam primeiramente agradar o marido e a família. Isso mostra que, após anos priorizando o prazer, ao ver os outros felizes e satisfeitos, muitas mulheres tinham dificuldade ao pensar apenas em si e sentir prazer por si mesmas.

Outro problema é ressaltado por *Claudia*, quando se aborda o prazer, que, de certa forma, também se refere à dificuldade de algumas mulheres chegarem ao orgasmo. Em novembro de 1980, a revista apontou o problema de algumas mulheres que perseguiam o prazer com muita ansiedade.

> Hoje as mulheres lembram este pássaro perdido quando lutam para prevalecer suas justas e humanas aspirações afetivas e sexuais. Uma palavra define sua posição diante do intenso debate que se trava sobre o assunto: confusas![20]

No artigo acima, a busca pelo prazer sexual e o amor aparecem como uma batalha para tornar a mulher mais humana. Dentro do contexto de liberação sexual e corporal, dizer que a mulher seria *mais humana* significa que, através da busca pelo prazer, a mulher poderia se emancipar e tornar-se dona de si. Como o prazer é uma sensação única, individual e pessoal, poderia contribuir para tornar a própria mulher mais consciente de si mesma. Por isso, a revista exalta que tal busca, além de humana, é justa. Porém, é ressaltado também que a mulher, ao buscar o deleite, estaria um tanto confusa, sem saber identificar completamente tal sensação e nem qual seria a maneira mais eficaz de ir à busca do prazer. Como já foi abordado anteriormente, muitos

---

20 *Não persiga o prazer com tanta ansiedade,* em revista *Claudia* de novembro de 1980.

214 | Gisele Bischoff Gellacic

homens se viam confusos frente à postura mais ousada de algumas mulheres, o que poderia inibir o comportamento de muitas delas. As revistas *Claudia* e *Nova,* como difusoras dos códigos da feminilidade, buscavam ensinar as mulheres a superarem tais conflitos. Principalmente a revista *Nova*, devido a sua postura mais ousada, desde o início de sua publicação em 1973, abordaria diversas vezes esse tema, por meio de artigos educativos em relação à busca do prazer.

No ano de 1974, um artigo que parece ter sido traduzido de sua matriz norte-americana devido ao nome da autora, trata abertamente a questão do orgasmo. Nota-se que, ao se tratar de uma tradução, o editorial da revista poderia estar isento de grande parte da responsabilidade do teor do artigo aos olhos da censura vigente. Mesmo assim, sabe-se que exatamente esse artigo sofreu com a intervenção da censura vigente.[21]

> O aparecimento da pílula contribuiu muito para transformar a imagem da mulher. De reprimida, inibida ou apenas entediada, ela passou a ser ardente, espontânea, apaixonada. Uma mulher sem medos, à procura de igualdade de satisfação. Um grande avanço? É um caso a pensar. Porque, se antes a mulher não se realizava totalmente no amor, também ninguém esperava dela uma grande performance sexual. Hoje, a consciência de que deve atingir o clímax se tornou uma preocupação que gera ansiedade, impedindo-a de viver o prazer de um ato de amor. [...] Quando uma mulher se sente física e emocionalmente atraída por um homem, todos os seus impulsos se dirigem a ele. Os momentos de proximidade atingem as partes mais profundas de cada um. É uma comunicação de pele que substitui totalmente as palavras, mas a conversa maior entre os dois corpos unidos ocorre através da pele, da pulsação. Nessa comunicação, o

---

21 Não foi possível uma análise do texto original sem as intervenções da censura, assim, a citação faz referência ao artigo que saiu na revista no ano de 1974. Nota-se que até as ilustrações que acompanhavam o artigo foram retiradas.

Despindo corpos | 215

orgasmo seria a conclusão final, como uma frase cheia de força, com o poder de sintetizar todo sentimento.[22]

No artigo acima, a revista *Nova* ressalta a dificuldade de muitas mulheres para atingir o clímax sexual. Segundo o periódico, isso acontecia devido aos anos de repressão sexual, que gerava certa ansiedade às mulheres quando passaram a buscar o prazer. Os motivos que levaram a essa ansiedade não foram trabalhados claramente no artigo, mas, através do título do artigo *A tirania do orgasmo*, pode-se entender que a ansiedade gerada pela busca do prazer diz respeito à ânsia de algumas mulheres ao se verem obrigadas a sentirem o pleno prazer sexual, – como se a possibilidade de as mulheres sentirem prazer igualasse os gêneros, tornando a sensação de prazer uma mostra física da emancipação feminina. Na segunda parte do artigo citado, a revista *Nova* buscou dirigir suas leitoras a uma forma de se alcançar o orgasmo, ressaltando a importância da atração física e emocional para haver uma união de corpos suficientemente forte para atingir o clímax. Além disso, o orgasmo foi apresentado como a conclusão final, como uma sensação física capaz de sintetizar o sentimento. O amor não aparece claramente em nenhum momento do artigo, porém, é ressaltada a importância da atração emocional e do orgasmo poder sintetizar um sentimento. Pode-se entender que, apesar de não utilizar a palavra *amor,* o artigo, de alguma forma, ressalta a importância desse sentimento, relacionando-o diretamente à sensação física do orgasmo, como se o próprio orgasmo fosse a manifestação física do amor.

Além de propor formas de conhecer o próprio corpo e como identificar as sensações sexuais, a revista *Nova* trouxe também, em um artigo, uma discussão científica acerca da sexualidade e da anatomia masculina. Intitulado *Orgasmo masculino*, esse artigo também sofreu com as intervenções da censura vigente.

> Você entenderá a sexualidade 'deles' como gostaria que eles entendessem a sua! Querer saber o que as mulheres realmente conhecem

---

22 *Tirania do orgasmo*, por Abby West em revista *Nova* de setembro de 1974.

sobre orgasmo masculino poderia parecer até meio sem sentido. Na verdade, se a mulher é bastante inocente ou desinformada sobre o assunto (o que não é provável), naturalmente ainda não conhece nada. E se já leu alguma coisa sobre o tema em livros ou revistas – ou tem conhecimento na prática – não haveria mais nada que dizer. Mas aí é que está o ponto principal: não haveria mesmo? A julgar pela queixa das próprias mulheres, quando afirmam que os homens são incapazes de compreender o que elas sentem na hora do amor, a resposta parece evidente. Sim, há muito que dizer sobre esse ainda incompreendido orgasmo masculino.[23]

No artigo supracitado, a revista *Nova* aborda a questão da sexualidade e da anatomia masculina. A ideia de conhecer tais questões é colocada como uma maneira de as mulheres se equipararem, ou até conhecerem um pouco mais do que os homens a sexualidade. Como uma forma de liberdade sexual e corporal, o conhecimento do corpo e das sensações do companheiro são colocados como forma de emancipação. As queixas de muitas mulheres a respeito da falta de conhecimento dos homens em relação a sua anatomia e sua sexualidade colocam-se como motivação para as leitoras conhecerem um pouco mais. Compreender a sexualidade do outro aparece como forma de emancipação, que, ao mesmo tempo, se confunde com a necessidade de um conhecimento que torne a mulher mais sedutora e mais ativa sexualmente.

Se o conhecimento do corpo do outro pode ser entendido como uma forma de ter certo poder sobre o outro, pode-se também colocar um paradoxo, uma vez que no contexto da liberação sexual e corporal, muitas vezes, os conhecimentos adquiridos pelas mulheres, as colocam como objeto do desejo do outro, ou ainda em uma lógica de competição com as outras pelos olhares masculinos. Assim, quanto mais se conhecia sobre a sexualidade, mais as mulheres poderiam se colocar em um lugar de destaque na competitiva busca por ser desejada.

---

23 *Orgasmo masculino*, por Dr. Wardell Pomeroy em revista *Nova* de outubro de 1976.

Despindo corpos | 217

Além do conhecimento do corpo masculino, o conhecimento do próprio corpo feminino era exaltado pela revista. Afinal, ser capaz de sentir todos os prazeres oferecidos pelo ato sexual, trazia a necessidade de um conhecimento de sua própria anatomia. No artigo *O 'segredo' que toda mulher deveria conhecer* de dezembro de 1980, fala-se sobre a importância do clitóris.

> Descubra esta preciosa parte da sua anatomia que só tem uma função: dar a você todo o prazer sexual. [...] A segurança sexual, a liberdade de ser completamente franca com um parceiro, nos assuntos relacionados com nossas preferências sexuais, foi, sem dúvida, a grande conquista da tão encantada revolução sexual. [...] Apesar da revolução sexual, certamente ainda há muitas mulheres que não sabem onde é o clitóris nem quanto é necessária a sua estimulação para o prazer.[24]

De forma educativa, a revista *Nova* ressalta a importância do conhecimento anatômico para alcançar o prazer. O clitóris é apontado como uma preciosidade, como o órgão feminino responsável para se chegar ao prazer. A exaltação a esse pequeno órgão, exclusivamente feminino, marca o rompimento decisivo entre o sexo para reproduzir e o sexo para o prazer, e ainda, a formação da mulher enquanto sujeito do desejo e do prazer. Etimologicamente, a palavra "vagina" é definida como *uma passagem cilíndrica e elástica do útero para as partes externas* (LAQUEUR, *op. cit.*, p. 284), o que faz referência direta à sua capacidade reprodutora. Já a etimologia da palavra *clitóris* significa fazer cócegas, referindo-se a uma sensação prazerosa. Apesar disso, nota-se a inexistência de uma palavra que remeta à atividade do sexo para as mulheres.

> Orgasmar por exemplo é proibido: esse verbo não existe. Quando os homens precisam de um verbo que se refira à atividade utilizam o

---

24 *O 'segredo' sexual que toda mulher deveria conhecer*, por Florence Hamlish Levinshon em revista *Nova* de dezembro de 1980.

"ejacular", mas as mulheres "têm" ou "vivem" ou "provam" um orgasmo (BLANC, 2004, p. 244).[25]

Na edição especial de *Nova*, o Guia de sexo, publicado em 1980, aborda o tema do prazer através de perguntas e respostas, em um artigo intitulado *A verdade sobre o orgasmo*. Os principais assuntos retratados no artigo são: se existe uma forma normal de ter orgasmo, como se sabe se está tendo um orgasmo, se o orgasmo é essencial para uma vida sexual feliz, e ainda, se há a necessidade de ter um orgasmo simultâneo com o parceiro.

As propagandas abordaram a respeito do prazer de diversas formas, através de mensagens diretas em seus dizeres e em imagens sugestivas. *O que a publicidade passou a instigar é o dever do prazer. Dever que fica, naturalmente, oculto sob uma capa de liberação* (GUILLEBAUD, op. cit., p. 124). A partir do início da década de 1970, os anúncios abordaram tal temática, de forma indireta, na revista *Claudia*.

Figura 33 – Propaganda Santista – revista *Claudia* de setembro de 1974.

---

25   *Orgasmer par exemple leur est interdit : ce verbe n'existe pas. Quand les hommes disposant d'un verbe actif, éjaculent, les femmes « ont », « vivent » ou « éprouvent » un orgasme.* (Tradução da autora)

Com os dizeres: *O mais gostoso vai começar agora. Até hoje, o mais gostoso terminava aí no banho. Sempre refrescante e animador. Um dia, sem querer, a gente descobre que se enxugar, é mais gostoso ainda. [...] Um toque macio, envolvente e acariciante. E cada vez que a gente enxuga, sente pelo menos uns 10 arrepios...* Nessa propaganda, observa-se a transformação do prazer em uma sensação física. Ainda não há uma relação direta com a sexualidade, porém, ainda assim, o ato de enxugar o corpo é apontado como um provocador de uma sensação gostosa e causadora de arrepios, quase como se a mulher estivesse fazendo amor com a própria toalha, ou ainda que esse ato ensinasse sensações corporais prazerosas. A imagem, em contrapartida, não mostra uma mulher com a expressão de quem estivesse sentindo prazer, mas, de uma mulher que estivesse feliz. A modelo, que só mostra seu rosto, está descontraída de cabelos molhados, com um largo sorriso no rosto - o que relaciona a sensação gostosa ao enxugar o corpo com a felicidade, e não exatamente com um prazer corporal.

Outros produtos vendidos pelas revistas também utilizaram a temática do prazer em suas propagandas, como as próprias *lingeries*. Em julho de 1975 a marca De Millus utilizou a questão do prazer para apresentar e vender seus produtos.

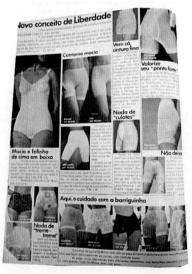

Figura 34 – Propaganda De Millus – revista *Claudia* de julho de 1975.

Com os dizeres: *Novo conceito de liberdade. Liberdade é uma sensação gostosa de vida que uma vez conquistada ninguém quer perder. A liberdade nasce dentro de você, mas não é só uma forma de sentir. É saber escolher o que lhe convém para sair por aí leve e soltinha, confiante nas suas ideias, decisões, realizações e, sobretudo, segura de sua feminilidade, do seu potencial de mulher. Esta sensação começa com Lycra – De Millus.* O anúncio relaciona a sensação de prazer à liberdade, e não diretamente à sexualidade. Mais uma vez, parece ensinar as mulheres a sentir o prazer, afirmando que a liberdade provoca uma sensação como essa. Assim, a liberdade é relatada como ser confiante, decidida e segura de sua feminilidade, e que ser tudo isso provocaria uma sensação de prazer. Ao analisar a imagem que acompanha tais dizeres, aparece uma incoerência. Afinal, as *lingeries* ofertadas são todas cintas para prender e modelar a barriga, o quadril e outras partes do corpo, ou seja, as roupas de baixo servem para comprimir, apertar e até camuflar partes específicas do corpo. As partes que se desejam controlar e disciplinar por meio do uso da *lingerie* são aquelas referentes ao corpo especificamente feminino, como os seios, o quadril, o ventre, entre outras. E assim, um paradoxo é instaurado entre a imagem e seus dizeres, uma vez que se fala sobre liberdade e sensações prazerosas, mas se mostra um corpo controlado e comprimido.

Em outro anúncio do perfume Emotion II, de Helena Rubinstein, veiculado em junho de 1980, a questão do prazer aparece insinuada na imagem e em seus dizeres.

Figura 35 – Propaganda Emotion – revista *Claudia* de junho de 1980.

Com os dizeres: *Para despertar as emoções que você guardou até agora.* A propaganda não aborda de forma direta a questão do prazer, porém, o insinua dizendo que o perfume poderia despertar sensações guardadas até aquele momento. Dentro do contexto da liberação dos costumes, a possibilidade do êxtase sexual seria algo novo e, por isso, a propaganda aproveita tal informação, relacionando o perfume com o prazer. Além disso, na imagem, vê-se um casal abraçado e aparentemente nu, o rosto do homem não pode ser visto, porém o da mulher é retratado em plena expressão de prazer e felicidade. Nota-se que o perfume anunciado seria o responsável por despertar o interesse masculino, e assim, possibilitava o envolvimento sexual e o prazer.

No mesmo ano, a marca de *lingerie* De Millus também ressaltaria a questão do prazer.

Figura 36 – Propaganda De Millus – revista *Claudia* de junho de 1980.

Com os dizeres: *Sinta um toque gostoso no seu corpo. Os toques em seu corpo devem ter as carícias certas nos lugares certos. De Millus tem um toque gostoso para você sempre lembrar: macio, modelável, confortável, um sonho de elasticidade...* Os dizeres do anúncio acima ressaltam as características da *lingerie*, ao provocar sensações de prazer no corpo da mulher quando utilizada. A propaganda educava as mulheres a sentirem sensações prazerosas, e ainda, exalta a capacidade da *lingerie* em provocá-las. As roupas de baixo aparecem aqui como uma forma de "companheiro ideal", que sabe como acariciar o corpo feminino, provocando o deleite. Na imagem, vemos a modelo utilizando um *soutien* branco, com uma expressão de prazer e os olhos fechados. Como não há nenhuma outra imagem que poderia estar dando prazer à modelo, é sugestionado pela propaganda que ela estaria dando prazer a ela mesma, ou que a utilização da *lingerie* que estaria causando tal sensação.

Em outra publicidade de *lingerie* que foi veiculada em abril pela revista *Nova*, e em maio pela revista *Claudia*, novamente exalta-se a capacidade da vestimenta de provocar prazer.

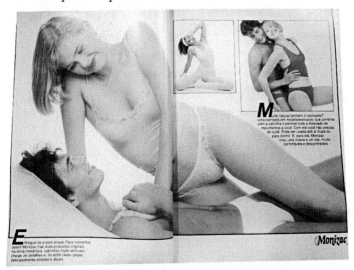

Figura 37 – Propaganda Monizac – revista *Claudia* de maio de 1985.

Com os dizeres: *Entregue-se a esse prazer. Para momentos assim Monizac traz duas propostas originais: na linha romântica, calcinhas muito sensuais, cheias de detalhes e, no estilo clean, peças delicadamente simples e atuais.* Nessa propaganda, vemos a exaltação da *lingerie* como a roupa para atingir o prazer, – não fica claro se a utilização da vestimenta é quem trará tal sensação, ou se estar com o companheiro na intimidade é quem causaria o prazer. Porém, na imagem principal vemos um casal em um momento de intimidade. Ambos estão em trajes de baixo e olham um para o outro. A mulher está sob o homem, porém nenhuma parte de seu corpo, exceto as mãos e as pernas, o tocam. Ela o olha e sorri com uma aparência tímida. A posição da modelo remete a uma ideia de poder sobre o companheiro, subordinando o mesmo. Apesar disso, seus corpos mal se tocam o que demonstra certo recato da própria propaganda ao apresentar essa imagem. Além disso, a expressão da modelo representa certo cuidado e vergonha ao tomar uma atitude de poder no momento de intimidade, e talvez no próprio relacionamento. Já na imagem à direita, vemos o mesmo casal em roupas de baixo vermelhas, como se combinassem, e suas expressões são de extrema felicidade. A ideia de igualdade entre o casal aparece na imagem, uma vez que possuem o mesmo tipo de vestimenta e a mesma altura, porém, na posição dos corpos, vemos o homem abraçando a mulher por trás, um tradicional símbolo de dominação. Em cada imagem vê-se uma representação diferente do mesmo casal, na primeira imagem, quando a mulher ousa tomar a iniciativa e o poder na intimidade causando certa timidez, e, na segunda imagem, que o casal parece compartilhar o ideal de igualdade e cumplicidade, porém o homem se posiciona atrás da mulher identificando a presença de certa subordinação. De qualquer forma, essa propaganda foi veiculada em 1985 pelas duas revistas analisadas, momento em que os ideais de liberação já pareciam todos definidos. Porém, ao que parece, certa dominação persistia...

Foi bom pra você?

Ela assina a *Marie Claire*/No fundo de sua cama um macho dorme/ Que não a amará mais depois do amanhecer/Mas ela não se importa e se anima/E ele sussurra toneladas de "eu te amo"/Ela fuma muito e tem opinião sobre tudo/ Mas não a deixe cair/ Ela é frágil/Ser uma mulher liberada, você sabe, não é fácil.[1]

A letra da música do grupo francês Cookie Dingler de 1984 foi um grande sucesso ao apontar, com certa ironia, as dificuldades da *mulher liberada*. Como se pode ver no trecho acima, o grupo musical afirma que não era fácil ser uma mulher liberada, e isso porque essa mulher que, segundo os autores, assina a revista feminina *Marie Claire*, fumava bastante e tinha opiniões sobre tudo, parece ser ao mesmo tempo, um pouco confusa e insegura. No refrão da música, afirma-se o quanto esta mulher era frágil, apesar de sua postura um tanto altiva. A contradição apresentada pela música, apesar de seu tom sarcástico, reflete uma importante característica da liberação sexual e corporal. Como não foi um movimento bem definido e nem datado precisamente, que buscou romper padrões considerados antiquados, a liberação sexual e corporal pode ser definida como um movimento paradoxal.

---

1 *Elle est abonnée à Marie Claire/ Au fond de son lit, un macho s'endort/ Qui ne l'aimera pas plus loin que l'aurore/ Mais elle s'en fout, elle s'éclate quand même/ Et lui ronronne des tonnes de "je t'aime"./ Elle fume beaucoup. Elle a des avis sur tout/Ne la laisse pas tomber,/ Elle est si fragile./ Etre une femme libérée, tu sais, c'est pas si facile.* Trecho da música *Femme libérée* do grupo francês Cookie Dingler de 1984. (Tradução da autora)

Isso ocorre por estar entre dois tempos, entre normas e regras sociais tão distantes que causava certa confusão. Apesar de a música se referir ao contexto francês de liberação, suas ideias não estavam tão distantes do contexto brasileiro que aparecia na imprensa feminina.

Após analisar as revistas *Claudia* e *Nova,* entre as décadas de 1961 e 1985, nota-se que, para tais periódicos, a *mulher liberada* era aquela que assumia uma postura ativa frente à sexualidade, uma mulher que falava abertamente sobre sexo com seus filhos, cuidava de todo o seu corpo deixando-o sensual, estava atenta por aprender a todo o momento novas formas de fazer sexo, e se relacionava com os homens com cumplicidade, alegria, leveza e companheirismo. Para assumir toda essa postura, um longo processo foi percorrido, enquanto, vagarosamente, eram quebrados e modificados antigos ditames da sexualidade e do erotismo. Esse processo foi incentivado por diversos fatores, como os relatórios sexuais de Masters & Johnson e o de Shere Hite e a pílula anticoncepcional. Especialmente no Brasil que viveu tal período sob um vigilante regime ditatorial, esse processo foi pouco mais complicado. O contexto brasileiro fez com que se vivesse mais um grande paradoxo: de um lado uma severa ditadura que agia através da censura sobre tudo aquilo considerado imoral; e de outro, uma incessante revolução dos costumes e a quebra de antigos paradigmas. Apesar da resistência política a tais progressos, a economia incentivada pelo próprio regime político via, na proliferação dos novos costumes, um mercado promissor. E assim, apesar dos esforços da censura sobre os meios de comunicação, não foi possível conter as publicidades que exaltavam os novos costumes. O sexo, que outrora havia sido considerado um dos maiores tabus sociais, restrito apenas à intimidade do casal e da reprodução, passou a ser, pouco a pouco, o maior agente da revolução nos costumes.

A sexualidade humana nunca foi tranquila, nem linear, nem simples (MARZANO, 2006). A sexualidade está impregnada à condição humana, dotada de valores e regras culturalmente estabelecidas. As últimas décadas do século XX alteraram grande parte das regras que haviam sido estabelecidas em momentos anteriores. Nem tanto uma revolução, nem tanto uma liberação, os acontecimentos ocorridos, a partir da década de 1960, alteraram os ditames da sexualidade de forma sem precedentes na história contemporânea. Aquilo que antes acontecia na intimidade da alcova tornou-se assunto do interesse público e de todos.

As possibilidades criadas, a partir desse momento, foram muitas, como a inserção social de grupos minoritários antes afastados - a situação política e social de negros e mulheres foi trazida à tona, discutidas, e modificadas. Com tais mudanças, eram possíveis, também, importantes ganhos na condição econômica desses grupos, uma vez que houve a possibilidade real desses entrarem no mercado de trabalho formal. Após a inserção política, social e econômica desses grupos, outros puderam também se fazer ouvidos, como os homossexuais. Os costumes de décadas anteriores referentes às rígidas regras sociais caíram lentamente. Grande parte de tudo aquilo que era tido como *falta de educação*, ou ainda pertencente apenas à intimidade e à privacidade foi escancarada. Ao criticar a autoridade e os antigos costumes, a sociedade ocidental, a partir do final da década de 1960, propôs alterações significativas na sociedade como um todo. Imaginava-se que tais alterações realizariam uma transformação com resultados positivos e sem precedentes para grande parte da população.

O advento da pílula anticoncepcional e dos relatórios sobre sexo realizados nesse período auxiliou a transformar as práticas sexuais no símbolo de tais mudanças. As rígidas regras sexuais das décadas anteriores fizeram da própria experiência erótica um bom exemplo de quebra de antigos costumes, ou seja, se a regra era romper antigos tabus, o melhor seria utilizar o maior de todos eles como símbolo destas transformações. E assim, pensou-se que quanto mais se falasse e se fizesse sexo, mais estava se fazendo a chamada *revolução dos costumes*. Porém, uma vez que se estimulava falar abertamente sobre tudo aquilo que se relaciona ao sexo, antigas coações eram atualizadas, e ainda, novas eram formadas. Como afirma Jean-Claude Guillebaud (1999), foi inocente acreditar que tais promessas de liberdade não criariam ônus. E de fato isso ocorreu.

228 | *Gisele Bischoff Gellacic*

Na verdade, a dita liberação corporal e sexual inverteu antigos códigos acerca da sexualidade que buscavam a retidão e a discrição para transformá-los em um espetáculo. Essa nova forma de ver a sexualidade trouxe alguns problemas como a falta de interditos. Isso significa que, ao analisar historicamente, nota-se como a sexualidade foi, em grande parte, associada a algo proibido moralmente, religiosamente, cientificamente etc. Segundo Georges Bataille (2013), era importante a relação entre interdito e transgressão à sexualidade, uma vez que esta última se consolidaria como uma prática transgressora. Isso significa que aquilo que era tido como proibido, em muitas práticas sexuais e eróticas, era justamente o que a caracterizava. E assim, quando a liberação sexual e corporal tendem a tornar todas, ou quase todas as práticas lícitas, estava, na verdade, descaracterizando a própria sexualidade.

> A transgressão não é mais considerada uma audácia corrosiva, uma subversão do proibido em nome do desejo, mas como um bem antigo tornado, infelizmente, inoperante (GUILLEBAUD, *op. cit.,* p. 131).

A relação entre o interdito, a transgressão e a sexualidade transformou também os conceitos da obscenidade e da pornografia - que se definiam e dialogavam justamente onde a sexualidade convencional não alcançava. A partir da década de 1960, quando a sexualidade se tornou onipresente, a obscenidade e a pornografia tiveram que se reinventar, tendo que superar a sexualidade convencional agora mais liberal, para alcançar a transgressão.

Outro problema causado pela liberação sexual e corporal foi a chamada *tirania do prazer*. A sensação de deleite foi travestida com uma visão de felicidade e positividade, alcançando uma imagem de símbolo da liberação. Sem dúvida, uma das maiores consequências desse movimento foi a liberação do prazer, sobretudo às mulheres. Poder sentir prazer nas relações sexuais trouxe uma nova forma de conhecer a si mesma. Porém, quanto mais se valorizava tal busca, mais se prendia à noção de que existia uma necessidade ou um dever de alcançar tal sensação.

> ... o próprio fato de estarmos tão preocupados em dizer tudo, mostrar tudo e ver tudo, e, principalmente, sem que um rubor nos suba

Despindo corpos | 229

> à face, prova que, em vez de olhar Eros tal como é, na realidade fugimos dele: simplesmente não podemos ver Eros 'tal qual é' – impossível encontrar entre o desejo e a lei, ou o pudor, este lugar neutro de onde contemplaríamos objetivamente o fenômeno. O que fazemos é jogar sobre ele uma rede de abstrações [...] que nos proporcionam um fictício domínio e nos permitem daí tirar um prazer que nada tem de carnal, mas que é nosso maior prazer: de nos sentirmos superiores a todos os mundos que precederam o nosso, porque nossa ciência, nosso 'realismo diante da vida', venceram os preconceitos que os escravizavam *(Ibidem)*.

A obrigatoriedade do prazer ultrapassou as experiências sexuais, atingindo diversas áreas da vida pessoal, profissional, emocional etc. Além disso, enxergar que a visão mais liberal frente ao prazer seria a *mais correta* colocou um novo paradigma, pois, ao afirmar que a sexualidade está fortemente atrelada à cultura, as formas de coação de outrora, assim como a visão liberal dos dias atuais estariam ambas presas a tais ditames. Todos os discursos que valorizaram e incentivaram a sexualidade de forma mais aberta e livre, a partir da década de 1960, também estariam atrelados à cultura. Apesar da imagem de que nessa época havia uma *revolução* e que, por isso, se *liberavam* costumes que eram mantidos *presos* e contidos através das regras sociais, tal ideia é na verdade errônea. Tanto as regras de antes, quanto as de depois da década de 1960 responderam a uma demanda social, cultural e até econômica, científica e política de épocas bem específicas. Assim, atribuir às práticas sexuais e eróticas um valor *bom e positivo* atende às novas demandas que surgiram a partir do contexto pesquisado.

Ao observar a imprensa feminina, e no caso específico a revista *Claudia* e a revista *Nova,* nota-se que ocorreu um trabalho incessante por meio de artigos e publicidades para ensinar as leitoras a terem uma atitude liberada frente ao sexo. A liberação nunca significou liberar a tudo e a todos, pelo contrário, ao estimular o falar e fazer sexo, de forma mais aberta, criava-se a necessidade de aprendizados específicos. A existência de uma forma correta de se liberar nega a própria ideia de liberdade, que pressupõe o poder fazer tudo. Como David Le Breton (2011) afirma, não era qualquer corpo que se liberava, mas o magro, liso, jovem etc. Não se falava da liberação sexual e corporal do corpo idoso, ou deficiente, ou obeso.

Quando se fala a respeito das transformações sobre o imaginário do prazer trazido pela liberação sexual e corporal, as mulheres seriam as principais agentes de tal modificação. A possibilidade de se pensar na identidade sexual feminina foi um dos grandes ganhos trazidos pela liberação - isto significa que, a partir desse momento, houve a possibilidade do reconhecimento da mulher frente a sua sexualidade e seu corpo. O orgasmo e o estímulo a sensações prazerosas às mulheres marcam a principal revolução frente à sexualidade nas décadas analisadas. Afinal, a noção do prazer foi alterada significativamente: nos séculos passados era ligado à reprodução, passando pela ideia da inexistência desta sensação corporal, até de fato, se tornar uma possibilidade.

As mulheres dialogaram com a liberação sexual e corporal em grande parte, a partir da imprensa feminina, e aprenderam a tornar seus corpos mais sensuais, eróticos e sexuais. Porém, ao mesmo tempo em que todos esses aprendizados eram absorvidos, as mulheres se constituíam como agente e objeto sexual. Apesar dos aprendizados corporais e até sensoriais que as revistas forneciam, as mulheres apresentavam-se como espetáculo.

> Mas o advento da mulher-sujeito não significa aniquilação dos mecanismos de diferenciação social dos sexos. À medida que se ampliam as exigências de liberdade e igualdade, a divisão social dos sexos se vê recomposta, reatualizada sob novos traços. (LIPOVETSKY, *op. cit.*, p. 12).

Ao despir o corpo, segundo os ditames da liberação, as mulheres atendiam às novas demandas e tinham a possibilidade de se constituir como sujeito de sua história e de seu corpo. Porém, por outro lado, essas tendências criavam um paradoxo no próprio corpo da mulher que se constituía também como um objeto de consumo e do olhar do outro. Assim, além de se despir, a mulher era como um produto desembalado, criando-se novas formas de confinar os gêneros em novos padrões e novas coações.

Os corpos das mulheres são retratados como uma bela embalagem cobrindo uma caixa vazia. Nossos órgãos genitais não são erotizados 'para as mulheres'. Os corpos dos homens não são erotizados 'para as mulheres' (WOLF, *op. cit.*, p. 206).

O amor, que há muito foi um importante sentimento relacionado à feminilidade, não foi completamente afastado das experiências e das buscas femininas como esperavam alguns grupos feministas. Ter um relacionamento e um homem que a amasse parecia ainda ser o grande motivador das alterações corporais, tratamentos embelezadores e da necessidade de aprendizagens sobre a sensualidade e a sexualidade. Mesmo que o amor e as formas de se relacionar fossem alterados no contexto da liberação, ainda assim, eles eram almejados como os grandes motivadores de grande parte das mudanças. Afinal grande parte dos artigos e das propagandas analisadas traz a ideia central de como despertar a atenção masculina.

A sensualidade que se apresentou nas revistas como uma forma de ser mais ativa, na conquista amorosa e no ato sexual, é ambígua. Apesar de ser apresentada, muitas vezes, como uma forma de emancipação, era também uma forma de manter as mulheres como um espetáculo do olhar do outro. Como numa apresentação de *strip-tease*, quando a mulher se despia de forma sensual para o deleite do outro, ou seja, ao tomar uma postura ativa à conquista parecia ela ser o agente, mas todo o espetáculo era direcionado para o outro. Mais uma vez, coloca-se um paradoxo às mulheres: agente e objeto de desejo. A ideia do capital erótico citada, ao longo do texto, pode ser utilizada para complementar o conceito de que a sensualidade feminina seria uma forma de emancipação. Afinal, o capital erótico seria a utilização dirigida da beleza, do *sex appeal*, do charme e do poder de atração sexual para alcançar um propósito, e até tirar vantagens.

Ao afirmar que muitas transformações propostas, a partir da liberação sexual e corporal, ainda restringiam as mulheres em antigos e novos sistemas de dominação, não significa dizer que elas foram as únicas a passar por tais transformações. Afinal, até *o impulso da igualdade entre os sexos que marca o século XX não se faz sem um profundo questionamento da virilidade* (BARD,

2013, p. 128). A liberação e a busca pela emancipação feminina foram grandes incentivadores por tirar a virilidade de seu pedestal. Isso significa que, apesar de os homens passarem por desafios, como prover o sustento de sua família, durante grande parte da contemporaneidade, eles tiveram, na vida privada, e na vida pública, suas vontades individuais incentivadas e respeitadas. A partir da década de 1960, a virilidade passou a ser questionada e o *ser homem* transformou-se em ser outra coisa. Principalmente motivado pela inserção das mulheres no mercado de trabalho, o casamento deixou de ser um destino certo para as mulheres, que devido à pressão social, econômica e familiar, aceitavam qualquer situação repressora, como, por exemplo, a infidelidade. Os homens tiveram que aprender a se relacionar com as *novas mulheres*, dando-lhes mais atenção, e desenvolvendo a cumplicidade no envolvimento amoroso. Corporalmente, os homens tiveram que entrar no disputado mercado da conquista, também tendo que apropriar-se de algumas técnicas embelezadoras para atrair a atenção. Afinal, quando o amor e os relacionamentos tornam-se outra coisa do que nas décadas anteriores, ser apenas provedor não era mais suficiente para manter uma relação. A própria tirania do prazer atingiria o novo conceito de virilidade, uma vez que se tornava também de responsabilidade do homem fazer a mulher sentir prazer, sobretudo sexual. E com tudo isso, eram necessários novos aprendizados.

Ao afirmar que as mulheres e os homens passaram por coações sociais e culturais não significa dizer que ambos a fossem fantoches de um sistema, e que suas respectivas individualidades não fossem também responsáveis por suas atitudes e seus pensamentos. Mas, sem dúvida, todos esses fatores convergem, formando opiniões e incentivando modos de ser.

O contexto de liberação sexual e corporal trouxe a possibilidade de se discutir a sexualidade feminina fora do âmbito médico-científico, como acontecia desde meados do século XIX. As próprias mulheres puderam, de alguma forma, participar dessas discussões, o que proporcionou a formação de sua identidade sexual. Mas também se deve observar que mesmo o desenvolvimento da identidade sexual feminina teve, em grande parte, a referência da já consagrada identidade sexual masculina. Isto quer dizer que reconhecer-se como um indivíduo sexual já era algo que constituía a experiência da virilidade de outros tempos, e isso teria influenciado o reconhecimento da mulher como indivíduo sexual. *O princípio masculino é colocado como medida para todas as coisas*[2] (BOURDIEU, *op. cit.*, p. 29), e mais do que isso, usaram-se referências de mulheres que já eram mais ousadas sexualmente para tal reconhecimento, como as prostitutas e as amantes. Essas mulheres estavam, em grande parte, disponíveis para atender ao desejo masculino, ou seja, a constituição da mulher como um indivíduo sexual pouco teve dela mesma como referência.

Nos dias atuais, são passados quase cinquenta anos do início das modificações sócio-culturais denominadas liberação sexual e corporal. Assim, pode-se observar alguns resultados desse processo histórico. Para começar, a questão da sexualidade feminina. Naomi Wolf, em seu livro de 2013, intitulado *Vagina – uma nova biografia,* afirma que ainda, nos dias atuais, a sexualidade feminina não é bem compreendida.

> A coisa mais destrutiva que os homens têm ensinado sobre as mulheres é que a vagina é apenas um órgão sexual, e que seu sexo é apenas um ato sexual, da mesma maneira que é para os homens (WOLF, 2013, p. 83).[3]

Afirmar que a experiência sexual é mesma para homens e mulheres seria algo da mesma natureza quando os cientistas e médicos de antigamente diziam que existia apenas um sexo. Ao fazer um tipo de afirmação como esta, torna-se desnecessário buscar novos entendimentos, como se tudo já tivesse sido dito e compreendido a esse respeito. Naomi Wolf analisa os problemas desse tipo de pensamento, que confina as mulheres a formas específicas de ver a própria sexualidade, e que não parecem dizer respeito exatamente, a elas.

---

2   *...le principe masculine est pose en mesure de toute chose.* (Tradução da autora)

3   *The most destructive thing that men are being taught about women is that the vagina is just a sexual organ, and that sex for women is a sexual act in the same way it is for men.* (Tradução da autora)

234 | *Gisele Bischoff Gellacic*

Segundo a autora, outro grande problema relacionado à sexualidade feminina foi a forma preconceituosa que a relação sexo-amor foi vista. Segundo Wolf, essa relação seria uma das principais características da sexualidade feminina que, infelizmente, foi vista de forma reducionista e até infantil.

> Mulheres realmente relacionam amor, sexo e intimidade seriamente, não porque a intimidade feminina e o Eros são triviais mas porque a natureza em sua inteligência e conexão transcendental com seus genitais e cérebros forçaram as mulheres a encarar um fato, que é simplesmente mais obscuro nos homens [...] Uma cultura que não respeita as mulheres e tem a tendência de ridicularizar e zombar da preocupação das mulheres com o amor e com o Eros.[4] (*Ibidem*, p. 73)

A autora afirma que a tendência de ver a relação amor e sexo, de forma reducionista, seria uma maneira de reduzir a própria sexualidade feminina. A ligação entre amor e sexo deveria simbolizar uma força e até um motivo de orgulho para as mulheres, e não ser um motivo de vergonha. Segundo Wolf, ainda existe muita coisa a ser descoberta e discutida acerca da sexualidade feminina.

A autora Laura Kipnis, em seu livro *Coisa de mulher* (2006), faz afirmações a respeito da sexualidade feminina nos dias atuais. Kipnis afirma que muitas mulheres ainda se sentem envergonhadas de dizerem o que gostam sexualmente, por medo de afastar os homens, ou ainda, que muitas pensam que demonstrar autoconfiança frente ao sexo seja transar de forma ardente cada vez com mais parceiros.

> Aqui, temos mulheres que estão participando entusiasticamente na cultura da pegação – transas de uma noite e telefonemas para fazer sexo – mas que também reclamam que os homens envolvi-

---

4   *Women indeed take love, sex, and intimacy seriously, not because women intimacy, and Eros are trivial but because nature in its clever and transcendental wiring of women's genitals and their brains hás forced women face the facts, wich is simply more obscured to men [...] A culture that does not respect women tends to deride and mock women's preoccupation with love and Eros.* (Tradução da autora)

Despindo corpos | 235

dos "não dão a mínima se você está gozando ou não". E, mesmo assim, essas meninas estão saindo com eles! [...] Bem-vinda à nova feminilidade – pelo menos, na velha, você era levada para jantar (KIPNIS, 2006, p. 61)

De forma um tanto irônica, a autora relaciona as alterações que a feminilidade teve nos últimos tempos, e afirma que, nos dias atuais, existe um paradigma posto, uma vez que ainda se buscam relacionamentos estáveis e, ao mesmo tempo, se valoriza o sexo casual. Essa análise mostra que alguns conflitos gerados pela liberação sexual e corporal, desde meados dos anos 1960, ainda causam confusão. Afinal, segundo análise de Laura Kipnis, o sexo casual e os relacionamentos parecem ainda pertencer a esferas diferentes, com compromissos e responsabilidades diferentes.

Além disso, segundo Kipnis, todas as liberdades consentidas às mulheres no âmbito sexual não parecem excluir completamente a dominação patriarcal.

> Não se previu o quão facilmente comercializada poderia ser a sexualidade feminina livre e desimpedida, empacotada e vendida de volta às mulheres sob a forma de equipamentos caríssimos: a lingerie da garota safada, o guarda-roupa da gatinha-com-um-chicote, os saltos me-coma, e as depilações públicas regulares. Não, a sexualidade feminina desimpedida não tem sido exatamente um prego no caixão do patriarcado capitalista *(Ibidem,* p. 77).

No trecho acima, Laura Kipnis relata o quão a sexualidade feminina foi comercializada, e ainda, como esta se apresenta a serviço do outro. Para a autora, a exacerbada valorização de apetrechos sexuais voltados ao olhar do outro, coloca a mulher em uma posição submissa como objeto sexual, Esses fatores demonstrariam que a valorização do visual e da *performance* erótico-sedutora da mulher não a transformaria em um indivíduo livre. Por isso, todas essas "liberdades" não teriam colocado fim ao sistema patriarcal, pelo contrário, teria apenas atualizado e criado novas formas de coação.

Outro elemento importante para refletir a respeito da sexualidade feminina, nos dias atuais, foi uma trilogia de livros, com *best-seller* em muitas

236 | Gisele Bischoff Gellacic

partes do mundo intitulado *Cinquenta tons de cinza,* da autora E. L. James, publicado primeiramente nos Estados Unidos em 2011. O livro conta as aventuras sexuais de um casal na faixa dos vinte anos, porém o relacionamento deles é marcado por uma forte submissão feminina, que aparece de forma física, emocional e econômica. Esse livro foi um sucesso de vendas em vários países, o que demonstra o interesse dos leitores, em maior parte mulheres, por um relacionamento desse formato. O relato de grande parte das leitoras sobre o livro, aponta para o seu tom erótico, sedutor e excitante. Tudo isso pode ser interpretado que, para muitas mulheres, o erótico, o sedutor e o excitante estão fortemente atrelados à ideia de submissão. Apesar desse ponto relevante, nota-se um importante avanço em relação à sexualidade feminina, uma vez que, em outros tempos, seria impossível se cogitar de uma mulher ler algo referente à literatura erótica publicamente, o que definitivamente não aconteceu com o referido livro.

Alguns anos após iniciada a liberação sexual e corporal, a sexualidade feminina parece ainda longe do que a feminista Germaine Greer disse em seu livro *A mulher eunuco* de 1970: as mulheres apenas serão livres quando tiverem uma definição positiva de seus corpos e, consequentemente, de sua própria sexualidade. A mídia em geral, sobretudo a imprensa feminina, continua afirmando que, para merecer o amor e o sexo de seus sonhos, deverá ter um corpo trabalhado dentro de moldes específicos. Por meio dessa visão, reafirma-se uma ideia posta de formas diferentes, mas mesmo assim muito antiga, de que as mulheres só valerão algo com um trabalho corporal. E mais, dá-se mais valor ao corpo do que aos demais valores. Além da tirania do prazer, pode-se colocar a tirania do próprio corpo que ocupa os pensamentos e as preocupações de grande parte das mulheres.

> O corset, com o advento do feminismo, desapareceu de nossos armários. Hoje, nosso ventre e nossos movimentos são livres, e nós podemos respirar. Mas nosso corpo e nosso espírito são fechados, comprimidos, atrofiados dentro de um corset mais insidioso que aqueles dos séculos precedentes, porque ele não se vê. Hoje, nós es-

tamos dentro de um corset, mas de um corset invisível.[5] (ABÉCAS-SIS; BONGRAND, 2008, p. 11).

É certo que as sociedades não irão parar de se relacionar amorosamente e sexualmente. Além disso, as práticas sexuais continuarão sendo fortemente influenciadas pela cultura, seja ela mais liberal, ou mais recatada. Cabe esperar os próximos anos para verificar se elas reconhecerão de maneira mais positiva da sexualidade feminina, permitindo as mulheres vivê-la com mais personalidade e individualidade. E que esta sexualidade seja, enfim, para elas mesmas.

---

5   *Le corset, avec l'avènement du féminisme, a disparu de nos armoires. Aujourd'hui, notre ventre et nos mouvements sont libres, et nous pouvouns respirer. Mais notre corps et notre esprit sont enfermés, comprimés, atrophiés dans un corset plus insidieux que celui des siécles précédents, parce qu'il ne se voit pas. Aujourd'hui, nous sommes dans un corset, mais un corset invisible.* (Tradução da autora)

Lista de imagens

Figura 1 – Propaganda Nailotex – revista Claudia de fevereiro de 1962.
Figura 2 – Propaganda Rutilan – revista Claudia de julho de 1970.
Figura 3 – Propaganda Valisère – revista Claudia de novembro de 1971.
Figura 4 – Propaganda De Millus – revista Nova de abril de 1985.
Figura 5 – Propaganda Cutex – revista Claudia de abril de 1964.
Figura 6 – Propaganda De Millus – revista Claudia de julho de 1971.
Figura 7 – Propaganda Lycra – revista Claudia de agosto de 1971.
Figura 8 – Propaganda Lycra – revista Claudia de dezembro de 1972.
Figura 9 – Propaganda Lycra – revista Nova de dezembro de 1978.
Figura 10 – Propaganda Modess – revista Claudia de fevereiro de 1964.
Figura 11 – Propaganda Modess – revista Claudia de março de 1968.
Figura 12 – Propaganda o.b. – revista Claudia de abril de 1983.
Figura 13 – Propaganda Darling – revista Claudia de abril de 1967.
Figura 14 – Propaganda Darling – revista Claudia de setembro de 1977.
Figura 15 – Propaganda Lycra – revista Claudia de maio de 1977.
Figura 16 – Propaganda Hering – revista Nova de outubro de 1976.
Figura 17 – Propaganda Intim's – revista Claudia de agosto de 1968.
Figura 18 – Propaganda Cosamea – revista Nova de outubro de 1976.
Figura 19 – Propaganda Ladyshave – revista Claudia de fevereiro de 1972.
Figura 20 – Propaganda Ladyshave – revista Claudia de julho de 1973.
Figura 21 – Propaganda Dermocaina – revista Claudia de outubro de 1970.
Figura 22 – Propaganda Dermocaina – revista Claudia de outubro de 1971.
Figura 23 – Propaganda Nude Bronze – revista Claudia de janeiro de 1974.
Figura 24 – Propaganda Coppertone – revista Claudia de março de 1985.
Figura 25 – Propaganda Cashmere Bouquet – revista Claudia de agosto de 1970.
Figura 26 – Propaganda Coty – revista Claudia de maio de 1970.
Figura 27 – Propaganda Du Loren – revista Claudia de novembro de 1976.

240 | *Gisele Bischoff Gellacic*

Figura 28 – Propaganda Badeskyou – revista Claudia de novembro de 1971.
Figura 29 – Propaganda Rexona – revista Claudia de setembro de 1977.
Figura 30 – Propaganda Artex – revista Claudia de fevereiro de 1977.
Figura 31 – Propaganda Trevira – revista Claudia de agosto de 1975.
Figura 32 – Propaganda Rhodianyl – revista Claudia de outubro de 1975.
Figura 33 – Propaganda Santista – revista Claudia de setembro de 1974.
Figura 34 – Propaganda De Millus – revista Claudia de julho de 1975.
Figura 35 – Propaganda Emotion – revista Claudia de junho de 1980.
Figura 36 – Propaganda De Millus – revista Claudia de junho de 1980.
Figura 37 – Propaganda Monizac – revista Claudia de maio de 1985.

Fontes

Periódicos

Revista *Claudia*, editora Abril, novembro de 1961 a dezembro de 1985.

Revista *Nova*, editora Abril, outubro de 1973 a dezembro de 1985.

Edição especial da revista *Nova* – Guia de sexo de junho de 1980.

Livros, manuais e enciclopédias

BATINGA, Fernando. *A outra banda da mulher: encontros com a sexualidade*. RJ: Codecri, 1984.

COLASANTI, Marina. *E por falar de amor*. RJ: Salamandra, 1984.

FIRESTONE, Shulamith. *A dialética do sexo*. RJ: Labor do Brasil, 1976.

HITE, Shere. *Relatório Hite*. RJ: Difel,1978.

KOLONTAI, Alexandra. *A nova mulher e a moral sexual*. RJ: Laemmert, 1968.

MASTERS, William; JOHNSON, Virginia. *A conduta sexual humana*. RJ: Civilização brasileira, 1976.

_____. *O vínculo do prazer*. RJ: Civilização brasileira, 1981.

MURARO, Rosemarie. *Sexualidade da mulher brasileira: corpo e classe social no Brasil*. RJ: Vozes, 1983.

SUPLICY, Marta. *Conversando sobre sexo*. RJ: Vozes, 1983.

Bibliografia

ABÉCASSIS, Eliette; BONGRAND, Caroline. *Le corset invisible*. Paris: Albin Michel, 2008.

ALAMBERT, Zuleika. *A mulher na história. A história da mulher*. Brasília: Fundação Astrojildo Pereira/FAP; Abaré. 2004.

ALMEIDA, Heloísa B. *Trocando em miúdos: gênero e sexualidade na TV a partir de Malu Mulher*. *Revista Brasileira de Ciências Sociais*, n° 79, Vol. 27, Junho de 2012. Disponível em: http://www.scielo.br/pdf/rbcsoc/v27n79/a08.pdf

Acesso em: 10 mai. 2013.

ANDRIEU, Bernard. *Bronzage: une petite histoire du soleil et de la peau*. Paris: CNRS Éditions, 2008.

ARIÉS, Philippe e BÉJIN, André (org). *Sexualidades ocidentais*. SP : Brasiliense, 1985.

ASBELL, Bernard. *L'incroyable histoire de la pilule*. Paris: Éditions 1, 1996.

AUZEPY, Marie-France e CORNETTE, Joel. *Histoire du poil*. Paris: Belin, 2011.

BADINTER, Elisabeth. *Um amor conquistado*. RJ: Nova Fronteira, 1985.

_____. *O conflito: a mulher e a mãe*. RJ: Record, 2011.

BAHIA, Juarez. *Jornal, história e técnica*. SP: Ática, 1990.

244 | Gisele Bischoff Gellacic

BAKER, Robin. *Sex in the future.* NY: Time Warner Trade, 1999.

BANNER, Louis W. *American beauty.* Chicago: The University Chicago Press, 1984.

BARBOSA, Marialva. *Historia cultural da imprensa – Brasil 1900 a 2000.* RJ: Mauad, 2007.

BARD, Christine. *Ce que souléve la jupe: identités, transgressions et résistances.* Paris: Autrement, 2010.

_____. "A virilidade no espelho das mulheres" in: CORBIN, Alain; COURTINE, Jean J; VIGARELLO, Georges (org). *História da virilidade vol. 3.* RJ: Vozes, 2013.

BARTHES, Roland. *Fragmentos do discurso amoroso.* RJ: Francisco Alves, 1997.

BASSANEZZI, Carla. *Virando as páginas, revendo as mulheres. Revistas femininas e relações homem-mulher 1945-1964.* RJ: Civilização Brasileira, 1996.

_____. "Mulheres dos Anos Dourados". In: Priore, M. (org) *História das Mulheres no Brasil.* SP: Contexto, 1997.

BATAILLE, Georges. *O erotismo.* SP: Autêntica, 2013.

BAUDRILLARD, Jean. *Simulacros e simulações.* Lisboa: Relógio D'Água, 1991.

BEAUTHIER, Régine. *La modernisation de la sexualité.* Bruxelas: Éditions de L'Université de Bruxelles, 2010.

BEDIN, Véronique e JOURNET, Nicolas. *Sexe – d'hier à aujourd'hui.* Paris: Seuil, 2013.

BESSA, Marina L. *Repórter Eros: o sexo no jornalismo de revistas masculinas, femininas e gays.* Tese (doutorado em Comunicação) – USP-ECA, São Paulo, 2000.

BIASI, Pierre-Marc de. *Histoire de l'érotisme de L'Olympe au cybersexe.* Paris: Gallimard, 2007.

BLANC, Catherine. *La sexualité des femmes n'est pas celle des magazines.* Dijon: La Martinière, 2004.

BOETSCHETALLI, Gilles (dir). *La belle apparence.* Paris: CNRS, 2010.

BOLOGNE, Jean-Claude. *L'invention de la drague: une histoire de la conquête amoureuse.* Paris : Seuil, 2007.

BONVOISIN, Samra-Martine. *La presse féminine.* Paris: Presses Universitaires de France, 1986.

BORGES, Joana Vieira. "A grande dama do feminismo no Brasil". *Revista de estudos femininas,* Florianópolis, n°2, vol. 4, ago/dez, 2006. Disponível em: http://www.scielo.br/scielo.php?script=sci_arttext&pid=S010402 6X2006000200017&lang=pt Acesso em: 23 set. 2009.

BORGES, Dulcina T. B. *A cultura 'psi' das revistas femininas (1970-90).* Dissertação (mestrado em História) – IFCH-UNICAMP, Campinas, 1998.

BOURDIEU, Pierre. *O poder simbólico.* RJ: Bertrand Brasil, 2012.

_____. *La domination masculine.* Paris: Seuil, 1998.

_____. *A distinção: crítica social do julgamento.* SP: Zouk, 2007.

BOZON, Michel. *Sociologie de la sexualité.* Paris : Armand Colin, 2009.

BRANCO, Renato C. (org). *História da propaganda no Brasil.* SP: TA Queiroz, 1990.

BRENOT, Philippe. *Histoire de la sexologie.* Bordeaux: L'esprit du temps, 2006.

BRETON, David Le. *Sociologia do corpo.* RJ: Vozes, 2006.

_____. *Antropologia do corpo e modernidade.* RJ: Vozes, 2011.

BRUCKNER, Pascal. "A revolução sexual". In: SIMMONET, Dominique. *A mais bela história de amor: do primeiro casamento na pré-história à revolução sexual no século XXI.* RJ: Difel, 2003.

246 | *Gisele Bischoff Gellacic*

BRUMBERG, Joan J. *The body project. An intimate history of American woman.* NY: Random House, 1997.

BUITONI, Dulcília S. *Imprensa feminina.* SP: Ática, 1986.

_____. *Mulher de Papel: a representação da mulher na Imprensa Feminina Brasileira.* Tese (doutorado em História) - FFLCH – USP, São Paulo, 1980.

BULTER, Judith. *Problemas de gênero: feminismo e subversão da identidade.* SP: Civilização Brasileira, 2015.

CARMO, Paulo Sérgio do C. *Entre a luxúria e o pudor: a história do sexo no Brasil.* SP: Octavo, 2011.

CARNEIRO, Maria Luiza T. (org) *Minorias silenciadas: a história da censura no Brasil.* SP: EDUSP, 2002.

CASTAS-ROSAZ, Fabienne. *Histoire de la sexualité en Occident.* Paris: Éditions de la Martinière, 2004.

CERTEAU, Michel.de. "História de corpos", *Projeto História: corpo & cultura*, n° 25, vol. 1, São Paulo, 2002.

CHAPERON, Sylvie. *Les origines de la sexologie (1850-1900).* Paris: Louis Audibert, 2007.

CHENOUNE, Farid. *Les dessous de la féminité.* Paris: Assoline, 2005.

CORBIN, Allain. *Historien du sensible.* Paris : Seuil, 1997.

_____, "O século XIX: o tempo das mocinhas inocentes e dos bordéis" in: SIMMONET, Dominique. *A mais bela história de amor: do primeiro casamento na pré-história à revolução sexual no século XXI.* RJ: Difel, 2003.

_____, COURTINE, Jean-Jacques e VIGARELLO, Georges. (org). *História do Corpo vol.1 e 3.* RJ: Vozes, 2008.

COULMONT, Baptiste. *Sex-shop – une histoire française.* Paris : Dilecta, 2007.

Despindo corpos | 247

DADOUN, Roger. *L'érotisme*. Paris: Puf, 2003.

D'ELIA, Otávio A. Moreira. *Sociedade disciplinar e sexualidade – construção da feminilidade na mídia brasileira*. Dissertação (mestrado em Comunicação) USP-ECA, São Paulo, 2004.

DELUMEAU, Jean. *História do medo no Ocidente*. SP: Cia das Letras, 2009.

DE NIPOTI, Claudio. *Páginas de prazer: a sexualidade através da leitura no início do século*. Campinas: Ed. da UNICAMP, 1999.

DEL PRIORI, Mary. "O corpo feminino e o amor". In: D'Incao, Mª Ângela. *Amor e família no Brasil*. SP: Contexto, 1989.

_____. *Histórias íntimas. Sexualidade e erotismo na história do Brasil*. SP: Planeta, 2011.

DREIFUSS, René A. *1964, a conquista do Estado: ação política, poder e golpe de classe*. Petrópolis: Vozes, 1987.

DUARTE, Ana Rita F. *Carmen da Silva: o feminismo na imprensa brasileira*. Fortaleza: Expressão gráfica editora, 2005.

DUBY, Georges e PERROT, Michelle (org). *História das mulheres no Ocidente – século XX – vol. 4*. Porto: Afrontamento, 1991.

_____. *Amor e sexualidade no Ocidente*. Lisboa: Terramar, 1998.

DURAND, Gilbert. *O imaginário*. RJ: Difel, 2010

ECO, Umberto. *On beauty: a history of western idea*. London: Secker&Warburg, 2004.

ENGELS, Magali. *Meretrizes e doutores: saber médico e prostituição no Rio de Janeiro (1840-1890)*. SP: Brasilense, 2004.

FASSIN, Eric. *Genre et sexualité au miroir transatlantique*. Paris: EHESS, 2009.

FEBVRE, Lucien. *Pour une histoire à part entière*. Paris: S.E.V.P.E.N., 1962.

FIGUEIRÓ, Mary N. D. "Revendo a história da educação sexual no Brasil". *Revista Nuances,* nº 4, vol. 4, 2009. Disponível em: http://journaldatabase.info/articles/revendo_historia_educacao_sexual_no.htmlAcesso em: 1 jul. 2013.

FONTANEL, Béatrice. *Corsets et soutiens-gorge – l'épopée du sein de l'Antiquité à nos jours.* Paris: La Martinère, 1992.

FOUCAULT, Michel. *História da sexualidade-vol: 1 a 3.* RJ: Graal, 1977.

_____. *Microfísica do poder.* SP: Graal, 2012.

GARCIA, Marco A. A.; VIEIRA, Maria Alice. *Rebeldes e contestadores 1968: Brasil, França e Alemanha.* SP: Perseu Abramo, 1999.

GALINON-MELENEC, Béatrice & MARTIN-JUCHAT, Fabienne (org). *Le corps communicant. Le XXIe siècle, civilization du corps?* Paris: L'Harmattan, 2007.

GELLACIC, Gisele. B. *Bonecas da Moda: um estudo sobre o corpo feminino através da moda e da beleza. Revista Feminina. 1915-1936.* Dissertação (mestrado em História) – PUC, São Paulo, 2008.

GERHARD, Jane. *Desiring revolution: second-wave feminism and the rewriting of american sexual thought 1920-1982.* Columbia: Columbia University Press, 2001.

GIDDENS, Anthony. *A transformação da intimidade: sexualidade, amor e erotismo nas sociedades modernas.* SP: UNESP, 1996.

GOELLNER, Silvana V. *Bela, maternal e feminina.* RS: UNIJUI, 2003.

GOFFMAN, Erwin. *Gender advertisements.* NY: Harper Torchbooks, 1987.

GOLDHILL, Simon. *Amor, sexo e tragédia.* Lisboa: Alétheia, 2004.

GREER, Germaine. *A mulher eunuco.* SP: Círculo do livro, 1974.

GUILLEBAUD, Jean-Claude. *A tirania do prazer.* RJ: Bertrand Brasil, 1999.

HARDOUIN-FUGIER, Elisabeth. *Les etoffes: dictionnaire historique.* Paris: L'Amateur, 1994.

HARRUS-RÉVIDI, Gisele. *Qu'est-ce que la séduction?* Paris: Éditions Payot & Rivages, 2007.

HOEBEKE, Stéphane. *Sexe et stéréotypes dans les médias.* Paris: L'Harmattan, 2008.

HUNT, Lynn (org). *A invenção da pornografia.* SP: Hedra, 1999.

ILLOUZ, Eva e RICARD, J. P. *Les sentiments du capitalisme,* 1º edição. Paris: Seuil, 2006.

JUDT, Tony. *O chalé da memória.* SP: Objetiva, 2012

_____. *Pós-guerra: uma história da Europa desde 1945.* RJ: Objetiva, 2007.

JURADO, Alicia A. *Revistas pornográficas: a fantasia do prazer. Um estudo crítico e documental.* Dissertação (mestrado em Jornalismo) - ECA-USP, São Paulo, 1990.

KAUFMANN, Jean-Claude. *Corps de femmes, regards d'hommes.* Paris : Nathan, 2004.

KIPNIS, Laura. *Coisa de mulher.* RJ: Record, 2006.

KNIBIEHLER, Yvonne. *La sexualité et l'histoire.* Paris: Odile Jacob, 2002.

_____. *Histoire de la virginité.* Paris: Odile Jacob, 2012.

KUSHNIR, Beatriz. *Cães de guarda: jornalistas e censores do AI-5 à Constituição de 1988.* SP: Boitempo, 2004.

LANDERS, James. *The improbable first century of Cosmopolitan magazine.* Missouri: University Missouri Press, 2010.

LAQUEUR, Thomas. *Inventando o sexo.* RJ: Relume Dumará, 2001.

LEFEVRE, Alain. *De l'hysterie à la sexualité féminine.* Paris: L'Harmattan, 2000.

250 | Gisele Bischoff Gellacic

LIPOVETSKY, Gilles. *O império do efêmero. A moda e seu destino nas sociedades modernas.* SP: Cia das Letras, 1989.

_____. *A terceira mulher: permanência e revolução do feminino.* SP: Cia das letras, 2000.

LUCA, Tânia R. "Mulher em revista". In: PEDRO, Joana M.; PINSKY, Carla B. (org). *Nova história das mulheres.* SP: Contexto, 2012.

MALUF Marina; MOTT, Maria L. "Recônditos do mundo feminino". In: Sevcenko, Nicolau (org). *História da vida privada no Brasil -vol: 3.* SP: Cia das Letras, 1998.

MARCONI, Paolo. *A censura política na imprensa brasileira (1968 – 1978).* SP: Global, 1980.

MONTEIRO, Marko. "Masculinidades em revista: 1960 – 1990" In: AMANTINO, Márcia; PRIORE, Mary D. (org) *História dos homens no Brasil.* SP: Contexto, 2013.

MARTINS, Ana Luiza e DE LUCA, Tânia R. *História da Imprensa no Brasil.* SP: Contexto, 2008.

MARZANO, Maria Michaela P. *Malaise dans la sexualité.* Paris: JC Lattès, 2006.

_____. *Pensar o corpo.* RJ: Vozes, 2004.

MATOS, Olgaria C. F. *Paris 1968 – as barricadas do desejo.* SP: Brasiliense, 2013.

MATTOS, Sérgio. *Mídia controlada – a história da censura no Brasil e no mundo.* SP: Paulus, 2005.

MAUSS, Marcel. "Les techniques du corps". *Sociologie et anthropologie,* PUF, Paris, 1950.

MENEGHELLO, Cristina. *Poeira de estrelas.* Campinas: UNICAMP, 1996.

MIRA, Maria Celeste. *O leitor e a banca de revistas: segmentação da cultura no século XX.* SP: Olho d'água (FAPESP), 2003.

MONTEIRO, Marko S. A. "Masculinidade em revista" In: AMANTINO, Márica e PRIORE, Mary Del. (org) *História dos homens no Brasil.* SP: Editora UNESP, 2013.

MORAES, M. Q; SARTI, C. "E aí a porca torce o rabo". In: BRUSCHINI, M. C.; ROSEMBERG, F. *Vivência – história, sexualidade e imagens femininas.* SP: Brasiliense, 1980.

MORIN, Edgard. *Cultura de massas no século XX.* SP: Forense, 1962.

MUCHEMBLED, Robert. *O orgasmo e o ocidente.* SP: Martins Fontes, 2007.

NAZARETH, Otávio. *Intimidade revelada.* SP: Olhares, 2007.

NECKEL, ROSELANE. *Publica vida intima: a sexualidade nas revistas femininas e masculinas.* Tese (doutorado em História) - PUC, São Paulo, 2004.

NEHRING, Maria Lygia Q. M. *Família e feminismo: reflexões sobre papéis de feminismos na imprensa de mulheres.* Tese (doutorado em História) - FFLCH-USP, São Paulo, 1981.

O'CONNOR, Kaori. *Lycra – how a fiber shaped America.* NY: Routledge, 2011.

OGIEN, Ruwen. *Penser la pornographie.* Paris: Puf, 2003.

ORTIZ, Renato. *A moderna tradição brasileira.* SP: Brasiliense, 1988.

PAILLOCHET, Claire. *Sans dessus dessous. Histoire ddelirante de la lingerie sexy.* Paris: Love me tender Éditions, 1983.

PARKER, Richard G. *Corpos, prazeres e paixões: a cultura sexual no Brasil contemporâneo.* SP: Best Seller, 2001.

PASINI, Willy. *La force du désir.* Paris: Odile Jacob, 1997.

PEDRO, Joana. M. "A experiência com contraceptivos no Brasil: uma questão de geração". *Revista brasileira de História*, n° 45, vol. 23, São Paulo: 2003. Disponível:http://www.scielo.br/scielo.php?script=sci_arttext& pid=S0102018820030001000108&lang=pt Acesso em: 23 set. 2009.

_____. "Relações de gênero na pesquisa histórica". Florianópolis: *Revista Catarinense de História* n°2, 1994.

_____. "O feminismo de segunda onda" In: PEDRO, J. M.; PINSKY, C. B. *Nova história das mulheres no Brasil*. SP: Contexto, 2012.

PEDRO, Quellen C. T. *Uma odisséia pelo corpo feminino na revista Claudia: de 1961 a 2001*. Dissertação (mestrado em Comunicação) – UNIP, São Paulo, 2005.

PERROT, Michele. "Mulheres". In: *Excluídos da história*. RJ: Paz e terra, 1988.

_____. "De Marianne a Lulu". In: SANT'ANNA, Denise. B. de (org). *Políticas do corpo*. SP: Est. Liberdade, 1995.

_____. *As mulheres ou os silêncios da história*. SP: Edusc, 1998.

PIETRUCCI, Sophie, VIENTIANE, Chris e VINCENT, Aude. *Contre les publicités sexistes*. Paris: L'Échapée, 2012.

PORTER, Roy. "História do Corpo" In: Burke, Peter (org). *A Escrita da História*. SP: UNESP, 1992.

PRADO, Sabrina G. *Imagens Femininas na Revista Cigarra São Paulo 1915 – 1930*. Dissertação (mestrado em História) – PUC, São Paulo, 2003.

PRECIADO, Beatriz. *Pornotopie: playboy et l'invention de la sexualité multimédia*. Paris: Climats, 2010.

PROST, Antoine; VINCENT, Gérard (org). *História da vida privada vol. 5*. SP: Cia das Letras, 2009.

RAGO, Margareth. *Os prazeres da noite*. RJ: Paz e terra, 1991.

_____. "Os mistérios do corpo feminino, ou as muitas descobertas do 'amor venéris'". *Projeto História - corpo e cultura,* nº 25, vol. 1, São Paulo, 2002.

_____. "O feminismo no Brasil: dos anos de chumbo à era global". *Revista de Estudos Feministas,* nº 1, vol. 6, Florianópolis: 2003.

REVENIN, Régis. *Hommes et masculinités de 1789 à nos jours.* Paris : Éditions Autrement, 2007.

RIOT-SARCEY, Michele. *Histoire du feminisme.* Paris : La Découverte, 2008.

ROBERT, Jocelyne. *La sexe en mal d'amour.* Québec: Les éditions de l'homme, 2005.

ROCHE, Daniel. *A cultura das aparências.* SP: SENAC, 2007.

ROMERO, Mariza; MALUF, Marina. "A sublime virtude de ser mãe". *Projeto História - corpo e cultura,* nº 25, vol 1, São Paulo, 2002.

ROUGEMONT, Denis de. *História do amor no Ocidente.* RJ: Ediouro, 2003.

SANT'ANNA, Denise. Bernuzzi. de. "Cuidados de si e embelezamento feminino". In: *Políticas do corpo.* SP: Est. Da Liberdade, 1995.

_____. "É possível realizar uma história do corpo?". In: Soares, C. L. (org). *Corpo e história.* SP: Autores associados, 2001.

_____. "As infinitas descobertas do corpo". *Cadernos Pagu,* nº14, vol. 2, São Paulo, 2004.

_____. "Propaganda e história: antigos problemas, novas questões". *Revista Projeto História,* vol: 14, São Paulo, 1997.

_____. *La recherchre de la beauté. Une contribution à l'histoire dês pratiques et dês représentations de l'embellisement fémin au Brésil – 1900-1980.* Tese (doutorado em História) - Université de Paris VII, Paris, 1994.

254 | *Gisele Bischoff Gellacic*

_____ (org). *Políticas do corpo*. SP: Estação liberdade, 1995.

_____. *Corpos de passagem*. SP: Estação liberdade, 2001.

SARDENBERG, Cecília M. B. "De sangrias, tabus e poderes". *Revista de estudos feministas,* n° 2, vol. 2, Florianópolis, 1994.

SCANLON, Jennifer. *Bad girls go everywhere: the life of Helen Gurley Brown*. NY: Oxford University Press, 2009.

SCOTT, Joan. "História das Mulheres" In: Burke, P. *A escrita da história*. SP: UNESP, 1991.

_____. "Gênero: uma categoria útil de análise histórica". In: *Revista Educação & Realidade,* 1995.

SENA, Tito. *Uma análise dos discursos sobre o corpo e gênero contidas nas enciclopédias sexuais publicadas no Brasil nas décadas de 80 e 90*. Dissertação (mestrado em Jornalismo) - UFSC - Florianópolis, 2001.

SHORTER, Edward. *Formação da família moderna*. Lisboa: Terramar, 1975.

SILVA, Maria da Conceição F. *Os discursos do cuidado de si e da sexualidade em Claudia, Nova e Playboy*. Tese (doutorado em História) - IFCH--UNICAMP, Campinas, 2003.

SIMMONET, Dominique. *A mais bela história de amor: do primeiro casamento na pré-história à revolução sexual no século XXI*. RJ: Difel, 2003.

SIQUEIRA, Fabio. Ramos M. *História da Sexualidade Brasileira*. SP: Casa, 2008.

SMITH, Anne-Marie. *Um acordo forçado: o consentimento da imprensa à censura no Brasil*. RJ: FGV, 2000.

SODRÉ, Nelson W. *História da Imprensa no Brasil*. SP: Martins Fontes, 1983.

Despindo corpos | 255

SOHN, Anne-Marie. *100 ans de séduction – une histoire des histoires d'amour*. Montreal: Larousse, 2003.

_____. "Os anos loucos" In: SIMMONET, Dominique. *A mais bela história de amor: do primeiro casamento na pré-história à revolução sexual no século XXI*. RJ: Difel, 2003.

SOULIER, Vincent. *Presse féminine – la puissance frivole*. Paris: L'Archipel, 2008.

SOUZA, Gilda de Mello. *O Espírito das Roupas: a moda no século XIX*. SP: Cia das Letras, 1996.

STEARNS, Peter, N. *História da sexualidade*. SP: Contexto, 2010.

SULLEROT, Evelyne. *La presse feminine*. Paris: Armand Collin, 1978.

_____. *Pilule, sexe et AND. Trois révolutions qui ont bouleversé la famille*. Paris: Fayard, 2006.

TABLET, Paola. "La banalité de l'échange" *Genre, sexualité & société*, n° 2, automne, 2009. Disponível em : https://gss.revues.org/1227 Acesso em 5 nov. 2011.

TANNAHILL, Reay. *O sexo na história*. RJ: Francisco Alves, 1980.

TEICH, Mikulas e PORTER, Roy. *Conhecimento sexual, ciência sexual: a história das atitudes em relação à sexualidade*. SP: Editora UNESP, 1998.

THEREBORN, Goran. *Sexo e poder – a família no mundo 1900 a 2000*. SP: Contexto, 2006.

THOMASS, Chantal. *Histoire de la lingerie*. Paris: Perrin, 2009.

TICIANEL, Margarete A. *Diferentes imagens de enunciatários em anúncios de lingerie*. SP: Dissertação (mestrado em História) - FFLCH-USP, São Paulo, 2007.

VAINFAS, Ronaldo (org). *História e sexualidade no Brasil*. RJ: Graal, 1986.

256 | Gisele Bischoff Gellacic

VASQUEZ, Pedro. "Olha o passarinho: uma pequena história do retrato". In: *Fotografia: reflexos e reflexões*. Porto Alegre: L&PM, 1986.

VIGARELLO, Georges. *História da beleza*. SP: Ediouro, 2006.

VILARINO, Ramon C. *A MPB em movimento: música, festivais e censura*. SP: Olho D'Água, 1999.

WEEKS, Jeffrey. *Making sexual history*. Cambridge: Blackwell, 2000.

WILSON, Elisabeth. *Enfeitada de sonhos*. RJ: Edições 70, 1985.

WOLF, Naomi. *O mito da beleza*. RJ: Rocco, 1992.

_____. *Vagina – new biography*. NY: Harper Collins, 2013.

XIMENES, Maria Alice. *Moda e Arte na reinvenção do corpo feminino*. SP: Estação das Letras, 2009.

ZAZZO, Anne. *Dessous: imaginaire de la lingerie*. Paris : Solar, 2009.

ZUCCO, Luciana. P. "Sexualidade feminina em revista(s)". *Revista Interface,* n°28, vol 3, Botucatu, 2008. Disponível em: http://www.scielo.br/scielo.php?script=sci_arttext&pid=S141432832009000100005&lang=pt Acesso em: 23 set. 2009.

Agradecimentos

Este livro é resultado de quatro anos de pesquisa de doutorado no Programa de Pós-Graduação em História Social na PUC-SP, porém, este trabalho teve início muitos anos antes. Apaixonada pela História desde menina, segui minha intuição, ingressei ainda muito nova na graduação, e foi lá que me encantei pelos arquivos e pelas fontes históricas. Hoje percebo que escrever uma tese/livro é algo visceral e extremamente autobiográfico, por isso, agradecer a todos que contribuíram nesse processo é um tanto difícil. Mas dentro desta longa trajetória, alguns se sobressaíram e me apoiaram de formas diversas, e é a eles que dedico esse livro e meus sinceros agradecimentos.

À FAPESP pelo auxílio publicação que tornou possível esse livro.

À equipe da editora Alameda que acreditou no potencial de meu trabalho, viabilizando sua publicação.

À CAPES pela bolsa de estudos durante os quatro anos de doutorado, inclusive à possibilidade da bolsa sanduíche durante um ano em Paris, França.

À professora Denise Bernuzzi de Sant'Anna pelos anos de orientação, pelo estímulo e pela paciência. É difícil demonstrar toda minha gratidão e admiração em palavras. Sinto-me feliz e honrada por ter aceitado escrever o prefácio deste livro.

Aos colegas e amigos da PUC-SP, que são muitos durante mais de dez anos de convívio desde a graduação, obrigada pelo incentivo, pelas críticas, pelas arguições e pela companhia durante todo esse percurso.

A todos os professores do Programa de Pós-Graduação em História e do Departamento de História da PUC-SP, que me acompanharam e tornaram possível minha trajetória acadêmica e meu amadurecimento intelectual.

Ao professor Georges Vigarello, que foi o co-orientador durante a bolsa sanduíche na EHESS em Paris, tornando possível essa experiência única e inigualável, de grande crescimento pessoal e acadêmico.

Aos meus amigos da Maison du Brésil que tornaram o tempo em que eu passei na França muito mais agradável

Às minhas amigas de longa data Carolina Carioba, Flávia Sodré, Camila Pannain e Marina Rheims, que me acompanharam desde o início, de quando ainda era uma adolescente com o sonho de fazer faculdade de História.

Às minhas amigas-irmãs Daniella Benjamin e Tatiana Gregório, que me apóiam incondicionalmente. Obrigada por acreditarem em mim e no meu potencial.

Aos meus alunos e ex-alunos, que me dão a oportunidade a cada dia de falar daquilo que mais amo.

A todos os colegas e amigos professores e coordenadores pelo incentivo, em especial: Cibele Devasa, Sérgio Rizo, Flávia Albano, Renée Vituri e Eliete Pardono.

Por fim, meus agradecimentos vão para as três pessoas mais importantes da minha vida, cujo apoio, incentivo e inspiração vão sempre além: meu irmão Ricardo Gellacic, minha mãe Margarete Bischoff e meu pai Wilson Gellacic. Esse livro dedico a vocês, com meu amor e minha gratidão.

Obrigada por tudo!

ALAMEDA NAS REDES SOCIAIS:
Site: www.alamedaeditorial.com.br
Facebook.com/alamedaeditorial/
Twitter.com/editoraalameda
Instagram.com/editora_alameda/

Esta obra foi impressa em São Paulo no inverno de 2018. No texto, foi utilizada a fonte Garamond Premier Pro em corpo 10,5 e entrelinha de 15 pontos.